PUTONGHUA SHIYONG JIAOCHENG DI ER BAN

普通话实用教程

第二版

李永斌 ◎ 编 著

北京师范大学出版集团
BEIJING NORMAL UNIVERSITY PUBLISHING GROUP
北京师范大学出版社

图书在版编目（CIP）数据

普通话实用教程 / 李永斌编著. —2 版. —北京：北京师范
大学出版社，2024.9
ISBN 978-7-303-29785-6

Ⅰ．①普… Ⅱ．①李… Ⅲ．①普通话－教材
Ⅳ．①H102

中国国家版本馆 CIP 数据核字（2024）第 034179 号

图书意见反馈：zhijiao@bnupg.com
营销中心电话：010-58802755　58800035
编辑部电话：010-58806368

出版发行：北京师范大学出版社　www.bnupg.com
　　　　　北京市西城区新街口外大街 12-3 号
　　　　　邮政编码：100088
印　　刷：唐山玺诚印务有限公司
经　　销：全国新华书店
开　　本：787 mm×1092 mm　1/16
印　　张：14.25
字　　数：317 千字
版　　次：2024 年 9 月第 1 版
印　　次：2024 年 9 月第 1 次印刷
定　　价：32.80 元

策划编辑：林　子　　　　责任编辑：林　子
美术编辑：焦　丽　　　　装帧设计：焦　丽
责任校对：陈　民　　　　责任印制：马　洁　赵　龙

前　言

本书是专门为高校普通话课程教学编写的训练教材,本书为第2版,在编写框架和选材方式上和同类教材有很大不同,具体体现在以下三方面。

1. 内容以训练为目的

本书按照普通话声、韵、调等主要内容将全书分为30课,每课均围绕实际发音进行训练。每课内容直奔训练目的,淡化知识性的介绍,注重实用性。

2. 发音要领简洁、明了

书中的发音要领介绍本着读得准、记得清、听得细、效果好来进行,避免空泛的关于发音部位或方法的阐述,也省去了许多在训练中用得不太直接的理论性知识。

3. 选材精简、全面

本书以习近平新时代中国特色社会主义思想及党的二十大精神为指导,以普通话测试的用字范围为蓝本,逐一组合,以单字不重复为原则,设计了两千多个双音节词语,其中包括常用的多音、变调等现象。相同的一个字,除了多音字,尽量不重复;相同的一个词,只出现一次。针对第一至第二十五课中有关普通话测试50篇作品的"一"和"不"变调情况,则逐一挑选归纳,作为训练内容。

每课均安排了绕口令、词语、普通话测试等作品的练习,并精心设计了紧贴本课要点的课后练习,包括词语注音、诗词、散文、短新闻、测试作品等。

本教材授课使用说明如下。

1. 全书内容共分30课,在教学进度上建议一星期一个学时,分两个学期学完全书;也可根据实际需要一星期安排两个学时,集中在一学期完成全书的学习。不论是一学期学完还是分两学期学完,建议每学期自由安排三星期左右的答疑、测验、复习等教学环节。

2. 普通话是口耳之学,所有训练均应在教师的指导下进行。

教材中的部分内容使用说明如下。

1. 词语练习是每课最基础的要求,也是重中之重,必须做到字字过关,记得准、读得熟。课后练习中的注音词语和课内的训练词语是对应的。普通话测试的用字范围不超出本书所设计的词语练习范围。

2. 绕口令训练要遵循先慢后快的原则,确保字音准确后再加快速度。

3. 测试作品所附拼音为字的本音,音变现象已挑选出来作为词语进行练习。注音中的符号"·"后面的音节读作轻声。训练中"//"后面的内容可不作要求。

4. 为便于识别和练习，绕口令和词语也按字的本音标注拼音，不连写，不作拼写格式的其他要求。

本书还可作为高考播音主持专业备考、普通话语音基本功练习等训练教材。

本书主要依据《普通话水平测试实施纲要》（语文出版社，2021）编写，同时也参考了许多相关教材和文献，自 2009 年本书第 1 版发行以来，使用本书的有关师生提出了许多宝贵意见，在此一并致谢。

本书各课均在教学中使用、修改过，但由于作者水平及篇幅所限，定有许多不当之处，敬请不吝赐教。

让我们说好普通话，增强中华文明传播力和影响力，坚守中国文化立场，讲好中国故事、传播好中国声音，展现可信、可爱、可敬的中国形象，推动中国文化更好地走向世界。

李永斌

2023 年 9 月 22 日

目 录

第一课 声母 b p 的训练

本课主要任务

1. 掌握声母 b、p 的发音要领，通过 b、p 的训练，提高这两个声母的发音能力，保证发音质量。
2. 熟练掌握所列以 b、p 为声母的一组词语的发音，达到字字精确。
3. 以《普通话水平测试实施纲要》1、2 号作品为主，进行一组练习，所列课后练习在一周内完成。

一、发音要点

1. b、p 的发音部位

b、p 的发音部位都是上下唇。下唇向上运动，上唇微动，两唇紧闭构成阻碍；气流冲击双唇发音，b 弱，p 强。

2. b、p 的发音方法

b 是双唇阻不送气清塞音。发音时，声带不颤动。双唇紧闭，气流不能从口腔流出，软颚上升，堵住鼻腔通道，舌尖呈自然静止状态。除阻时，双唇突然打开，爆发而出，气流较少。

p 是双唇送气清塞音。与 b 相似，但气流较强。也就是说，b 和 p 的发音只在气流的强弱不同，b 是不送气音，气流弱，p 是送气音，气流强，其他方面的发音是一样的，如发音的部位、发音的过程等。

二、词语练习

词语按 b、p 分为两组。也可自由混合，达到 b、p 对比练习目的。

b 组

八卦 bā guà	黑白 hēi bái	百般 bǎi bān	恐怖 kǒng bù
扳机 bān jī	班次 bān cì	捆绑 kǔn bǎng	臂膀 bì bǎng
包裹 bāo guǒ	苞谷 bāo gǔ	卑鄙 bēi bǐ	悲苦 bēi kǔ
界碑 jiè bēi	奔驶 bēn shǐ	本来 běn lái	崩塌 bēng tā
迸裂 bèng liè	彼此 bǐ cǐ	卢布 lú bù	密闭 mì bì
毙命 bì mìng	麻痹 má bì	鞭策 biān cè	扁豆 biǎn dòu
标签 biāo qiān	长膘 zhǎng biāo	鳖裙 biē qún	瘪三 biē sān
湖滨 hú bīn	濒临 bīn lín	兵刃 bīng rèn	铁饼 tiě bǐng
拨款 bō kuǎn	伯爵 bó jué	卜算 bǔ suàn	捕捞 bǔ lāo
瀑布 pù bù			

p 组

压趴 yā pā	节拍 jié pāi	牌坊 pái·fāng	潘叔 pān shū
盘踞 pán jù	乒乓 pīng pāng	旁枝 páng zhī	眼泡 yǎn pāo
咆哮 páo xiào	胚珠 pēi zhū	培植 péi zhí	赔赚 péi zhuàn
喷雾 pēn wù	抨击 pēng jī	批驳 pī bó	竖劈 shù pī
毗邻 pí lín	疲惫 pí bèi	脾脏 pí zàng	篇幅 piān·fú
萼片 è piàn	漂泊 piāo bó	瞥见 piē jiàn	两撇 liǎng piě
拼搏 pīn bó	品箫 pǐn xiāo	凭据 píng jù	草坪 cǎo píng
陡坡 dǒu pō	产婆 chǎn pó	爆破 bào pò	蓬勃 péng bó
解剖 jiě pōu	前仆 qián pū	铺张 pū zhāng	主仆 zhǔ pú
菩萨 pú·sà			

三、兴趣材料

读一读、练一练下面的绕口令。

八百标兵 bā bǎi biāo bīng

八百标兵奔北坡，bā bǎi biāo bīng bèn běi pō，
北坡炮兵并排跑，běi pō pào bīng bìng pái pǎo，
炮兵怕把标兵碰，pào bīng pà bǎ biāo bīng pèng，
标兵怕碰炮兵炮。biāo bīng pà pèng pào bīng pào.

四、短文朗读

朗读下面的短文，力求读对每一个字音。

Zuò pǐn yī Hào
作　品　1　号

Zhào Běi jīng de lǎo guī ju, Chūn jié chà·bù duō zài là yuè de chū xún jiù kāi shǐ le·"Là qī
照　北京的　老　规矩，春节　差　不多在　腊月　的　初旬　就开始了。"腊七

Là bā, dòng sǐ hán yā", zhè shì yī nián lǐ zuì lěng de shí hou·Zài Là bā zhè tiān, jiā jiā dōu
腊八，冻死寒鸦"，这是一年里最冷的时候。在腊八这天，家家都

áo là bā zhōu·Zhōu shì yòng gè zhǒng mǐ, gè zhǒng dòu, yǔ gè zhǒng gān guǒ áo chéng de·Zhè
熬腊八粥。粥是用各种米，各种豆，与各种干果熬成的。这

bù shì zhōu, ér shì xiǎo xíng de nóng yè zhǎn lǎn huì·
不是粥，而是小型的农业展览会。

Chú cǐ zhī wài, zhè yī tiān hái yào pào là bā suàn·Bǎ suàn bànr fàng jìn cù·lǐ, fēng qǐ·lái,
除此之外，这一天还要泡腊八蒜。把蒜瓣放进醋里，封起来，

wèi guò nián chī jiǎo zi yòng·Dào nián dǐ, suàn pào de sè rú fěi cuì, cù yě yǒu le xiē là wèir,
为过年吃饺子用。到年底，蒜泡得色如翡翠，醋也有了些辣味，

sè wèi shuāng měi, shǐ rén rěn·bù zhù yào duō chī jǐ gè jiǎo zi·Zài běi jīng, guò nián shí, jiā jiā
色味　双　美，使人忍不住要多吃几个饺子。在北京，过年时，家家

chī jiǎo zi·
吃饺子。

Hái zi men zhǔn bèi guò nián, dì - yī jiàn dà shì jiù shì mǎi zá bànr ·Zhè shì yòng huā shēng、
孩子们　准备过年，第一件大事就是买杂拌儿。这是用花生、

jiāo zǎo、zhēn zi、lì zi děng gān guǒ yǔ mì jiàn chān huo chéng de·Hái zi men xǐ huan chī zhè xiē líng
胶枣、榛子、栗子等干果与蜜饯掺和成的。孩子们喜欢吃这些零

qī - bā suìr ·Dì - èr jiàn dà shì shì mǎi bào zhú, tè bié shì nán hái zi men·Kǒng pà dì - sān jiàn shì
七八碎儿。第二件大事是买爆竹，特别是男孩子们。恐怕第三件事

cái shì mǎi gè zhǒng wán yìr —— fēng zheng、kōng zhú、kǒu qín děng·
才是买各种　玩意儿——风筝、空竹、口琴等。

Hái zi men huān xǐ, dà·rén men yě máng luàn·Tā men bì xū yù bèi guò nián chī de、hē de、
孩子们　欢喜，大人们也忙乱。他们必须预备过年吃的、喝的、

chuān de、yòng de, hǎo zài xīn nián shí xiǎn chū wàn xiàng - gēng xīn de qì xiàng·
穿的、用的，好在新年时显出万象　更新的气象。

Là yuè èr shí sān guò xiǎo nián, chà·bù duō jiù shì guò Chūn jié de "cǎi pái"·Tiān yī cā hēir,
腊月二十三过小年，差不多就是过春节的"彩排"。天一擦黑儿，

biān pào xiǎng qǐ·lái, biàn yǒu le guò nián de wèi·dào·Zhè yī tiān, shì yào chī táng de, jiē·shàng
鞭炮　响　起来，便有了过年的味道。这一天，是要吃糖的，街上

zǎo yǒu hǎo duō mài mài yá táng yǔ jiāng mǐ táng de，táng xíng huò wéi cháng fāng kuàir huò wéi guā
早 有 好 多 卖 麦 芽 糖 与 江 米 糖 的，糖 形 或 为 长 方 块儿 或 为 瓜

xíng，yòu tián yòu nián，xiǎo hái zi men zuì xǐ huan.
形，又 甜 又 黏，小 孩 子 们 最 喜 欢。

　　Guò le　èr shí sān，dà jiā gèng máng。Bì xū dà sǎo chú yī cì，hái yào bǎ ròu、jī、yú、qīng
　　过 了 二 十 三，大 家 更 忙。必 须 大 扫 除 一 次，还 要 把 肉、鸡、鱼、青

cài、nián gāo shén me de dōu yù bèi chōng zú —— diàn // pù duō shù zhēng yuè chū yī dào chū wǔ guān
菜、年 糕 什 么 的 都 预 备 充 足 —— 店 // 铺 多 数 正 月 初 一 到 初 五 关

mén，dào zhēng yuè chū liù cái kāi zhāng.
门，到 正 月 初 六 才 开 张。

Jié xuǎn　zì　Lǎo shě《Běi jīng de　Chūn jié》
节 选 自 老 舍《北 京 的 春 节》

五、课后练习

1. 按本来的读音给下面的词语注音，读一读。

节拍（　）	潘叔（　）	盘踞（　）	旁枝（　）
伯爵（　）	眼泡（　）	胚珠（　）	培植（　）
喷雾（　）	抨击（　）	压趴（　）	牌坊（　）
乒乓（　）	咆哮（　）	赔赚（　）	批驳（　）
毗邻（　）	疲惫（　）	篇幅（　）	萼片（　）
长膘（　）	瞥见（　）	拼搏（　）	品箫（　）
草坪（　）	陡坡（　）	竖劈（　）	脾脏（　）
漂泊（　）	两撇（　）	凭据（　）	产婆（　）
蓬勃（　）	解剖（　）	铺张（　）	主仆（　）
爆破（　）	前仆（　）	菩萨（　）	瀑布（　）
黑白（　）	扳机（　）	班次（　）	臂膀（　）
包裹（　）	卑鄙（　）	悲苦（　）	奔驰（　）
本来（　）	八卦（　）	百般（　）	捆绑（　）
苞谷（　）	界碑（　）	崩塌（　）	彼此（　）
卢布（　）	毙命（　）	麻痹（　）	扁豆（　）
标签（　）	瘪三（　）	湖滨（　）	兵刃（　）
铁饼（　）	迸裂（　）	密闭（　）	鞭策（　）
鳖裙（　）	濒临（　）	拨款（　）	卜算（　）
捕捞（　）	恐怖（　）		

2. 读下面的这首诗并注音，看看声母有什么规律。

> 春日起每早，
>
> 采桑惊啼鸟。
>
> 风过扑鼻香，
>
> 花开落，知多少。

——周有光《采桑诗》（声母诗）

3. 读下面的短文，标出每个字的声母。

诗人想到人生的虚无，就痛不欲生。他决定自杀。他来到一片空旷的野地里，给自己挖了一个坟。他看这坟太光秃，便在周围种上树木和花草。种啊种，他逐渐迷上了园艺，醉心于培育各种珍贵树木和奇花异草，他的成就也终于遐迩闻名，吸引来一批又一批的游人。

有一天，诗人听见一个小女孩问她的妈妈："妈妈，这是什么呀？"

妈妈回答："我不知道，你问这位叔叔吧。"

小女孩的小手指着诗人从前挖的那个坟坑。诗人脸红了。他想了想，说："小姑娘，这是叔叔特意为你挖的树坑，你喜欢什么，叔叔就种什么。"

小女孩和她的妈妈都高兴得笑了。

我知道诗人在说谎，不过，这一回，我原谅了他。

——节选自周国平《诗人的花园》

中华优秀传统文化有很多重要元素，比如，天下为公、天下大同的社会理想，民为邦本、为政以德的治理思想，九州共贯、多元一体的大一统传统，修齐治平、兴亡有责的家国情怀，厚德载物、明德弘道的精神追求，富民厚生、义利兼顾的经济伦理，天人合一、万物并育的生态理念，实事求是、知行合一的哲学思想，执两用中、守中致和的思维方法，讲信修睦、亲仁善邻的交往之道等，共同塑造出中华文明的突出特性。中华文明具有突出的连续性。中华文明是世界上唯一绵延不断且以国家形态发展至今的伟大文明。中华文明具有突出的创新性。中华文明是革故鼎新、辉光日新的文明，静水深流与波澜壮阔交织。中华文明具有突出的统一性。中华文明长期的大一统传统，形成了多元一体、团结集中的统一性。中华文明具有突出的包容性。中华文明从来不用单一文化代替多元文化，而是由多元文化汇聚成共同文化，化解冲突，凝聚共识。

——节选自《求是》2023 年第 17 期

4. 朗读下面的作品，可参考后面的拼音，尽量读准确，并给画线词语或你认为难读的词语注音。

作品 2 号

　　盼望着，盼望着，东风来了，春天的脚步近了。

　　一切都像刚睡醒的样子，<u>欣欣然</u>（　　　　　）张开了眼。山朗润起来了，水涨起来了，太阳的脸红起来了。

　　小草偷偷地从土里钻出来，嫩嫩的，绿绿的。园子里，田野里，瞧去，一大片一大片满是的。坐着，躺着，<u>打两个滚</u>（　　　　　），踢几脚球，赛几趟跑，捉几回迷藏。风<u>轻悄悄</u>（　　　）的，草软绵绵的。

　　……

　　"吹面不寒杨柳风"，不错的，像母亲的手<u>抚摸着</u>（　　　　　）你。风里带来些新翻的泥土的气息，<u>混着青草味儿</u>（　　　　　　　　　　），还有各种花的香，都在微微湿润的空气里酝酿。鸟儿将巢安在繁花绿叶当中，高兴起来了，呼朋引伴地卖弄清脆的喉咙，唱出宛转的曲子，跟轻风流水<u>应和着</u>（　　　　　）。牛背上牧童的短笛，这时候也成天嘹亮地响着。

　　雨是最寻常的，一下就是三两天。可别恼。看，像牛毛，像花针，像细丝，密密地斜织着，人家屋顶上全<u>笼着一层薄烟</u>（　　　　　　　　　　　　）。树叶儿却绿得发亮，小草儿也青得逼你的眼。傍晚时候，上灯了，一点点黄晕的光，烘托出一片安静而和平的夜。在乡下，小路上，石桥边，有撑起伞慢慢走着的人，地里还有工作的农民，披着蓑戴着笠。他们的房屋，稀稀疏疏的，在雨里静默着。

　　天上风筝渐渐多了，地上孩子也多了。城里乡下，家家户户，老老小小，//也赶趟儿似的，一个个都出来了。舒活舒活筋骨，抖擞抖擞精神，各做各的一份儿事去。"一年之计在于春"，刚起头儿，有的是功夫，有的是希望。

　　春天像刚落地的娃娃，从头到脚都是新的，它生长着。

　　春天像小姑娘，花枝招展的，笑着，走着。

　　春天像健壮的青年，有铁一般的胳膊和腰脚，领着我们上前去。

——节选自朱自清《春》

Zuòpǐn 2 Hào

　　Pànwàngzhe, pànwàngzhe, dōngfēng lái le, chūntiān de jiǎobù jìn le.

　　Yīqiè dōu xiàng gāng shuìxǐng de yàngzi, xīnxīnrán zhāngkāile yǎn. Shān lǎngrùn qǐ•lái le, shuǐ zhǎng qǐ•lái le, tài•yáng de liǎn hóngqǐ•lái le.

　　Xiǎocǎo tōutōu de cóng tǔ•lǐ zuān chū•lái, nèn nèn de, lǜlǜ de. Yuán zǐ•lǐ, tiányě•lǐ, qiáo•qù, yī dà piàn yī dà piàn mǎn shì de. Zuòzhe, tǎngzhe, dǎ liǎng gè gǔnr, tī jǐ jiǎo qiúr, sài jǐ tàng pǎo, zhuō jǐ huí mícáng. Fēng qīngqiāoqiāo de, cǎo ruǎnmiánmián de.

　　……

　　"Chuī miàn bù hán yángliǔ fēng", bùcuò de, xiàng mǔ•qīn de shǒu fǔmōzhe nǐ. Fēng•lǐ dàilái xiē xīn fān de nítǔ de qìxī, hùnzhe qīngcǎo wèir, hái yǒu gè zhǒng huā de xiāng, dōu zài wēiwēi shīrùn de kōngqì•lǐ yùnniàng. Niǎo'ér jiāng cháo ān zài fánhuā—lǜyè dāngzhōng, gāoxìng qǐ•lái le, hūpéng—yǐnbàn de mài•nòng qīngcuì de hóu•lóng, chàngchū wǎnzhuǎn de qǔzi, gēn qīngfēng—liúshuǐ yìnghèzhe. Niúbèi•shàng mùtóng de duǎndí, zhè shíhou yě chéngtiān liáoliàng de xiǎngzhe.

　　Yǔ shì zuì xúncháng de, yī xià jiù shì sān—liǎng tiān. Kě bié nǎo. Kàn, xiàng niúmáo, xiàng huāzhēn, xiàng xìsī, mìmì de xié zhīzhe, rénjiā wūdǐng•shàng quán lǒngzhe yī céng bóyān. Shùyè què lǜ de fāliàng, xiǎocǎor yě qīng de bī nǐ de yǎn. Bàngwǎn shíhou, shàngdēng le, yīdiǎndiǎn huángyùn de guāng, hōngtuō chū yī piàn ānjìng ér hépíng de yè. Zài xiāngxia, xiǎolù•shàng, shíqiáo biān, yǒu chēngqǐ sǎn mànmàn zǒuzhe de rén, dì•lǐ hái yǒu gōngzuò de nóngmín, pīzhe suō dàizhe lì. Tāmen de fángwū, xīxīshū shū de, zài yǔ•lǐ jìngmòzhe.

　　Tiān•shàng fēngzheng jiànjiàn duō le, dì•shàng háizi yě duō le. Chéng•lǐ xiāngxia, jiājiāhùhù, lǎolǎoxiǎoxiǎo, //yě gǎntàngr shìde, yīgègè dōu chū•lái le. Shūhuó shūhuó jīngǔ, dǒusǒu dǒusǒu jīngshen, gè zuò gè de yī fènr shì•qù. "Yī nián zhī jì zàiyú chūn", gāng qǐtóur, yǒu de shì gōngfu, yǒu de shì xīwàng.

　　Chūntiān xiàng gāng luòdì de wáwa, cóng tóu dào jiǎo dōu shì xīn de, tā shēngzhǎng zhe.

　　Chūntiān xiàng xiǎo gūniang, huāzhī—zhāozhǎn de, xiàozhe, zǒuzhe.

　　Chūntiān xiàng jiànzhuàng de qīngnián, yǒu tiě yībān de gēbó hé yāojiǎo, lǐngzhe wǒmen shàngqián•qù.

——Jiéxuǎn zì Zhū Zìqīng《Chūn》

第二课　声母 f h 的训练

本课主要任务

1. 掌握声母 f、h 的发音要领，通过 f、h 的训练，进一步提高这两个声母的发音能力，保证发音质量。
2. 熟练掌握所列以 f、h 为声母的一组词语的发音，达到字字精确。
3. 以《普通话水平测试实施纲要》3、4 号作品为主，进行一组练习，所列课后练习在一周内完成。

一、发音要点

1. f、h 的发音部位

f 的发音部位是下唇和上齿，下唇和上齿接触发音。

h 的发音部位是在舌面后部，也可说成舌根，在口腔的后部。

发音部位显示，f 的发音部位在口腔的前部、外部，是可以看得见的，用上齿接触到下唇来发音，外部看来口腔是闭合的。h 的发音部位在口腔的内部、靠里，外部是看不见的，而且看上去口腔是打开的，上下唇、上下齿不能接触。部位之分，是 f、h 区分的关键。

2. f、h 的发音方法

f 是唇齿阻清擦音。发音时，声带不颤动，上齿和下唇接触有缝隙，软腭上升，堵塞鼻腔，舌位自然。气流从缝隙中挤出摩擦成音。

h 是舌面后阻清擦音。h 是舌面后音，也可以说成是舌根音，发音时要使用舌面后部或舌根。发音时，舌面后缩，舌面后部隆起接近软腭留有缝隙，软腭上升，堵塞鼻腔通路，声带不颤动。气流从舌面后部和软颚形成的窄缝中挤出，摩擦成声。

f 和 h 都是擦音，也就是说都是气流从缝隙中挤出，摩擦成音，只不过，f 的摩擦在唇齿间，h 的摩擦在舌面后部和软颚间，两者的位置差距很大。

二、词语练习

这组词语分 f、h 两类，两类词语可先后对照读。

f 组

寄发 jì fā	帆赛 fān sài	番茄 fān qié	芬芳 fēn fāng
磨坊 mò fáng	飞蝗 fēi huáng	非驴 fēi lú	分泌 fēn mì
省份 shěng fèn	封建 fēng jiàn	疯魔 fēng mó	佛龛 fó kān
否则 fǒu zé	切肤 qiè fū	孵卵 fū luǎn	仿佛 fǎng fú
芙蓉 fú róng			

h 组

哈雷 hā léi	哈腰 hā yāo	哈达 hǎ dá	骇焰 hài yàn
蚶子 hān zi	酣饮 hān yǐn	憨态 hān tài	航空 háng kōng
巷道 hàng dào	行当 háng dang	毫厘 háo lí	号叫 háo jiào
掩壕 yǎn háo	呵责 hē zé	弹劾 tán hé	和气 hé·qi
洛河 Luò hé	疤痕 bā hén	很坏 hěn huài	恒温 héng wēn
行情 háng qíng	哄抬 hōng tái	烘箱 hōng xiāng	宏图 hóng tú
诸侯 zhū hóu	喉咙 hóu·lóng	狮吼 shī hǒu	在乎 zài·hu
呼吁 hū yù	狐狸 hú·li	接花 jiē huā	哗众 huá zhòng
沿淮 yán huái	畸槐 jī huái	欢娱 huān yú	环境 huán jìng
幻影 huàn yǐng	皇历 huáng·li	惶惑 huáng huò	诙谐 huī xié
恢廓 huī kuò	徽章 huī zhāng	婚姻 hūn yīn	魂魄 hún pò
豁口 huō kǒu	霍闪 huò shǎn		

三、兴趣材料

读一读这个绕口令，注意分清 f、h。

画凤凰 huà fèng huáng

粉红墙上画凤凰，fěn hóng qiáng·shang huà fèng huáng，
凤凰画在粉红墙，fèng huáng huà zài fěn hóng qiáng，
红凤凰，hóng fèng huáng，
粉凤凰，fěn fèng huáng，
粉红凤凰，fěn hóng fèng huáng，
花凤凰。huā fèng huáng.

四、短文朗读

朗读下面的短文，力求读对每一个字音，达到准确、流利。

Zuò pǐn sān Hào
作品 3 号

yàn zi qù le，yǒu zài lái de shí hou；yáng liǔ kū le，yǒu zài qīng de shí hou；táo huā xiè le，
燕子 去 了，有 再 来 的 时候；杨柳 枯 了，有 再 青 的 时候；桃花 谢 了，

yǒu zài kāi de shí hou。dàn shì，cōng míng de，nǐ gào su wǒ，wǒ men de rì zi wèi shén me yī qù
有 再 开 的 时候。但是，聪 明 的，你 告诉 我，我们 的 日子 为 什么 一去

bù fù fǎn ne？—— shì yǒu rén tōu le tā men ba：nà shì shéi？yòu cáng zài hé chù ne？shì tā men
不 复 返 呢？——是 有 人 偷 了 他们 罢：那 是 谁？又 藏 在 何处 呢？是 他们

zì jǐ táo zǒu le ba：xiàn zài yòu dào le nǎ lǐ ne？
自己 逃 走 了 罢：现在 又 到 了 哪里 呢？

qù de jǐn guǎn qù le，lái de jǐn guǎn lái zhe；qù lái de zhōng jiān，yòu zěn yàng de cōng
去 的 尽 管 去 了，来 的 尽 管 来 着；去 来 的 中 间，又 怎样 地 匆

cōng ne？zǎo shang wǒ qǐ lái de shí hou，xiǎo wū lǐ shè jìn liǎng sān fāng xié xié de tài yáng。tài
匆 呢？早 上 我 起 来 的 时候，小屋 里 射 进 两 三 方 斜斜 的 太阳。太

yáng tā yǒu jiǎo a，qīng qīng qiāo qiāo de nuó yí le；wǒ yě máng máng rán gēn zhe xuán zhuǎn。yú
阳 他 有 脚 啊，轻 轻 悄 悄 地 挪 移 了；我 也 茫 茫 然 跟着 旋 转。于

shì —— xǐ shǒu de shí hou，rì zi cóng shuǐ pén li guò qù；chī fàn de shí hou，rì zi cóng fàn
是——洗 手 的 时候，日子 从 水 盆 里 过 去；吃饭 的 时候，日子 从 饭

wǎn lǐ guò qù；mò mò shí，biàn cóng níng rán de shuāng yǎn qián guò qù。wǒ jué chá tā qù de
碗 里 过 去；默默 时，便 从 凝 然 的 双 眼 前 过 去。我 觉 察 他 去 的

cōng cōng le，shēn chū shǒu zhē wǎn shí，tā yòu cóng zhē wǎn zhe de shǒu biān guò qù；tiān hēi shí，wǒ
匆 匆 了，伸 出 手 遮 挽 时，他 又 从 遮 挽 着 的 手 边 过 去；天 黑 时，我

tǎng zài chuáng shàng，tā biàn líng líng lì lì de cóng wǒ shēn shàng kuà guò，cóng wǒ jiǎo biān
躺 在 床 上，他 便 伶 伶 俐俐 地 从 我 身 上 跨 过，从 我 脚 边

fēi qù le。děng wǒ zhēng kāi yǎn hé tài yáng zài jiàn，zhè suàn yòu liū zǒu le yī rì。wǒ yǎn zhe
飞 去 了。等 我 睁 开 眼 和 太阳 再 见，这 算 又 溜 走 了 一 日。我 掩 着

miàn tàn xī，dàn shì xīn lái de rì zi de yǐng'ér yòu kāi shǐ zài tàn xī lǐ shǎn guò le。
面 叹 息，但是 新 来 的 日子 的 影儿 又 开 始 在 叹 息 里 闪 过 了。

zài táo qù rú fēi de rì zi lǐ，zài qiān mén - wàn hù de shì jiè lǐ de wǒ néng zuò xiē shén
在 逃 去 如 飞 的 日子 里，在 千 门 万户 的 世界 里 的 我 能 做 些 什

me ne？zhǐ yǒu pái huái bà le，zhǐ yǒu cōng cōng bà le；zài bā qiān duō rì de cōng cōng lǐ，chú
么 呢？只 有 徘 徊 罢 了，只 有 匆 匆 罢 了；在 八 千 多 日 的 匆 匆 里，除

pái huái wài，yòu shèng xiē shén me ne？guò qù de rì zi rú qīng yān，bèi wēi fēng chuī sàn le，rú
徘 徊 外，又 剩 些 什么 呢？过 去 的 日子 如 轻 烟，被 微 风 吹 散 了，如

bó wù， bèi chū yáng zhēng róng le　 wǒ liú zhe xiē shén me hén jì ne？wǒ hé céng liú zhe xiàng yóu sī
薄雾，被初阳　蒸融了；我留着些什么痕迹呢？我何曾留着　像游丝

yàng de hén jì ne？wǒ chì luǒ luǒ // lái dào zhè shì jiè， zhuǎn yǎn jiān yě jiāng chì luǒ luǒ de huí‧qù ba？
样的痕迹呢？我赤裸裸//来到这世界，转眼间也将赤裸裸的回去罢？

dàn bù néng píng de，wèi shén me piān bái bái zǒu zhè yī zāo a？
但不能平的，为什么偏白白走这一遭啊？

　　　 nǐ cōng‧míng de，gào su wǒ，wǒ men de rì zi wèi shén me yī qù bù fù fǎn ne？
　　　你聪明的，告诉我，我们的日子为什么一去不复返呢？

　　　　　　　　　　　　　　 —— Jiéxuǎn zì Zhū Zìqīng《Cōngcōng》
　　　　　　　　　　　　　　——节选自朱自清《匆匆》

五、课后练习

1. 按本来的读音给下面的词语注音，读一读。

寄发（　　）	仿佛（　　）	哈达（　　）	很坏（　　）
环境（　　）	行情（　　）	酤饮（　　）	非驴（　　）
诙谐（　　）	诸侯（　　）	行当（　　）	疯魔（　　）
婚姻（　　）	在乎（　　）	掩壕（　　）	切肤（　　）
霍闪（　　）	和气（　　）	番茄（　　）	皇历（　　）
省份（　　）	沿淮（　　）	佛龛（　　）	狐狸（　　）
磨坊（　　）	洛河（　　）	骇焰（　　）	帆赛（　　）
航空（　　）	芙蓉（　　）	狮吼（　　）	豁口（　　）
徽章（　　）	否则（　　）	烘箱（　　）	哈雷（　　）
弹劾（　　）	姆妈（　　）	畸槐（　　）	哈腰（　　）
芬芳（　　）	飞蝗（　　）	蚶子（　　）	憨态（　　）
恢廓（　　）	分泌（　　）	接花（　　）	魂魄（　　）
封建（　　）	恒温（　　）	喉咙（　　）	孵卵（　　）
惶惑（　　）	欢娱（　　）	偷瞄（　　）	号叫（　　）
疤痕（　　）	宏图（　　）	巷道（　　）	毫厘（　　）
呵责（　　）	哄抬（　　）	呼吁（　　）	哗众（　　）
幻影（　　）			

2. 读下面的这首诗并注音，力求读对每一个字音。

　　　　　杨柳青青江水平，

　　　　　闻郎江上唱歌声。

　　　　　东边日出西边雨，

　　　　　道是无晴却有晴。

　　　　　　　　　——刘禹锡《竹枝词》

3. 读下面的短文，标出每个字的声母。

在我故乡老屋的后面有一个池塘，塘中有个小小的土岛，这是我童年的仙乡。有时我站在塘岸看望游鱼和浮萍，一次，一双翡翠鸟从水面急飞掠过，那电光似的一闪留下色彩悦目的印象。以后很久，多次我闭目，这印象就在我的脑际浮现，仙乡似的景物清晰在望。同我一起惊看翡翠的有我童年初恋的少女，她的倩影当然也会一同出现。

——节选自李霁野《花鸟昆虫创造的奇境》

民以食为天，粮以地为本。我国人口众多，解决好14亿多人的吃饭问题，始终是治国理政的头等大事。我国耕地家底并不丰厚，2022年底全国耕地总量19.14亿亩，仅占世界9%，且质量总体不高，这一基本国情决定了加强耕地保护对保障粮食安全这一"头等大事"的极端重要性。一是严控新增占用。以国土空间规划作为用地依据，逐步压减城镇开发边界内增量空间使用规模，严格耕地和永久基本农田用途管制，严控占用耕地的各类情形，确需占用的，要求按照数量相等、质量相当的原则落实补充耕地。强化土地利用计划管控，合理确定年度土地利用计划总量，有效调控新增建设用地时序和节奏。优化建设项目选址，严格执行土地使用标准，切实做到不占或少占耕地。二是着力盘活存量。按照高质量发展和实施全面节约战略的要求，推动土地利用方式从依赖新增向挖潜存量转变，大力推动"用存量换增量""用地下换地上""用资金技术换空间"，推进低效用地再开发，从源头上减少对耕地的占用。三是严格督察执法。建立健全耕地保护"长牙齿"硬措施工作机制，以"零容忍"态度严肃查处各类违法占用耕地行为。

——节选自2023年10月10日《人民日报》

4. 朗读下面的作品，可参考后面的拼音，尽量读准确，并给画线词语或你认为难读的词语注音。

作品4号

有的人在工作、学习中缺乏耐性和韧性（　　　　　　　　），他们一旦碰了钉子，走了弯路，就开始怀疑自己是否有研究才能（　　　　　　　）。其实，我可以告诉大家，许多有名的科学家和作家，都是经过很多次失败，走过很多弯路才成功的。

有人看见一个作家写出一本好小说，或者看见一个科学家发表几篇有分量的论文，便仰慕不已，很想自己能够<u>信手拈来</u>（　　　　　　　　），妙手成章，一觉醒来，誉满天下。其实，成功的作品和论文只不过是作家、学者们整个创作和研究中的极小部分，甚至数量上还不及失败作品的十分之一。大家看到的只是他们成功的作品，而失败的作品是不会公开发表出来的。

要知道，一个科学家在攻克科学堡垒的长征中，失败的次数和经验，远比成功的经验要丰富、深刻得多。失败虽然不是什么令人快乐的事情，但也决不应该<u>因此气馁</u>（　　　　　　）。在进行研究时，研究方向不正确，走了些岔路，白费了许多精力，这也是常有的事。但不要紧，可以再调换方向进行研究。更重要的是要善于吸取失败的教训，总结已有的经验，再继续前进。

根据我自己的体会，所谓天才，就是坚持不断的努力。有些人也许觉得我在数学方面<u>有什么天分</u>（　　　　　　　　），//其实从我身上是找不到这种天分的。我读小学时，因为成绩不好，没有拿到毕业证书，只拿到一张修业证书。初中一年级时，我的数学也是经过补考才及格的。但是说来奇怪，从初中二年级以后，我就发生了一个根本转变，因为我认识到既然我的资质差些，就应该多用点儿时间来学习。别人学一小时，我就学两小时，这样，我的数学成绩得以不断提高。

一直到现在我也贯彻这个原则：别人看一篇东西要三小时，我就花三个半小时。经过长期积累，就多少可以看出成绩来。并且在基本技巧烂熟之后，往往能够一个钟头就看懂一篇人家看十天半月也解不透的文章。所以，前一段时间的加倍努力，在后一段时间能收到预想不到的效果。

是的，聪明在于学习，天才在于积累。

——节选自华罗庚《聪明在于学习，天才在于积累》

Zuòpǐn 4 Hào

　　Yǒude rén zài gōngzuò、xuéxí zhōng quēfá nàixìng hé rènxìng, tāmen yīdàn pèngle dīngzi, zǒule wānlù, jiù kāishǐ huáiyí zìjǐ shìfǒu yǒu yánjiū cáinéng. Qíshí, wǒ kěyǐ gàosù dàjiā, xǔduō yǒumíng de kēxuéjiā hé zuòjiā, dōu shì jīngguò hěn duō cì shībài, zǒuguò hěn duō wānlù cái chénggōng de. Yǒu rén kàn·jiàn yī gè zuòjiā xiěchū yī běn hǎo xiǎoshuō, huòzhě kàn·jiàn yī gè kēxuéjiā fābiǎo jǐ piān yǒu fèn·liàng de lùnwén, biàn yǎngmù—bùyǐ, hěn xiǎng zìjǐ nénggòu xìnshǒu—niānlái, miàoshǒu—chéngzhāng, yī jiào xǐnglái, yùmǎn—tiānxià. Qíshí, chénggōng de zuòpǐn hé lùnwén zhǐ bùguò shì zuòjiā、xuézhěmen zhěnggè chuàngzuò hé yánjiū zhōng de jí xiǎo bùfèn, shènzhì shùliàng·shàng hái bú jí shībài zuòpǐn de shí fèn zhī yī. Dàjiā kàndào de zhǐshì tāmen chénggōng de zuòpǐn, ér shībài de zuòpǐn shì bù huì gōngkāi fābiǎo chū·lái de.

　　Yào zhī·dào, yī gè kēxuéjiā zài gōngkè kēxué bǎolěi de chángzhēng zhōng, shībài de cìshù hé jīngyàn, yuǎn bǐ chénggōng de jīngyàn yào fēngfù, shēnkè de duō. Shībài suīrán bù shì shénme lìng rén kuàilè de shìqing, dàn yě juébù yīnggāi yīncǐ qìněi. Zài jìnxíng yánjiū shí, yánjiū fāngxiàng bù zhèngquè, zǒule xiē chàlù, báifèile xǔduō jīnglì, zhè yě shì cháng yǒu de shì. Dàn bù yàojǐn, kěyǐ zài diàohuàn fāngxiàng jìnxíng yánjiū. Gèng zhòngyào de shì yào shànyú xīqǔ shībài de jiàoxùn, zǒngjié yǐ yǒu de jīngyàn, zài jìxù qiánjìn.

Gēnjù wǒ zìjǐ de tǐhuì, suǒwèi tiāncái, jiù shì jiānchí bùduàn de nǔlì. Yǒuxiē rén yěxǔ jué • de wǒ zài shùxué fāngmiàn yǒu shénme tiānfèn, //qíshí cóng wǒ shēn • shàng shì zhǎo • bù dào zhè zhǒng tiānfèn de. Wǒ dú xiǎoxué shí, yīn • wèi chéngjì bù hǎo, méi • yǒu nádào bìyè zhèngshū, zhǐ nádào yī zhāng xiūyè zhèngshū. Chūzhōng yī niánjí shí, wǒ de shùxué yě shì jīngguò bǔkǎo cái jígé de. Dànshì shuō lái qíguài, cóng chūzhōng èr niánjí yǐhòu, wǒ jiù fāshēngle yī gè gēnběn zhuǎnbiàn, yīn • wèi wǒ rènshi dào jìrán wǒ de zīzhì chà xiē, jiù yīnggāi duō yòng diǎnr shíjiān lái xuéxí. Bié • rén xué yī xiǎoshí, wǒ jiù xué liǎng xiǎoshí, zhèyàng, wǒ de shùxué chéngjì déyǐ bùduàn tígāo.

Yī zhí dào xiànzài wǒ yě guànchè zhège yuánzé: bié • rén kàn yī piān dōngxi yào sān xiǎoshí, wǒ jiù huā sān gè bàn xiǎoshí. Jīngguò chángqī jīlěi, jiù duōshǎo kěyǐ kànchū chéngjì lái. Bìngqiě zài jīběn jìqiǎo lànshú zhīhòu, wǎngwǎng nénggòu yī gè zhōngtóu jiù kàndǒng yī piān rénjia kàn shítiān—bànyuè yě jiě • bù tòu de wénzhāng. Suǒyǐ, qián yī duàn shíjiān de jiābèi nǔlì, zài hòu yī duàn shíjiān néng shōudào yùxiǎng • bù dào de xiàoguǒ.

Shì de, cōng • míng zàiyú xuéxí, tiāncái zàiyú jīlěi.
——Jiéxuǎn zì Huà Luógēng《Cōng • míng zàiyú Xuéxí, Tiāncái zàiyú Jīlěi》

第三课 声母 d t 的训练

本课主要任务

1. 掌握声母 d、t 的发音要领，通过 d、t 的训练，提高这两个声母的发音能力，保证发音质量。
2. 熟练掌握所列以 d、t 为声母的一组词语的发音，达到字字精确。
3. 课内练习以词语和《普通话水平测试实施纲要》5、6 号作品为主，所列课后练习在一周内完成。

一、发音要点

1. d、t 的发音部位

d、t 的发音部位都在舌尖和上齿龈。舌尖并不只是一个"尖"，而是舌头前伸时包括"尖"在内的一个小面。上齿龈指的是上牙床，也就是上牙的根部。

2. d、t 的发音方法

d 是舌尖中不送气清塞音。发音时，声带不颤动。舌尖抵在上齿龈，气流不从口腔流出，软颚上升堵住鼻腔通道。较弱的气流冲破舌尖和上齿龈构成的阻碍爆发成声，气流少，或气流比较弱。

t 是舌尖中送气清塞音。它的发音和 d 基本是一样的，只在气流上不同。t 是送气音，发音时，气流较强，而 d 是不送气音，发音时气流弱。

二、词语练习

以下 d、t 两组词语，可自由混合，达到 d、t 对比练习的目的。

d 组

耷拉 dā·la	歹徒 dǎi tú	代替 dài tì	丹桂 dān guì
单独 dān dú	当庭 dāng tíng	叨念 dāo niàn	导轮 dǎo lún
得劲 dé jìn	恩德 ēn dé	采的 cǎi·de	可得 kě děi
登攀 dēng pān	提防 dī·fang	低廉 dī lián	滴沥 dī lì
笛呜 dí wū	目的 mù dì	滇剧 diān jù	貂熊 diāo xióng
爹娘 diē niáng	跌跪 diē guì	丁零 dīng líng	顶缸 dǐng//gāng
丢脸 diū//liǎn	东欧 Dōng Ōu	搞懂 gǎo dǒng	全都 quán dōu
逗趣 dòu//qù	嘟囔 dū·nang	牛犊 niú dú	堵塞 dǔ sè
共睹 gòng dǔ	阶段 jiē duàn	锻炼 duàn liàn	堆砌 duī qì
兑付 duì fù	公吨 gōng dūn	敦请 dūn qǐng	夺魁 duó//kuí
掇弄 duō nòng	钉耙 dīng pá		

t 组

拟它 nǐ tā	坍台 tān//tái	榨坛 zhà tán	波涛 bō tāo
敌特 dí tè	藤县 Téng Xiàn	蹬梯 dēng tī	踢毽 tī jiàn
猿啼 yuán tí	题材 tí cái	肢体 zhī tǐ	匣屉 xiá tì
梯度 tī dù	恬静 tián jìng	挑拨 tiǎo bō	庚帖 gēng tiě
妥帖 tuǒ tiē	审厅 shěn tīng	岗亭 gǎng tíng	通知 tōng zhī
佟母 Tóng mǔ	统领 tǒng lǐng	透彻 tòu chè	图腾 tú téng
屠宰 tú zǎi	吐皮 tǔ pí	湍急 tuān jí	捶腿 chuí tuǐ
褪色 tuì//sè	魏屯 Wèi Tún	豚鼠 tún shǔ	衬托 chèn tuō
挣脱 zhèng tuō			

三、兴趣材料

读读下面的绕口令，感觉一下 d、t 的发音。

短刀 duǎn dāo

断头台倒吊短单刀，duàn tóu tái dào diào duǎn dān dāo，
歹徒登台偷短刀，dǎi tú dēng tái tōu duǎn dāo，
断头台塌盗跌倒，duàn tóu tái tā dào diē dǎo，
对对短刀叮当掉。duì duì duǎn dāo dīng dāng diào.

四、短文朗读

朗读下面的短文，力求读对每一个字音，达到准确、流利。

Zuò pǐn wǔ Hào
作 品 5 号

qù guò Gù gōng dà xiū xiàn chǎng de rén, jiù huì fā xiàn zhè·lǐ hé wài·miàn gōng dì de láo
去 过 故 宫 大 修 现 场 的 人, 就 会 发 现 这 里 和 外 面 工 地 的 劳

zuò jǐng xiàng yǒu gè míng xiǎn de qū bié zhè·lǐ méi·yǒu qǐ zhòng jī, jiàn zhù cái liào dōu shì yǐ
作 景 象 有 个 明 显 的 区 别: 这 里 没 有 起 重 机, 建 筑 材 料 都 是 以

shǒu tuī chē de xíng shì sòng wǎng gōng dì, yù dào rén lì wú fǎ yùn sòng de mù liào shí, gōng rén men
手 推 车 的 形 式 送 往 工 地, 遇 到 人 力 无 法 运 送 的 木 料 时, 工 人 们

huì shǐ yòng bǎi nián·bù biàn de gōng jù —— huá lún zǔ·Gù gōng xiū shàn, zūn zhòng zhe "Sì Yuán"
会 使 用 百 年 不 变 的 工 具 —— 滑 轮 组。故 宫 修 缮, 尊 重 着 "四 原"

yuán zé, jí yuán cái liào、yuán gōng yì、yuán jié gòu、yuán xíng zhì·zài bù yǐng xiǎng tǐ xiàn chuán
原 则, 即 原 材 料、原 工 艺、原 结 构、原 型 制。在 不 影 响 体 现 传

tǒng gōng yì jì shù shǒu fǎ tè diǎn de dì fang, gōng jiàng kě yǐ yòng diàn dòng gōng jù, bǐ rú kāi
统 工 艺 技 术 手 法 特 点 的 地 方, 工 匠 可 以 用 电 动 工 具, 比 如 开

huāng liào、jié tóu。dà duō shù shí hou gōng jiàng dōu yòng chuán tǒng gōng jù mù jiàng huà xiàn yòng
荒 料、截 头。大 多 数 时 候 工 匠 都 用 传 统 工 具: 木 匠 画 线 用

de shì mò dǒu、huà qiān、máo bǐ、fāng chǐ、zhàng gān、wǔ chǐ jiā gōng zhì zuò mù gòu jiàn shǐ yòng de
的 是 墨 斗、画 签、毛 笔、方 尺、杖 竿、五 尺; 加 工 制 作 木 构 件 使 用 的

gōng jù yǒu bèn、záo、fǔ、jù、bào děng děng。
工 具 有 锛、凿、斧、锯、刨 等 等。

zuì néng tǐ xiàn dà xiū nán dù de biàn shì wǎ zuò zhōng "shàn bèi" de huán jié·"Shàn bèi" shì
最 能 体 现 大 修 难 度 的 便 是 瓦 作 中 "苫 背" 的 环 节。"苫 背" 是

zhǐ zài fáng dǐng zuò huī bèi de guò chéng, tā xiāng dāng yú wèi mù jiàn zhù tiān·shàng fáng shuǐ céng。
指 在 房 顶 做 灰 背 的 过 程, 它 相 当 于 为 木 建 筑 添 上 防 水 层。

yǒu jù kǒu jué shì sān jiāng·sān yā, yě jiù shì shàng sān biàn shí huī jiāng, rán hòu zài yā·shàng sān
有 句 口 诀 是 三 浆 三 压, 也 就 是 上 三 遍 石 灰 浆, 然 后 再 压 上 三

biàn。dàn zhè shì gè xū shù·jīn tiān shì qíng tiān, gān de kuài, sān jiāng·sān yā yìng dù jiù néng
遍。但 这 是 个 虚 数。今 天 是 晴 天, 干 得 快, 三 浆 三 压 硬 度 就 能

fú hé yāo qiú, yào shì gǎn·shàng yīn tiān, shuō·bù dìng jiù yào liù jiāng·liù yā·rèn hé yī gè huán jié
符 合 要 求, 要 是 赶 上 阴 天, 说 不 定 就 要 六 浆 六 压。任 何 一 个 环 节

de shū lòu dōu kě néng dǎo zhì lòu yǔ, ér zhè duì jiàn zhù de sǔn huài shì zhì mìng de·
的 疏 漏 都 可 能 导 致 漏 雨, 而 这 对 建 筑 的 损 坏 是 致 命 的。

"Gōng" zì zǎo zài Yīn xū jiǎ gǔ bǔ cí zhōng jiù yǐ·jīng chū xiàn guò·《Zhōu guān》yǔ《Chūn qiū
"工" 字 早 在 殷 墟 甲 骨 卜 辞 中 就 已 经 出 现 过。《周 官》与《春 秋

Zuǒ chuán》jì zǎi Zhōu wáng cháo yǔ zhū hóu dōu shè yǒu zhǎng guǎn yíng zào de jī gòu·wú shù de míng
左 传》记 载 周 王 朝 与 诸 侯 都 设 有 掌 管 营 造 的 机 构。无 数 的 名

gōng·qiǎo jiàng wèi wǒ men liú·xià le nà me duō hóng wěi de jiàn zhù, dàn què·hěn shǎo bèi liè rù shǐ
工 巧 匠 为 我 们 留 下 了 那 么 多 宏 伟 的 建 筑, 但 却 很 少 被 列 入 史

jí， yángmíng yú hòushì.
籍，扬名于后世。

jiàngrén zhīsuǒ yǐ chèng zhī wéi“jiàng”， qí shí bù jǐn jǐn shì yīn•wèi tā men yōngyǒu le mǒu
匠人之所以称之为“匠”，其实不仅仅是因为他们拥有了某

zhǒng xiánshóu de jì néng， bì jìng jì néng hái kě yǐ tōngguò shíjiān de lèi jī“shúnéng shēngqiǎo”，
种娴熟的技能，毕竟技能还可以通过时间的累积“熟能生巧”，

dàn yùncáng zài“shǒu yì” zhīshàng de nà zhǒng duìjiànzhù běnshēn de jìngwèi hé rè'ài què xū yào
但蕴藏在“手艺”之上的那种对建筑本身的敬畏和热爱却需要

cóng lì shǐ de cháng hé zhōng qù xún mì.
从历史的长河中去寻觅。

jiāng zhuàng lì de Zǐ jìn chéng wánhǎo de jiāo gěi wèilái， zuì néng yǎngzhàng de biàn shì zhè
将壮丽的紫禁城完好地交给未来，最能仰仗的便是这

xiē mòmò fèngxiàn de jiàngrén. Gùgōng de xiūhù zhùdìng shì yī chǎng méi•yǒu zhōngdiǎn de jiē
些默默奉献的匠人。故宫的修护注定是一场没有终点的接

lì， ér tā men jiù shì zuì hǎo de jiē lì zhě.
力，而他们就是最好的接力者。

—— Jiéxuǎn zì Shàn Jì xiáng《Dà Jiàng Wú Míng》
——节选自单霁翔《大匠无名》

五、课后练习

1. 按本来的读音给下面的词语注音，读一读。

挑拨（　　）	梯度（　　）	褪色（　　）	提防（　　）
逗趣（　　）	可得（　　）	湍急（　　）	肢体（　　）
猿啼（　　）	屠宰（　　）	恩德（　　）	搞懂（　　）
丢脸（　　）	导轮（　　）	透彻（　　）	蹬梯（　　）
敌特（　　）	佟母（　　）	丁零（　　）	公吨（　　）
通知（　　）	爹娘（　　）	波涛（　　）	单独（　　）
坍台（　　）	代替（　　）	妥帖（　　）	滇剧（　　）
挣脱（　　）	堆砌（　　）	阶段（　　）	豚鼠（　　）
滴沥（　　）	耷拉（　　）	拟它（　　）	堵塞（　　）
夺魁（　　）	庚帖（　　）	搭档（　　）	榨坛（　　）
藤县（　　）	踢毽（　　）	题材（　　）	匣屉（　　）
恬静（　　）	碉楼（　　）	审厅（　　）	岗亭（　　）
统领（　　）	图腾（　　）	吐皮（　　）	捶腿（　　）
魏屯（　　）	衬托（　　）	歹徒（　　）	丹桂（　　）
当庭（　　）	叨念（　　）	得劲（　　）	采的（　　）
登攀（　　）	低廉（　　）	笛鸣（　　）	目的（　　）
貂熊（　　）	跌跪（　　）	顶缸（　　）	东欧（　　）

全都（　　　　） 嘟囔（　　　　） 牛犊（　　　　） 共睹（　　　　）

锻炼（　　　　） 兑付（　　　　） 敦请（　　　　） 掇弄（　　　　）

钉耙（　　　　）

2. 读下面的这首词并注音，尽量读得慢些，发音字字饱满、到位（"嗟"读jiē，不在普通话测试用字范围）。

> 昨夜星辰昨夜风，画楼西畔桂堂东。
>
> 身无彩凤双飞翼，心有灵犀一点通。
>
> 隔座送钩春酒暖，分曹射覆蜡灯红。
>
> 嗟余听鼓应官去，走马兰台类转蓬。
>
> ——李商隐《无题》

3. 读下面的短文，标出每个字的声母。

芦花才吐新穗。紫灰色的芦穗，发着银光，软软的，滑溜溜的，像一串丝线。有的地方结了蒲棒，通红的，像一支一支小蜡烛。青浮萍，紫浮萍。长脚蚊子，水蜘蛛。野菱角开着四瓣的小白花。惊起一只青桩（一种水鸟）擦着芦穗，扑鲁鲁飞远了。

> ——节选自汪曾祺《受戒》

从 1990 年北京亚运会吉祥物熊猫"盼盼"，到 2008 年北京奥运会吉祥物福娃之一的"晶晶"，再到如今的"冰墩墩"，熊猫作为中国传统文化的一个经典形象，向世界讲述着这片土地上发生的故事，也传递着友谊与爱。

冬奥会恰逢春节，中国民俗文化同冬奥主题元素巧妙融合，令大家连连赞叹。2月 5 日，摩纳哥元首阿尔贝二世亲王体验制作了"冰墩墩"造型的面塑，还请工作人员帮他再做一个，以便能送给自己的一对双胞胎。

"冰墩墩"的走红，背后正是人们对冰雪运动的喜爱和广泛参与。北京冬奥会开幕式上，一段名为《未来的冠军》的短片吸引了观众的目光。蹒跚学步的小萌娃成为冰雪运动的爱好者，虽然一次次跌倒，却始终欢笑着再次爬起，轻松幽默的画面令观众忍俊不禁。这些萌娃被网友称作现实版的"冰墩墩"，尽管他们的动作还略显"笨拙"，但随着冰雪运动的种子不断种下，中国冰雪运动的前景足以令人期待。

> ——节选自 2022 年 2 月 9 日《人民日报》

4. 朗读下面的作品，可参考后面的拼音，尽量读准确，并给画线词语或你认为难读
的词语注音。

作品6号

立春过后，大地渐渐从沉睡中苏醒（　　　　　　　）过来。冰雪融化，草木萌
发，各种花次第开放。再过两个月，燕子翩然归来（　　　　　　）。不久，布谷鸟也
来了。于是转入炎热的夏季，这是植物孕育果实的时期。到了秋天，果实成熟，植物
的叶子渐渐变黄，在秋风中簌簌地落下来（　　　　　　　　）。北雁南飞，活跃在
田间草际的昆虫也都销声匿迹。到处呈现一片衰草连天的景象，准备迎接风雪载途的
寒冬。在地球上温带和亚热带区域里，年年如是，周而复始。

几千年来，劳动人民注意了草木荣枯（　　　　　　）、候鸟去来等自然现象同气
候的关系，据以安排农事。杏花开了，就好像大自然在传语要赶快耕地；桃花开了，
又好像在暗示要赶快种谷子。布谷鸟开始唱歌，劳动人民懂得它在唱什么："阿公阿
婆，割麦插禾。"这样看来，花香鸟语，草长莺飞（　　　　　　），都是大自然的语言。

这些自然现象，我国古代劳动人民称它为物候。物候知识在我国起源很早。古代
流传下来的许多农谚就包含了丰富的物候知识（　　　　　　）。到了近代，利用物候
知识来研究农业生产，已经发展为一门科学，就是物候学。物侯学记录植物的生长荣
枯，动物的养育往来，如桃花开、燕子来等自然现象，从而了解随着时节//推移的气
候变化和这种变化对动植物的影响。

——节选自竺可桢《大自然的语言》

Zuòpǐn 6 Hào

　　Lìchūn guò hòu, dàdì jiànjiàn cóng chénshuì zhōng sūxǐng guò·lái. Bīngxuě
rónghuà, cǎomù méngfā, gè zhǒng huā cìdì kāifàng. Zài guò liǎng gè yuè,
yànzi piānrán guīlái. Bùjiǔ, bùgǔniǎo yě lái le. Yúshì zhuǎnrù yánrè de xiàjì,
zhè shì zhíwù yùnyù guǒshí de shíqī. Dàole qiūtiān, guǒshí chéngshú, zhíwù de
yèzi jiànjiàn biàn huáng, zài qiūfēng zhōng sùsù de luò xià·lái. Běiyàn—nánfēi,
huóyuè zài tiánjiān — cǎojì de kūnchóng yě dōu xiāoshēng — nìjì. Dàochù
chéngxiàn yī piàn shuāicǎo — liántiān de jǐngxiàng, zhǔnbèi yíngjiē fēngxuě —
zàitú de hándōng. Zài dìqiú·shàng wēndài hé yàrèdài qūyù·lǐ, niánnián rú shì,
zhōu'érfùshǐ.

　　Jǐ qiān nián lái, láodòng rénmín zhùyìle cǎomù — róngkū、hòuniǎo — qùlái
děng zìrán xiànxiàng tóng qìhòu de guānxi, jù yǐ ānpái nóngshì. Xìnghuā kāi le,
jiù hǎoxiàng dàzìrán zài chuányǔ yào gǎnkuài gēng dì; táohuā kāi le, yòu
hǎoxiàng zài ànshì yào gǎnkuài zhòng gǔzǐ. Bùgǔniǎo kāishǐ chànggē, láodòng
rénmín dǒng·dé tā zài chàng shénme: "Āgōng āpó, gē mài chā hé." Zhèyàng
kànlái, huāxiāng—niǎoyǔ, cǎozhǎng—yīngfēi, dōushì dàzìrán de yǔyán.

Zhèxiē zìrán xiànxiàng, wǒguó gǔdài láodòng rénmín chēng tā wéi wùhòu. Wùhòu zhīshi zài wǒguó qǐyuán hěn zǎo. Gǔdài liúchuán xià·lái de xǔduō nóngyàn jiù bāohánle fēngfù de wùhòu zhīshi. Dàole jìndài, lìyòng wùhòu zhīshi lái yánjiū nóngyè shēngchǎn, yǐ·jīng fāzhǎn wéi yī mén kēxué, jiù shì wùhòuxué. Wùhòuxué jìlù zhíwù de shēngzhǎng—róngkū, dòngwù de yǎngyù—wǎnglái, rú táohuā kāi、yànzi lái děng zìrán xiànxiàng, cóng'ér liǎojiě suízhe shíjié // tuīyí de qìhou biànhuà hé zhè zhǒng biànhuà duì dòng—zhíwù de yǐngxiǎng.

—— Jiéxuǎn zì Zhú Kězhēn 《Dàzìrán de Yǔyán》

第四课　声母ｍｎｌ的训练

本课主要任务

1. 掌握声母 m、n、l 的发音要领，通过 m、n、l 的训练，进一步提高这三个声母的发音能力，保证发音质量。
2. 熟练掌握所列以 m、n、l 为声母的一组词语的发音，达到字字精确。
3. 以《普通话水平测试实施纲要》7、8 号作品为主，进行几组材料练习，所列课后练习在一周内完成。

一、发音要点

1. m、n、l 的发音部位

m 的发音部位在双唇，在整个的发音过程中，嘴都是闭合的。

n、l 的发音部位在舌尖和上齿龈，同部位发音的声母还有上节课我们练习的声母 d、t。

2. m、n、l 的发音方法

m 是双唇阻浊鼻音。发音时，声带颤动，双唇闭合，气流不能从口腔流出。软颚下降，鼻腔畅通，舌头自然放平。有爆破发音特点，但比较柔和。

n 是舌尖阻浊鼻音。发音时，声带颤动，成阻时舌头紧抵上齿龈，气流不从口腔出，除阻时软颚下降，鼻腔畅通，带音气流从鼻腔通过，声音柔和。发音时舌尖必须抵住上齿龈，只要舌尖离开了上齿龈，这个前鼻音就靠不住了。

l 是舌尖中阻浊边音。发音时，声带颤动，舌尖抵住上齿龈，软颚上升，堵住鼻腔通道，气流从舌头的左右侧面（两边或一边）通过。发 l 的时候，鼻子是关键，只要声音是从口腔，而不是鼻腔出来，就不会错。

二、词语练习

词语按 m、n、l 分为三组。也可将 n、l 声母词语成对读，提高分辨效果。

m 组

抹布 mā bù	阴霾 yīn mái	年迈 nián mài	木栅 mù zhà
埋怨 mán yuàn	蛮横 mán hèng	盲文 máng wén	渺茫 miǎo máng
茅屋 máo wū	抛锚 pāo//máo	没有 méi·yǒu	闷热 mēn rè
他们 tā·men	蒙骗 mēng piàn	愚氓 yú méng	沙弥 shā mí
猕猴 mí hóu	谜团 mí tuán	靡费 mí fèi	绵软 mián ruǎn
慰勉 wèi miǎn	描摹 miáo mó	诬蔑 wū miè	篾条 miè tiáo
皿纹 mǐn wén	泯灭 mǐn miè	明晰 míng xī	蛙鸣 wā míng
悠谬 yōu miù	涂抹 tú mǒ	莫逆 mò nì	凝眸 níng móu
模样 mú yàng	十亩 shí mǔ	拇战 mǔ zhàn	

n 组

拿捏 ná niē	懦弱 nuò ruò	男巫 nán wū	脓囊 nóng náng
挠痒 náo yǎng	嗫嚅 niè rú	气馁 qì něi	嫩蕾 nèn lěi
焉能 yān néng	端倪 duān ní	虹霓 hóng ní	你好 nǐ hǎo
疼昵 téng nì	溺婴 nì yīng	猫腻 māo nì	拘泥 jū nì
拈挑 niān tiāo	酝酿 yùn niàng	袅娜 niǎo nuó	涅槃 niè pán
您早 nín zǎo	叮咛 dīng níng	拧布 níng bù	扭偏 niǔ piān
虎妞 hǔ niū	农谚 nóng yàn	匈奴 Xiōng nú	怒殴 nù ōu
婢女 bì nǚ	疟蚊 nüè wén	暖篷 nuǎn péng	挪移 nuó yí

l 组

腊月 là yuè	青睐 qīng lài	佩兰 Pèi Lán	沈郎 Shěn láng
辛劳 xīn láo	享乐 xiǎng lè	勒紧 lēi jǐn	镭射 léi shè
擂令 léi lìng	瓦楞 wǎ léng	棠梨 táng lí	淋漓 lín lí
琉璃 liú·li	黎曙 lí shǔ	篱笆 lí·ba	着力 zhuó lì
他俩 tā liǎ	怜悯 lián mǐn	量尺 liáng chǐ	踉跄 liàng qiàng
撩帘 liāo lián	瞎咧 xiā liē	林芝 Lín Zhī	嶙峋 lín xún
灵犀 líng xī	秦岭 qín lǐng	浏览 liú lǎn	涡流 wō liú
龙潭 lóng tán	玲珑 líng lóng	掀篓 xiān lǒu	露面 lòu//miàn
露营 lù yíng	卢布 lú bù	芦笙 lú shēng	滤勺 lǜ sháo
吕剧 lǚ jù	铝制 lǚ zhì	侵略 qīn lüè	孪生 luán shēng
重峦 chóng luán	紊乱 wěn luàn	抡锹 lūn qiāo	捋袖 luō xiù

啰唆 luō·suo

三、兴趣材料

读一读、练一练下面的绕口令。

蓝布棉门帘 lán bù mián mén lián

有个面铺面朝南，yǒu ge miàn pù miàn cháo nán,

门上挂着蓝布棉门帘。mén·shang guà zhe lán bù mián mén lián.

摘了蓝布棉门帘，zhāi le lán bù mián mén lián,

面铺面朝南，miàn pù miàn cháo nán,

挂上蓝布棉门帘，guà shàng lán bù mián mén lián,

面铺还是面朝南。miàn pù hái shì miàn cháo nán.

四、短文朗读

朗读下面的短文，力求读对每一个字音。

作品 7 号 Zuò pǐn qī Hào

当 高速列车 从眼前呼啸而过时，那种 转瞬即逝的感觉
dāng gāo sù liè chē cóng yǎn qián hū xiào ér guò shí, nà zhǒng zhuǎn shùn jí shì de gǎn jué

让人们不·dé不发问：高速列车跑得那么快，司机能看清路吗？
ràng rénmen bù·dé bù fā wèn gāo sù liè chē pǎo de nà me kuài, sī jī néng kàn qīng lù ma?

高速列车的速度非常快，最低时速标准是二百公里。且不说
gāo sù liè chē de sù dù fēi cháng kuài, zuì dī shí sù biāo zhǔn shì èr bǎi gōng lǐ·qiě bù shuō

能见度低的雾霾天，就是晴空万里的大白天，即使是视力好的司
néng jiàn dù dī de wù mái tiān, jiù shì qíng kōng·wàn lǐ de dà bái tiān, jí shǐ shì shì lì hǎo de sī

机，也不能保证正确识别地面的信号。当肉眼看到前面有
jī·yě bù néng bǎo zhèng zhèng què shí bié dì miàn de xìn hào. dāng ròu yǎn kàn dào qián·miàn yǒu

障碍时，已经来不及反应。
zhàng'ài shí, yǐ·jīng lái·bù jí fǎn yìng·

专家告诉我，目前，我国时速三百公里以上的高铁线路不设
zhuān jiā gào su wǒ, mù qián, wǒ guó shí sù sān bǎi gōng lǐ yǐ shàng de gāo tiě xiàn lù bù shè

置信号机，高速列车不用看信号行车，而是通过列控系统自动
zhì xìn hào jī·gāo sù liè chē bù yòng kàn xìn hào xíng chē, ér shì tōng guò liè·kòng xì tǒng zì dòng

识别前进方向。其工作流程为，由铁路专用的全球数字移
shí bié qián jìn fāng xiàng. qí gōng zuò liú chéng wèi, yóu tiě lù zhuān yòng de quán qiú shù zì yí

动通信系统来实现数据传输，控制中心实时接收无线电波
dòng tōng xìn xì tǒng lái shí xiàn shù jù chuán shū·kòng zhì zhōng xīn shí shí jiē shōu wú xiàn diàn bō

xìn hào，yóu jì suàn jī zì dòng pái liè chū měi tàng liè chē de zuì jiā yùn xíng sù dù hé zuì xiǎo
信号，由计算机自动排列出每趟列车的最佳运行速度和最小

xíng chē jiān gé jù lí，shí xiàn shí shí zhuī zōng kòng zhì，què bǎo gāo sù liè chē jiān gé hé lǐ de ān
行车间隔距离，实现实时追踪控制，确保高速列车间隔合理地安

quán yùn xíng·dāng rán，shí sù èr bǎi zhì èr bǎi wǔ shí gōng lǐ de gāo tiě xiàn lù，réng rán shè zhì
全运行。当然，时速二百至二百五十公里的高铁线路，仍然设置

xìn hào dēng kòng zhì zhuāng zhì，yóu chuán tǒng de guǐ dào diàn lù jìn xíng xìn hào chuán shū·
信号灯控制装置，由传统的轨道电路进行信号传输。

Zhōng guó zì gǔ jiù yǒu "qiān lǐ yǎn" de chuán shuō，jīn rì gāo tiě ràng gǔ rén de chuán shuō
中国自古就有"千里眼"的传说，今日高铁让古人的传说

chéng wéi xiàn shí·
成为现实。

suǒ wèi "qiān lǐ yǎn"，jí gāo tiě yán xiàn de shè xiàng tóu，jī háo mǐ jiàn fāng de shí zǐr yě
所谓"千里眼"，即高铁沿线的摄像头，几毫米见方的石子儿也

táo·bù guò tā de fǎ yǎn·tōng guò shè xiàng tóu shí shí cǎi jí yán xiàn gāo sù liè chē yùn xíng de xìn
逃不过它的法眼。通过摄像头实时采集沿线高速列车运行的信

xī，yī dàn//chū xiàn gù zhàng huò zhě yì wù qīn xiàn，gāo tiě diào dù zhǐ huī zhōng xīn jiān kòng zhōng
息，一旦//出现故障或者异物侵线，高铁调度指挥中心监控终

duān de jiè miàn·shàng jiù huì chū xiàn yī gè hóng sè de kuàng jiāng mù biāo suǒ dìng，tóng shí，jiān kòng
端的界面上就会出现一个红色的框将目标锁定，同时，监控

xì tǒng mǎ shàng bào jǐng xiǎn shì·diào dù zhǐ huī zhōng xīn huì xùn sù bǎ zhǐ lìng chuán dì gěi gāo sù
系统马上报警显示。调度指挥中心会迅速把指令传递给高速

liè chē sī jī·
列车司机。

—— Jié xuǎn zì Wáng Xióng《Dāng jīn "Qiān lǐ yǎn"》
——节选自王雄《当今"千里眼"》

五、课后练习

1. 按本来的读音给下面的词语注音，读一读。

腊月（   ）　抹布（   ）　拇战（   ）　佩兰（   ）
袅娜（   ）　十亩（   ）　蛙鸣（   ）　怒殴（   ）
抡锹（   ）　玲珑（   ）　虎妞（   ）　皿纹（   ）
叮咛（   ）　林芝（   ）　飘溢（   ）　吕剧（   ）
灵犀（   ）　端倪（   ）　疟蚊（   ）　涂抹（   ）
篱笆（   ）　疼昵（   ）　绵软（   ）　脓囊（   ）
辛劳（   ）　擂令（   ）　气馁（   ）　猫腻（   ）
愚氓（   ）　没有（   ）　棠梨（   ）　扭偏（   ）
蛮横（   ）　勒紧（   ）　孪生（   ）　挪移（   ）

怜悯（　　）	拈挑（　　）	踉跄（　　）	年迈（　　）
渺茫（　　）	琉璃（　　）	涡流（　　）	凝眸（　　）
露面（　　）	木栅（　　）	露营（　　）	模样（　　）
芦笙（　　）	瞎咧（　　）	嗫嚅（　　）	焉能（　　）
猕猴（　　）	懦弱（　　）	谜团（　　）	青睐（　　）
埋怨（　　）	享乐（　　）	盲文（　　）	滤勺（　　）
闷热（　　）	淋漓（　　）	沙弥（　　）	撩帘（　　）
慰勉（　　）	秦岭（　　）	诬蔑（　　）	掀篓（　　）
抛锚（　　）	悠谬（　　）	龙潭（　　）	泯灭（　　）
镭射（　　）	着力（　　）	蒙骗（　　）	侵略（　　）
量尺（　　）	描摹（　　）	嶙峋（　　）	卢布（　　）
茅屋（　　）	拿捏（　　）	男巫（　　）	挠痒（　　）
嫩蕾（　　）	虹霓（　　）	你好（　　）	溺婴（　　）
拘泥（　　）	酝酿（　　）	涅槃（　　）	您早（　　）
拧布（　　）	农谚（　　）	匈奴（　　）	婢女（　　）
暖篷（　　）	靡费（　　）	沈郎（　　）	瓦楞（　　）
黎曙（　　）	他俩（　　）	浏览（　　）	铝制（　　）
重峦（　　）	紊乱（　　）	捋袖（　　）	啰唆（　　）
阴霾（　　）	他们（　　）	笺条（　　）	明晰（　　）
莫逆（　　）			

2. 读下面的这首诗并注音，注意声母在发音上的区分。

相见时难别亦难，东风无力百花残。

春蚕到死丝方尽，蜡炬成灰泪始干。

晓镜但愁云鬓改，夜吟应觉月光寒。

蓬山此去无多路，青鸟殷勤为探看。

——李商隐《无题》

3. 读下面的短文，标出每个字的声母。

伺候着河上的风光，这春来一天有一天的消息。关心石上的苔痕，关心败草里的花鲜，关心这水流的缓急，关心水草的滋长，关心天上的云霞，关心新来的鸟语。怯伶伶的小雪球是探春信的小使。铃兰与香草是欢喜的初声。窈窕的莲馨，玲珑的石水仙，爱热闹的克罗克斯，耐辛苦的蒲公英与雏菊——这时候春光已是烂漫在人间，更不须殷勤问讯。

——节选自徐志摩《我所知道的康桥》

陕西省日前发布了地方标准《考古工地安全施工规范》。该标准将于今年 9 月 28 日起实施。

该标准是全国首个关于考古工地安全的专业标准，其发布和实施将为考古工地安全风险管理提供技术指导。

陕西是文物大省，也是考古大省。近年来，陕西省每年开展各类考古项目达 200 余项，随着经济建设大规模开展，考古发掘项目呈逐年增多趋势。考古现场环境复杂，每个考古工地都有其独特性和复杂性，都面临着来自发掘施工、安全保卫、职业健康等多个领域的安全挑战。如何科学管理考古工地、保护发掘人员和文物安全，是考古工地管理的重中之重。

《考古工地安全施工规范》立足于通用性的考古工地安全管理规范，突出关注考古工地发掘过程的安全管理，尽可能覆盖考古发掘施工过程中各方面的安全问题。按照考古发掘过程，该标准对驻地、人员、水电、物资、文物等多个方面提出安全要求，把考古发掘中各阶段、各环节和各职能部门的安全管理组织起来，从而形成任务明确、权责清晰、能互相协调促进的有机整体。

——节选自 2023 年 08 月 31 日《光明日报》

4. 朗读下面的作品，可参考后面的拼音，尽量读准确，并给画线词语或你认为难读的词语注音。

作品 8 号

从肇庆市（   ）驱车半个小时左右，便到了东郊风景名胜鼎湖山。下了几天的小雨刚停，满山笼罩着轻纱似的薄雾。

过了寒翠桥，就听到淙淙的泉声（   ）。进山一看，草丛石缝，到处都涌流着清亮的泉水。草丰林茂，一路上泉水时隐时现，泉声不绝于耳。有时几股泉水交错流泻，遮断路面，我们得寻找着垫脚的石块（   ）跳跃着前进。愈往上走树愈密，绿阴愈浓。湿漉漉的绿叶，犹如大海的波浪，一层一层涌向山顶。泉水隐到了浓阴的深处（   ），而泉声却更加清纯悦耳。忽然，云中传来钟声，顿时山鸣谷应，悠悠扬扬。安详厚重的钟声和欢快活泼的泉声，在雨后宁静的暮色中，汇成一片美妙的音响。

我们循着钟声，来到了半山腰的庆云寺。这是一座建于明代、规模宏大的岭南著名古刹。庭院里繁花似锦，古树参天。有一株与古刹同龄（   ）的茶花，还有两株从斯里兰卡引种的、有二百多年树龄的菩提树。我们决定就在这座寺院里借宿。

入夜，山中万籁俱寂，只有泉声一直传送到枕边。一路上听到的各种泉声，这时候躺在床上，可以用心细细地聆听、辨识、品味。那像小提琴一样轻柔的，是草丛中流淌的小溪的声音；那像琵琶一样清脆的，//是在石缝间跌落的涧水（　　）的声音；那像大提琴一样厚重回响的，是无数道细流汇聚于空谷的声音；那像铜管齐鸣一样雄浑磅礴的，是飞瀑急流跌入深潭的声音。还有一些泉声忽高忽低，忽急忽缓，忽清忽浊，忽扬忽抑，是泉水正在绕过树根，拍打卵石，穿越草丛，流连花间……

蒙胧中，那滋润着鼎湖山万木，孕育出蓬勃生机的清泉，仿佛汩汩的地流进了我的心田。

——节选自谢大光《鼎湖山听泉》

Zuòpǐn 8 Hào

Cóng Zhàoqìng Shì qūchē bàn xiǎoshí zuǒyòu, biàn dàole dōngjiāo fēngjǐng míngshèng Dǐnghú Shān. Xiàle jǐ tiān de xiǎoyǔ gāng tíng, mǎn shān lǒngzhàozhe qīngshā shìde bówù.

Guòle Háncuìqiáo, jiù tīngdào cóngcóng de quánshēng. Jìn shān yī kàn, cǎocóng shíféng, dàochù dōu yǒngliúzhe qīngliàng de quánshuǐ. Cǎofēng — lín mào, yīlù • shàng quánshuǐ shí yǐn shí xiàn, quánshēng bújué yú'ěr. Yǒushí jǐ gǔ quánshuǐ jiāocuò liúxiè, zhēduàn lùmiàn, wǒmen děi xúnzhǎozhe diànjiǎo de shíkuàir tiàoyuèzhe qiánjìn. Yù wǎng shàng zǒu shù yù mì, lùyīn yù nóng. Shīlùlù de lùyè, yóurú dàhǎi de bōlàng, yī céng yī céng yǒng xiàng shāndǐng. Quánshuǐ yǐndàole nóngyīn de shēnchù, ér quánshēng què gèngjiā qīngchún yuè'ěr. Hūrán, yún zhōng chuán • lái zhōngshēng, dùnshí shān míng gǔ yìng, yōuyōuyángyáng. Ānxiáng hòuzhòng de zhōngshēng hé huānkuài huópo de quánshēng, zài yǔhòu níngjìng de mùsè zhōng, huìchéng yī piàn měimiào de yīnxiǎng.

Wǒmen xúnzhe zhōngshēng, láidàole bànshānyāo de Qìngyún Sì. Zhè shì yī zuò jiànyú Míngdài, guīmó hóngdà de Lǐngnán zhùmíng gǔchà. Tíngyuàn • lǐ fánhuā—sìjǐn, gǔshù—cāntiān. Yǒu yī zhū yǔ gǔchà tónglíng de chá huā, hái yǒu liǎng zhū cóng Sīlǐlánkǎ yǐnzhǒng de, yǒu èrbǎi duō nián shùlíng de pútíshù. Wǒmen juédìng jiù zài zhè zuò sìyuàn • lǐ jièsù.

Rùyè, shān zhōng wànlài — jùjì, zhǐ yǒu quánshēng yīzhí chuánsòng dào zhěnbiān. Yīlù • shàng tīngdào de gè zhǒng quánshēng, zhè shíhòu tǎng zài chuáng • shàng, kěyǐ yòng xīn xìxì de língtīng, biànshí, pǐnwèi. Nà xiàng xiǎotíqín yīyàng qīngróu de, shì cǎocóng zhōng liútǎng de xiǎoxī de shēngyīn; nà xiàng pí • pá yīyàng qīngcuì de, //shì zài shíféng jiān diēluò de jiànshuǐ de shēngyīn; nà xiàng dàtíqín yī yàng hòu zhòng huíxiǎng de, shì wúshù dào xìliú

huìjù yú kōnggǔ de shēngyīn；nà xiàng tóngguǎn qímíng yīyàng xiónghún pángbó
de，shì fēipù—jíliú diērù shēntán de shēngyīn。Hái yǒu yīxiē quánshēng hū gāo hū
dī，hū jí hū huǎn，hū qīng hū zhuó，hū yáng hū yì，shì quánshuǐ zhèngzài rào·
guò shùgēn，pāidǎ luǎn shí，chuānyuè cǎocóng，liúlián huāijiān······

　　Ménglóng zhōng，nà zīrùnzhe Dǐnghú Shān wàn mù，yùnyù chū péngbó
shēngjī de qīngquán，fǎngfú gǔgǔ de liújìnle wǒ de xīntián。

——Jiéxuǎn zì Xiè Dàguāng《Dǐnghú Shān Tīng Quán》

第五课　声母 g k 的训练

本课主要任务

1. 掌握声母 g、k 的发音要领，通过 g、k 训练，提高这两个声母的发音能力，保证发音质量。
2. 熟练掌握所列以 g、k 为声母的一组词语的发音，达到字字精确。
3. 以《普通话水平测试实施纲要》9、10 号作品为主，进行一组练习，所列课后练习在一周内完成。

一、发音要点

1. g、k 的发音部位

g、k 的发音部位都在舌根部位，也就是舌面的后部，人们一般将 g、k 和 h 统称为舌根音或舌面后音。

2. g、k 的发音方法

g 是舌面后阻不送气清塞音。发音时，舌面后部或舌根部位抵住软颚，软颚后部上升，堵塞鼻腔通路，声带不颤动，较弱的气流冲破阻碍，爆发成音。鼻音的色彩不能太重。g 是不送气的，所以它的发音气流弱，能发出来就行。

k 与 g 是成对的辅音。k 的气流比较强，是送气音。和 g 相比，k 发音时两唇的开度窄一些，舌尖离齿背远一些，舌根部位上抬的力度大些，和软颚相抵的力量也大些，除阻的气流较强。

二、词语练习

词语按 g、k 分为两组。也可自由混合，进行 g、k 对比练习。

g 组

铣工 xǐ gōng	活该 huó gāi	弓箭 gōng jiàn	旗杆 qí gān
山冈 shān gāng	鹿羔 lù gāo	勾勒 gōu lè	篝火 gōu huǒ
鸽笼 gē lóng	苟言 gǒu yán	割胶 gē jiāo	送给 sòng gěi
估计 gū jì	姑嫂 gū sǎo	蘑菇 mó·gu	跟踪 gēn zōng
横亘 héng gèn	耕畜 gēng chù	搜刮 sōu guā	怪象 guài xiàng
官宦 guān huàn	归侨 guī qiáo	闺秀 guī xiù	滚爬 gǔn pá

k 组

卡通 kǎ tōng	撇开 piē kāi	旬刊 xún kān	食糠 shí kāng
考虑 kǎo lù	坷垃 kē·la	苛刻 kē kè	中肯 zhòng kěn
恳挚 kěn zhì	铿锵 kēng qiāng	瞳孔 tóng kǒng	控诉 kòng sù
烫口 tàng kǒu	叩首 kòu shǒu	窟窿 kū·long	酷虐 kù nüè
跨栏 kuà//lán	痞块 pǐ kuài	拓宽 tuò kuān	亏累 kuī lěi
奎宁 kuí níng	乾坤 qián kūn	扩写 kuò xiě	总括 zǒng kuò

三、兴趣材料

读一读、练一练下面的绕口令。

哥挎瓜筐过宽沟 gē kuà guā kuāng guò kuān gōu

哥挎瓜筐过宽沟，gē kuà guā kuāng guò kuān gōu，
赶快过沟看怪狗，gǎn kuài guò gōu kàn guài gǒu，
光看怪狗瓜筐扣，guāng kàn guài gǒu guā kuāng kòu，
瓜滚筐空哥怪狗。guā gǔn kuāng kōng gē guài gǒu.

四、短文朗读

朗读下面的短文，力求读对每一个字音。

Zuò pǐn jiǔ Hào
作 品 9 号

wǒ cháng xiǎng dú shū rén shì shì jiān xìng fú rén，yīn·wèi tā chú le yōng yǒu xiàn shí de shì jiè
我 常 想 读书人是世间 幸福 人，因为他除了 拥有 现实的世界

zhī wài，hái yōng yǒu lìng yī ge gèng wéi hào hàn yě gèng wéi fēng fù de shì jiè·xiàn shí de shì jiè
之外，还 拥有 另一个更为 浩瀚也更为 丰富的世界。现实的世界

是人人都有的，而后一个世界却为读书人所独有。由此我想，那些

失去或不能阅读的人是多么的不幸，他们的丧失是不可补偿的。世

间有诸多的不平等，财富的不平等，权力的不平等，而阅读

能力的拥有或丧失却体现为精神的不平等。

一个人的一生，只能经历自己拥有的那一份欣悦，那一份苦

难，也许再加上他亲自闻知的那一些关于自身以外的经历和

经验。然而，人们通过阅读，却能进入不同时空的诸多他人的世

界。这样，具有阅读能力的人，无形间获得了超越有限生命的

无限可能性。阅读不仅使他多识了草木虫鱼之名，而且可以

上溯远古下及未来，饱览存在的与非存在的奇风异俗。

更为重要的是，读书加惠于人们的不仅是知识的增广，而

且还在于精神的感化与陶冶。人们从读书学做人，从那些往哲

先贤以及当代才俊的著述中学得他们的人格。人们从《论语》

中学得智慧的思考，从《史记》中学得严肃的历史精神，从《正

气歌》中学得人格的刚烈，从马克思学得人世//的激情，从鲁迅学

得批判精神，从托尔斯泰学得道德的执着。歌德的诗句刻写着睿智

的人生，拜伦的诗句呼唤着奋斗的热情。一个读书人，一个有机会

拥有超乎个人生命体验的幸运人。

——节选自谢冕《读书人是幸福人》

五、课后练习

1. 按本来的读音给下面的词语注音，读一读。

搜刮（　　）	官宦（　　）	苛刻（　　）	鸽笼（　　）
瞳孔（　　）	送给（　　）	撒开（　　）	卡通（　　）
考虑（　　）	中肯（　　）	铿锵（　　）	控诉（　　）
活该（　　）	旗杆（　　）	鹿羔（　　）	苟言（　　）
估计（　　）	蘑菇（　　）	耕畜（　　）	窟窿（　　）
怪象（　　）	归侨（　　）	横亘（　　）	跟踪（　　）
恳挚（　　）	闺秀（　　）	叩首（　　）	姑嫂（　　）
食糠（　　）	滚爬（　　）	跨栏（　　）	痞块（　　）
拓宽（　　）	亏累（　　）	奎宁（　　）	乾坤（　　）
扩写（　　）	总括（　　）	勾勒（　　）	割胶（　　）
烫口（　　）	酷虐（　　）	弓箭（　　）	旬刊（　　）
铣工（　　）	坷垃（　　）	山冈（　　）	篝火（　　）

2. 读下面的词并注音。准确熟练后可以加上感情来读。

明月几时有？把酒问青天。不知天上宫阙，今夕是何年。我欲乘风归去，又恐琼楼玉宇，高处不胜寒。起舞弄清影，何似在人间！转朱阁，低绮户，照无眠。不应有恨，何事长向别时圆？人有悲欢离合，月有阴晴圆缺，此事古难全。但愿人长久，千里共婵娟。

——苏轼《水调歌头》

3. 读下面的短文，标出每个字的声母。

就在这种深山野谷的溪流边，往往有着果树夹岸的野果子沟。春天繁花开遍峡谷，秋天果实压满山腰。每当花红果熟，沟里正是鸟雀野兽的乐园。这种野果子沟往往不为人们所发现。其中有这么一条野果子沟，沟里长满野苹果树，连绵五百里。春天，五百里的苹果花开无人知；秋天，五百里的累累的苹果无人采。老苹果树凋枯了，更多的新苹果树苗长起来。多少年来，这条长沟堆积了几寸厚的野苹果泥。

——节选自碧野《天山景物记》

中国式现代化是分阶段、分领域推进的，实现各个阶段发展目标、落实各个领域发展战略同样需要进行顶层设计。进行顶层设计，需要深刻洞察世界发展大势，准确把握人民群众的共同愿望，深入探索经济社会发展规律，使制定的规划和政策体系体现时代性、把握规律性、富于创造性，做到远近结合、上下贯通、内容协调。各地区各部门要结合各自具体实际开拓创新，特别是在前沿实践、未知领域，鼓励大胆探索、敢为人先，寻求有效解决新矛盾新问题的思路和办法，努力创造可复制、可推广的新鲜经验。中国式现代化既要创造比资本主义更高的效率，又要更有效地维护社会公平，更好实现效率与公平相兼顾、相促进、相统一。要坚持和完善社会主义基本经济制度，毫不动摇巩固和发展公有制经济，毫不动摇鼓励、支持、引导非公有制经济发展，充分发挥市场在资源配置中的决定性作用，更好发挥政府作用。构建全国统一大市场，深化要素市场化改革，建设高标准市场体系，营造市场化、法治化、国际化营商环境，持续优化劳动、资本、土地、资源等生产要素配置，着力提高全要素生产率。

——节选自《求是》2023 年第 19 期

4. **朗读下面的作品，参考后面的拼音，尽量读准确，并给画线词语或你认为难读的词语注音。**

作品 10 号

　　我爱<u>月夜</u>（　　　　　　），但我也爱<u>星天</u>（　　　　　　　　）。从前在家乡<u>七八月</u>（　　　）的夜晚在庭院里纳凉的时候，我最爱看天上密密麻麻的繁星。望着星天，我就会忘记一切，仿佛回到了母亲的怀里似的。

　　三年前在南京我住的地方有一道后门，每晚我打开后门，便看见一个<u>静寂</u>（　　　　　）的夜。下面是一片菜园，上面是星群密布的蓝天。星光在我们的肉眼里虽然微小，然而它使我们觉得光明<u>无处不在</u>（　　　　　　　　）。那时候我正在读一些<u>天文学</u>（　　　　　　）的书，也认得<u>一些</u>星星，好像它们就是我的朋友，它们常常在和我谈话一样。

　　如今在海上，每晚和繁星相对，我把它们认得很熟了。我躺在舱面上，仰望天空。深蓝色的天空里悬着无数半明半昧的星。船在动，星也在动，它们是这样低，真是摇摇欲坠呢！渐渐地我的眼睛模糊了，我好像看见无数<u>萤火虫</u>（　　　　　）在我的周围飞舞。海上的夜是柔和的，是静寂的，是梦幻的。我望着许多认识的星，我仿佛看见它们在对我<u>眨眼</u>（　　　　　），我仿佛听见它们在小声说话。这时我忘记了一切。在星的怀抱中我微笑着，我沉睡着。我觉得自己是一个小孩子，现在睡在母亲的怀里了。

有一夜，那个在哥伦波上船的英国人指给我看天上的巨人。他用手指着：//那四颗明亮的星是头，下面的几颗是身子，这几颗是手，那几颗是腿和脚，还有三颗星算是腰带。经他这一番指点，我果然看清楚了那个天上的巨人。看，那个巨人还在跑呢！

——节选自巴金《繁星》

Zuòpǐn 10 Hào

Wǒài yuèyè, dàn wǒ yě ài xīngtiān. Cóngqián zài jiāxiāng qī—bāyuè de yèwǎn zài tíngyuàn·lǐ nàliáng de shíhou, wǒ zuìài kàn tiān·shàng mìmì mámá de fánxīng. Wàngzhe xīngtiān, Wǒ jiù huì wàngjì yīqiè, fǎngfú huídàole mǔ·qīn de huái·lǐ shìde.

Sān nián qián zài Nánjīng wǒ zhù de dìfāng yǒu yī dào hòumén, měi wǎn wǒ dǎkāi hòumén, biàn kàn·jiàn yī gè jìngjì de yè. Xià·miàn shì yī piàn càiyuán, shàng·miàn shì xīngqún mìbù de lántiān. Xīngguāng zài wǒmen de ròuyǎn·lǐ suīrán wēixiǎo, rán'ér tā shǐ wǒmen jué·dé guāngmíng wúchù—bù zài. Nà shíhou wǒ zhèngzài dú yīxiē tiānwénxué de shū, yě rènde yīxiē xīngxing, hǎoxiàng tāmen jiùshì wǒ de péngyou, tāmen chángcháng zài hé wǒ tánhuà yīyàng.

Rújīn zài hǎi·shàng, měi wǎn hé fánxīng xiāngduì, wǒ bǎ tāmen rèn de hěn shú le. Wǒ tǎng zài cāngmiàn·shàng, yǎngwàng tiānkōng. Shēnlánsè de tiānkōng·lǐ xuánzhe wúshù bànmíng—bànmèi de xīng. Chuán zài dòng, xīng yě zài dòng, tāmen shì zhèyàng dī, zhēn shì yáoyáo—yù zhuì ne! Jiànjiàn de wǒ de yǎnjing móhu le, wǒ hǎoxiàng kàn·jiàn wúshù yínghuǒchóng zài wǒ de zhōuwéi fēiwǔ. Hǎi·shàng de yè shì róuhé de, shì jìngjì de, shì mènghuàn de. Wǒ wàngzhe xǔduō rènshi de xīng, wǒ fǎngfú kàn·jiàn tāmen zài duì wǒ zhǎyǎn, wǒ fǎngfú tīng·jiàn tāmen zài xiǎoshēng shuōhuà. Zhèshí wǒ wàngjìle yīqiè. Zài xīng de huáibào zhōng wǒ wēixiàozhe, wǒ chénshuìzhe. Wǒ juéde zìjǐ shì yī gè xiǎoháizi, xiànzài shuì zài mǔ·qīn de huái·lǐ le.

Yǒu yī yè, nàge zài Gēlúnbō shàng chuán de Yīngguórén zhǐ gěi wǒ kàn tiān·shàng de jùrén. Tā yòng shǒu zhǐzhe: //Nà sì kē míngliàng de xīng shì tóu, xià·miàn de jǐ kē shì shēnzi, zhè jǐ kē shì shǒu, nà jǐ kē shì tuǐ hé jiǎo, háiyǒu sān kē xīng suàn shì yāodài. Jīng tā zhè yīfān zhǐdiǎn, wǒ guǒrán kàn qīngchule nàge tiān·shàng de jùrén. Kàn, nàge jùrén hái zài pǎo ne!

——Jiéxuǎn zì Bājīn《Fánxīng》

第六课　声母 j q x 的训练

本课主要任务

1. 掌握声母 j、q、x 的发音要领，通过 j、q、x 训练，提高这三个声母的发音能力，保证发音质量。
2. 熟练掌握所列以 j、q、x 为声母的一组词语的发音，达到字字精确。
3. 以《普通话水平测试实施纲要》11、12 号作品为主，进行一组练习，所列课后练习在一周内完成。

一、发音要点

1．j、q、x 的发音部位

j、q、x 的发音部位都在舌面前部和硬颚前。j、q、x 时所使用的舌面部位是在舌面中部略前的位置。硬颚前则是在上齿龈稍后的地方。

2．j、q、x 的发音方法

j 是舌面前阻不送气清塞擦音。发音时，舌面前部抵住硬颚前部，软颚上升，堵塞鼻腔通路，声带不颤动，较弱的气流把舌尖前部的阻碍冲开一道窄缝，并从中挤出，摩擦成声。

q 是舌面前阻送气清塞擦音。发音和 j 相似，基本上是一样的，只是发音时气流较强，是送气音，在冲破阻碍时使用较强气流发音。

x 是舌面前阻清擦音。发音时舌面前部接近硬颚前部,流出细小的窄缝,软颚上升,堵塞鼻腔通路,声带不颤动,气流从舌面前部和硬颚前部形成的窄缝中挤出,摩擦成声。

二、词语练习

词语按 j、q、x 分为三组。也可自由混合，达到 j、q、x 对比练习的目的。

j 组

讥穷 jī qióng	搪饥 táng jī	鸡肋 jī lèi	姬妾 jī qiè
绩效 jì xiào	稽留 jī liú	夹生 jiā shēng	佳肴 jiā yáo
尖锐 jiān ruì	艰险 jiān xiǎn	姜汁 jiāng zhī	将领 jiàng lǐng
琼浆 qióng jiāng	郊区 jiāo qū	浇铸 jiāo zhù	焦炭 jiāo tàn
皆哭 jiē kū	秸穗 jiē suì	揭示 jiē shì	领巾 lǐng jīn
今昔 jīn xī	每斤 měi jīn	刚劲 gāng jìng	经纬 jīng wěi
茎芽 jīng yá	窘况 jiǒng kuàng	九霄 jiǔ xiāo	针灸 zhēn jiǔ
韭沫 jiǔ mò	拘牵 jū qiān	柑橘 gān jú	捐躯 juān qū
厌倦 yàn juàn	抉择 jué zé	倔强 jué jiàng	崛起 jué qǐ
挖掘 wā jué	均匀 jūn yún		

q 组

七律 qī lǜ	沏茶 qī chá	栖息 qī xī	剔漆 tī qī
齐奏 qí zòu	岂其 qǐ qí	奇伟 qí wěi	掐算 qiā suàn
洽妥 qià tuǒ	千万 qiān wàn	蜡扦 là qiān	铅坠 qiān zhuì
谦让 qiān ràng	吃呛 chī qiāng	枪膛 qiāng táng	强大 qiáng dà
悄涨 qiǎo zhǎng	悄悄 qiāo qiāo	高跷 gāo qiāo	乔杨 qiáo yáng
切开 qiē kāi	并且 bìng qiě	窃谓 qiè wèi	钦差 qīn chāi
禽兽 qín shòu	噙满 qín mǎn	亲家 qìng·jia	氢氦 qīng hài
轻掂 qīng diān	苍穹 cāng qióng	邱女 qiū nǚ	斯秋 sī qiū
曲酒 qū jiǔ	驱散 qū sàn	屈脖 qū bó	祛痰 qū tán
塑圈 sù quān	霸权 bà quán	响泉 xiǎng quán	准确 zhǔn què
忘却 wàng què	确认 què rèn		

x 组

兮然 xī rán	潮汐 cháo xī	希冀 xī jì	唏嘘 xī xū
奚落 xī luò	详悉 xiáng xī	稠稀 chóu xī	咽下 yàn xià
狭窄 xiá zhǎi	仙尊 xiān zūn	焊锨 hàn xiān	鲜见 xiǎn jiàn
闲扯 xián chě	互相 hù xiāng	潇湘 xiāo Xiāng	削楔 xiāo xiē
消胀 xiāo zhàng	逍遥 xiāo yáo	亚硝 yà xiāo	辟邪 bì//xié
胁从 xié cóng	要挟 yāo xié	欣赏 xīn shǎng	崭新 zhǎn xīn
振兴 zhèn xīng	兴趣 xìng qù	荤腥 hūn xīng	逞凶 chěng xiōng
腐朽 fǔ xiǔ	顾绣 gù xiù	嗅觉 xiù jué	戌时 xū shí
必需 bì xū	朝旭 zhāo xù	秩序 zhì xù	宣读 xuān dú
寒暄 hán xuān	薛妻 Xuē qī	功勋 gōng xūn	薰草 xūn cǎo

三、兴趣材料

读一读、练一练下面的绕口令。

漆匠和锡匠 qī jiàng hé xī jiàng

七巷一个漆匠，qī xiàng yī gè qī jiàng，

西巷一个锡匠，xī xiàng yī gè xī jiàng，

七巷漆匠偷了西巷锡匠的锡，

qī xiàng qī jiàng tōu le xī xiàng xī jiàng de xī，

西巷锡匠偷了七巷漆匠的漆。

xī xiàng xī jiàng tōu le qī xiàng qī jiàng de qī。

四、短文朗读

朗读下面的短文，力求读对每一个字音。

Zuò pǐn shíyī Hào
作品 11 号

qiántáng jiāng dà cháo，zì gǔ yǐ lái bèi chèngwéi tiānxià qí guān。
钱塘江大潮，自古以来被称为天下奇观。

nóng lì bā yuè shí bā shì yī nián yī dù de guāncháo rì。zhè yī tiān zǎoshang，wǒmen lái
农历八月十八是一年一度的观潮日。这一天早上，我们来

dào le Hǎiníng shì de Yánguān Zhèn，jù shuō zhè·lǐ shì guāncháo zuì hǎo de dì fang。wǒmen suí
到了海宁市的盐官镇，据说这里是观潮最好的地方。我们随

zhe guāncháo de rénqún，dēng·shàng le hǎitáng dà dī。kuānkuò de Qiántáng Jiāng héng wò zài yǎn
着观潮的人群，登上了海塘大堤。宽阔的钱塘江横卧在眼

qián。jiāngmiàn hěn píngjìng，yuè wǎng dōng yuè kuān，zài yǔ hòu de yángguāng·xià，lǒng zhào zhe
前。江面很平静，越往东越宽，在雨后的阳光下，笼罩着

yī céng méngméng de bó wù。Zhènhǎi gǔ tǎ、Zhōngshān tíng hé Guāncháo tái yì lì zài jiāng biān。
一层蒙蒙的薄雾。镇海古塔、中山亭和观潮台屹立在江边。

yuǎnchù，jǐ zuò xiǎoshān zài yúnwù zhōng ruò yǐn·ruò xiàn。jiāngcháo hái méi·yǒu lái，hǎitáng dà
远处，几座小山在云雾中若隐若现。江潮还没有来，海塘大

dī·shàng zǎo yǐ rénshān·rénhǎi。dà jiā ángshǒu dōng wàng，děng zhe，pàn zhe。
堤上早已人山人海。大家昂首东望，等着，盼着。

wǔ hòu yī diǎn zuǒyòu，cóng yuǎnchù chuán lái lónglóng de xiǎngshēng，hǎoxiàng mēn léi gǔn
午后一点左右，从远处传来隆隆的响声，好像闷雷滚

dòng。dùn shí rén sheng-dǐng fèi，yǒu rén gào sù wǒmen，cháo lái le！wǒmen diǎn zhe jiǎo wǎng
动。顿时人声鼎沸，有人告诉我们，潮来了！我们踮着脚往

dōng wàng·qù, jiāngmiàn hái shì fēngpíng-làngjìng, kàn·bù chū yǒu shénme biànhuà·guò le yī huìr
东 望 去，江面 还是 风平 浪静，看不出 有 什么 变化。过了一会

儿，响 声 越来越大，只见 东边 水天 相接的地方 出现了一条
, xiǎng shēng yuè lái yuè dà, zhǐ jiàn dōng·biān shuǐtiān-xiāngjiē de dìfang chūxiàn le yī tiáo

bái xiàn, rénqún yòu fèiténg qǐ·lái·
白线，人群 又 沸腾 起来。

nà tiáo báixiàn hěn kuài de xiàng wǒmen yí·lái, zhújiàn lā cháng, biàn cū, héngguàn jiāng
那条 白线 很 快地 向 我们 移来，逐渐 拉长，变粗，横贯 江

miàn·zài jìn xiē, zhǐ jiàn báilàng fāngǔn, xíngchéng yī dǔ liǎng zhàng duō gāo de shuǐqiáng, làng
面。再 近些，只见 白浪 翻滚，形成 一堵 两 丈 多 高的 水墙。浪

cháo yuè lái yuè jìn, yóu rú qiān-wàn pǐ bái sè zhànmǎ qí tóu-bìng jìn, hàohào dàngdàng de fēi
潮 越来越近，犹如 千 万 匹 白色 战马 齐头 并进，浩浩荡荡地 飞

bēn·ér lái nà shēngyīn rú tóng shānbēng-dì liè, hǎoxiàng dà dì dōu bèi zhèn de chàndòng qǐ·lái·
奔而来；那 声音 如同 山崩 地裂，好像 大地 都 被 震 得 颤动 起来。

shà shí, cháotóu bēnténg xī qù, kě shì yú bō hái zài màntiān-juǎn dì bān yǒng lái, jiāng
霎时，潮头 奔腾 西去，可是 余波 还在 漫天 卷地 般 涌来，江

miàn·shàng yī jiù fēngháo-lànghǒu· guò le hǎojiǔ, Qiántáng Jiāng cái huī fù le //píngjìng· kànkàn dī
面 上 依旧 风号 浪吼。过了 好久，钱 塘 江 才 恢复了//平静。看看 堤

xià, jiāngshuǐ yǐ·jīng zhǎng le liǎng zhàng lái gāo le·
下，江水 已经 涨了 两 丈 来高了。

—— Jiéxuǎn zì Zhào Zōngchéng、Zhū Míngyuán《Guān Cháo》
——节选自 赵 宗 成 、朱 明 元《观 潮》

五、课后练习

1. **按本来的读音给下面的词语注音，读一读。**

必需（　） 乔杨（　） 领巾（　） 削楔（　）

枪腔（　） 韭沫（　） 氢氦（　） 兴趣（　）

钦差（　） 刚劲（　） 唏嘘（　） 抉择（　）

驱散（　） 要挟（　） 崭新（　） 并且（　）

挖掘（　） 逞凶（　） 蜡扦（　） 琼浆（　）

苍穹（　） 顾绣（　） 浇铸（　） 薛妻（　）

塑圈（　） 稽留（　） 潮汐（　） 沏茶（　）

鸡肋（　） 亚硝（　） 奇伟（　） 尖锐（　）

噙满（　） 狭窄（　） 齐奏（　） 皆哭（　）

响泉（　） 茎芽（　） 忘却（　） 薰草（　）

谦让（　） 闲扯（　） 九霄（　） 悄悄（　）

秩序（　） 祛痰（　） 崛起（　） 洽妥（　）

姜汁（　） 焊锨（　） 斯秋（　） 柑橘（　）

兮然（	）	高跷（	）	焦炭（	）	捐躯（	）
悄涨（	）	胁从（	）	佳肴（	）	稠稀（	）
艰险（	）	宣读（	）	剔漆（	）	每斤（	）
详悉（	）	绩效（	）	逍遥（	）	确认（	）
均匀（	）	戌时（	）	揭示（	）	潇湘（	）
消胀（	）	强大（	）	秸穗（	）	千万（	）
咽下（	）	岂其（	）	搪饥（	）	窃谓（	）
荤腥（	）	轻掂（	）	吃呛（	）	鲜见（	）
栖息（	）	夹生（	）	窘况（	）	亲家（	）
经纬（	）	欣赏（	）	希冀（	）	七律（	）
奚落（	）	姬妾（	）	霸权（	）	将领（	）
屈脖（	）	功勋（	）	邱女（	）	厌倦（	）
拘牵（	）	腐朽（	）	辟邪（	）	铅坠（	）
郊区（	）	掐算（	）	今昔（	）	切开（	）
互相（	）	禽兽（	）	针灸（	）	朝旭（	）
曲酒（	）	讥穷（	）	嗅觉（	）	寒暄（	）
准确（	）	仙尊（	）	倔强（	）	振兴（	）

2. 读下面的这首词并注音，注意声母的发音。

> 一曲新词酒一杯，去年天气旧亭台，夕阳西下几时回。
>
> 无可奈何花落去，似曾相识燕归来，小园香径独徘徊。
>
> ——晏殊《浣溪沙》

3. 读下面的短文，标出每个字的声母。（"翳"，读作 yì，不在普通话测试用字范围）

　　霞，是我的老朋友了！我童年在海边、在山上，她是我的最熟悉最美丽的小伙伴，她每早每晚都在光明中和我说"早上好"或"明天见"。但我直到几十年以后，才体会到云彩更多，霞光才愈美丽。从云翳中外露的霞光，才是璀璨多彩的。

　　生命中不是只有快乐，也不是只有痛苦，快乐和痛苦是相生相成、互相衬托的。

　　快乐是一抹微云，痛苦是压城的乌云，这不同的云彩，在你生命的天边重叠着，在"夕阳无限好"的时候，就给你造成一个美丽的黄昏。

　　一个生命回到了"只是近黄昏"的时节，落霞也许会使人留恋，惆怅。但人类的生命是永不止息的。地球不停的绕着太阳自转。东方不亮西方亮，我床前的晚霞，正向美国东岸的慰冰湖上走去。

> ——节选自冰心《霞》

近年来，武汉市大力推进"市民下乡，能人回乡，企业兴乡"的"三乡"工程，将"空心荒村"变为"创意乡村"。武汉市先后出台市民下乡"黄金 20 条"、促脱贫攻坚"钻石 10 条"政策，发展休闲农业、乡村旅游、文化创意产业，吸引人、财、物等资源要素向乡村回流，通过闲置农房整合，实现农村资源的有效利用。2021 年，武汉市全面推进"美丽乡村建设三年行动计划"，开启更高水平的农村人居环境综合整治，鼓励各新城区形成山清水秀的生态体系、宜居宜业宜游的环境体系、绿色健康特色的产业体系、乡村文明传承的文化体系。近年来，江夏区推动农文旅融合，让乡景、乡业、乡韵、乡愁成为江夏鲜明特色。在武汉市"国企联村"行动中，武汉文旅集团结对共建江夏区五里界街童周岭片区，立足乡村资源特色、地域禀赋、产业优势和人文特征等元素，选址农家畈投资约 6 100 余万元，推出村企共建特色农文旅项目。项目依托农业底板，吸引本村村民、下乡市民参与农文旅产业发展，通过高质量发展共同体的打造，走出了一条"乡村办公司，集体强实力，群众增收益"的新路子，为乡村振兴注入发展新活力。

——节选自 2023 年 09 月 21 日人民网

4．朗读下面的作品，可参考后面的拼音，尽量读准确，并给画线词语或你认为难读的词语注音。

作品 12 号

我和几个孩子站在一片园子里，感受秋天的风。园子里长着几棵高大的梧桐树（　　　），我们的脚底下，铺了一层厚厚的梧桐叶。叶枯黄，脚踩在上面，嘎吱嘎吱（　　　）脆响。风还在一个劲儿地刮，吹打着树上可怜的几片叶子，那上面，就快成光秃秃的了。

我给孩子们上写作课，让孩子们描摹这秋天的风。以为他们一定会说寒冷、残酷和荒凉之类的，结果却出乎我的意料。

一个孩子说，秋天的风，像把大剪刀，它剪呀剪的，就把树上的叶子全剪光了。

我赞许了这个比喻。有二月春风似剪刀（　　　）之说，秋天的风，何尝不是一把剪刀呢？只不过，它剪出来的不是花红叶绿，而是败柳残荷（　　　）。

剪完了，它让阳光来住，这个孩子突然接着说一句。他仰向我的小脸，被风吹着，像只通红的小苹果。我怔住（　　　），抬头看树，那上面，果真的，爬满阳光啊，每根枝条上都是。失与得，从来都是如此均衡，树在失去叶子的同时，却承接了满树的阳光。

一个孩子说，秋天的风，像个魔术师，它会变出好多好吃的，菱角呀，花生呀，苹果呀，葡萄呀。还有桂花，可以做桂花糕。我昨天吃了桂花糕，妈妈说，是风变出来的。

我笑了。小可爱，经你这么一说，秋天的风，还真是香的。我和孩//子们一起嗅，似乎就闻见了风的味道，像块蒸得热气腾腾的桂花糕。

——节选自丁立梅《孩子和秋风》

Zuòpǐn 12 Hào

Wǒ hé jǐ gè háizi zhàn zài yī piàn yuánzǐ • lǐ, gǎnshòu qiūtiān de fēng. Yuán zǐ • lǐ zhǎngzhe jǐ kē gāodà de wútóngshù, wǒmen de jiǎo dǐ • xià, pū le yī céng hòuhòu de wútóngyè. Yè kūhuáng, jiǎo cǎi zài shàng • miàn, gāzhī gāzhī cuìxiǎng. Fēng hái zài yīgèjìnr de guā, chuīdǎzhe shù • shàng kělián de jǐ piàn yèzi, nà shàng • miàn, jiù kuài chéng guāngtūtū de le.

Wǒ gěi háizimen shàng xiězuòkè, ràng háizimen miáomó zhè qiūtiān de fēng. Yǐwéi tāmen yīdìng huì shuō hánlěng、cánkù hé huāngliáng zhīlèi de, jiéguǒ què chūhū wǒde yìliào.

Yī gè háizi shuō, qiūtiān de fēng, xiàng bǎ dà jiǎndāo, tā jiǎn ya jiǎn de, jiù bǎ shù • shàng de yèzi quán jiǎnguāng le.

Wǒ zànxǔle zhègè bǐyù. Yǒu èryuè chūnfēng sì jiǎndāo zhī shuō, qiūtiān de fēng, hécháng bù shì yī bǎ jiǎndāo ne? zhǐ búguò, tā jiǎn chū • lái de bù shì huāhóng—yèlǜ, ér shì bàiliǔ—cánhé.

Jiǎnwán le, tā ràng yángguāng lái zhù, zhègè háizi tūrán jiēzhe shuō yī jù. Tā yǎng xiàng wǒ de xiǎoliǎnr, bèi fēng chuīzhe, xiàng zhī tōnghóng de xiǎo píngguǒ. Wǒ zhēngzhù, tái tóu kàn shù, nà shàng • miàn, guǒzhēn de, pámǎn yángguāng a, měi gēn zhītiáo • shàng dōu shì. Shī yǔ dé, cónglái dōu shì rúcǐ jūnhéng, shù zài shīqù yèzi de tóngshí, què chéngjiēle mǎn shù de yángguāng.

Yī gè háizi shuō, qiūtiān de fēng, xiàng gè móshùshī, tā huì biàn chū hǎo duō hǎochīde, língjiao ya, huāshēng ya, píngguǒ ya, pú • táo ya. Hái yǒu guìhuā, kěyǐ zuò guìhuāgāo. Wǒ zuótiān chī le guìhuāgāo, māmā shuō, shì fēng biàn chū • lái de.

Wǒ xiào le. Xiǎo kěài, jīng nǐ zhème yī shuō, qiūtiān de fēng, hái zhēn shì xiāng de. Wǒ hé hái// zimen yīqǐ xiù, sìhū jiù wénjiànle fēng de wèi • dào, xiàng kuàir zhēng de rèqì—téngténg de guìhuāgāo.

——Jiéxuǎn zì Dīng Lìméi《Háizi hé Qiūfēng》

第七课　声母 zh ch sh r 的训练

本课主要任务

1. 掌握声母 zh、ch、sh、r 的发音要领，通过 zh、ch、sh、r 训练，提高这四个声母的发音能力，保证发音质量。
2. 熟练掌握所列以 zh、ch、sh、r 为声母的一组词语的发音，达到字字精确。
3. 以《普通话水平测试实施纲要》13、14 号作品为主，进行一组练习，所列课后练习在一周内完成。

一、发音要点

1. zh、ch、sh、r 的发音部位

舌尖：指的是舌尖平伸时前面的侧面部位，同 d、t、n、l。

硬颚前：上齿龈略后的位置。

2. zh、ch、sh、r 的发音方法

zh 是舌尖后阻不送气清塞擦音。发音时，舌尖上翘，抵住硬颚前部，软颚上升，堵塞鼻腔通路，声带不颤动，较弱的气流把舌尖的阻碍冲开一道窄缝，并从中挤出，摩擦成声。这是个先轻轻抵住，再冲开小缝隙，挤擦发音，气流较弱的过程。

ch 是舌尖后阻送气清塞擦音。ch 是送气音，和 zh 的发音相比，除了气流较强，其他都一样。送气音发音气流较强，但也要适度，能发出准确的送气音来就可以，不必太费气力。

sh 是舌尖后阻清擦音。发音时，舌尖上翘，接近硬颚前部，形成缝隙，软颚上升，堵塞鼻腔通路，声带不颤动，气流从舌尖和硬颚前部形成的窄缝中挤出，摩擦

成声。

　　r 是舌尖后阻浊擦音。发音的动作和 sh 基本一样，但气流较弱，声带颤动。也就是说按 sh 的发音摆好部位后，声带轻轻出声，就是 r，只需要较微弱的气流。

二、词语练习

　　词语按 zh、ch、sh、r 分为四组。也可自由混合，达到 zh、ch、sh、r 对比练习目的。

zh 组

蔗渣 zhè zhā	置之 zhì zhī	执著 zhí zhuó	郑寨 zhèng zhài
粘连 zhān lián	占卜 zhān bǔ	瞻礼 zhān lǐ	乖张 guāi zhāng
昭彰 zhāo zhāng	掌舵 zhǎng duò	招徕 zhāo lái	找揍 zhǎo zòu
征召 zhēng zhào	吉兆 jí zhào	蛰伏 zhé fú	遮挡 zhē dǎng
折腾 zhē·teng	赫哲 Hè zhé	忠贞 zhōng zhēn	真谛 zhēn dì
挣扎 zhēng zhá	中间 zhōng jiān	坟冢 fén zhǒng	杭州 Háng zhōu
载舟 zài zhōu	磁轴 cí zhóu	诛伐 zhū fá	株距 zhū jù
猪肚 zhū dǔ	蜘蛛 zhī zhū	抓辫 zhuā biàn	拽球 zhuāi qiú
硬拽 yìng zhuài	转针 zhuàn zhēn	撰文 zhuàn wén	庄稼 zhuāng·jia
装潢 zhuāng huáng	茁壮 zhuó zhuàng	脊椎 jǐ zhuī	缀辑 zhuì jí
累赘 léi·zhui	准备 zhǔn bèi	卓著 zhuó zhù	轧钢 zhá gāng

ch 组

柴杈 chái chā	查勘 chá kān	吃喝 chī hē	嗤笑 chī xiào
痴呆 chī dāi	拆迁 chāi qiān	掺假 chān jiǎ	搀扶 chān fú
场记 chǎng jì	惆怅 chóu chàng	抄近 chāo jìn	嘲讽 cháo fěng
掣电 chè diàn	撤离 chè lí	清澈 qīng chè	拉抻 lā chēn
臣僚 chén liáo	撑杆 chēng gān	成就 chéng jiù	冲床 chòng chuáng
舂臼 chōng jiù	范畴 fàn chóu	愁眉 chóu méi	娩出 miǎn chū
反刍 fǎn chú	锄奸 chú jiān	橱窗 chú chuāng	怀揣 huái chuāi
揣测 chuǎi cè	贯串 guàn chuàn	毒疮 dú chuāng	闯荡 chuǎng dàng
吹管 chuī guǎn	炊具 chuī jù	春笋 chūn sǔn	纯粹 chún cuì
阔绰 kuò chuò	啜泣 chuò qì		

sh 组

刹车 shā chē	厨师 chú shī	虱子 shī·zi	诗韵 shī yùn
筛选 shāi xuǎn	煽动 shān dòng	磋商 cuō shāng	虽说 suī shuō
盯梢 dīng shāo	煅烧 duàn shāo	稍疏 shāo shū	奢侈 shē chǐ
舌苔 shé tāi	宿舍 sù shè	社协 shè xié	申述 shēn shù

呻吟 shēn yín　　　牺牲 xī shēng　　　昌盛 chāng shèng　　函授 hán shòu

守岁 shǒu suì　　　狩猎 shòu liè　　　抒情 shū qíng　　　枢纽 shū niǔ

倏忽 shū hū　　　　特殊 tè shū　　　　玩耍 wán shuǎ　　　刷白 shuà bái

衰歇 shuāi xiē　　　拴桩 shuān zhuāng　双鬓 shuāng bìn　　终霜 zhōng shuāng

水獭 shuǐ·tǎ　　　　顺遂 shùn suí

r 组

冉冉 rǎn rǎn　　　　肆扰 sì rǎo　　　　沾惹 zhān rě　　　　仁义 rén yì

扔掷 rēng zhì　　　　仍是 réng shì　　　熔炉 róng lú　　　　熔融 róng róng

揉伤 róu shāng　　　宛如 wǎn rú　　　　汝辈 rǔ bèi　　　　耻辱 chǐ rǔ

被褥 bèi rù　　　　　祥瑞 xiáng ruì　　　雄蕊 xióng ruǐ　　　若素 ruò sù

三、兴趣材料

读一读、练一练下面的绕口令。

朱叔锄竹笋 zhū shū chú zhú sǔn

朱家一株竹，zhū jiā yī zhū zhú,

竹笋初长出，zhú sǔn chū zhǎng chū,

朱叔处处锄，zhū shū chù chù chú,

锄出笋来煮，chú chū sǔn lái zhǔ,

锄完不再出，chú wán bù zài chū,

朱叔没笋煮，zhū shū méi sǔn zhǔ,

竹株也干枯。zhú zhū yě gān kū.

软柔弱 ruǎn róu ruò

软弱柔软，软柔弱，ruǎn ruò róu ruǎn, ruǎn róu ruò,

柔弱软柔，弱软柔。róu ruò ruǎn róu, ruò ruǎn róu.

四、短文朗读

朗读下面的短文，力求读对每一个字音。

Zuò pǐn shísān Hào
作品　13　号

xī yáng luò shān bù jiǔ, xī fāng de tiān kōng, hái rán shāo zhe yī piàn jú hóng sè de wǎn xiá.
夕阳　落　山　不　久，西　方　的　天　空，还　燃　烧　着　一　片　橘　红　色　的　晚霞。

dà hǎi, yě bèi zhè xiá guāng rǎn chéng le hóng sè, ér qiě bǐ tiān kōng de jǐng sè gèng yào zhuàng
大海，也　被　这　霞　光　染　成　了　红　色，而　且　比　天　空　的　景　色　更　要　壮

观。因为它是活动的，每当一排排波浪涌起的时候，那映照在

浪峰上的霞光，又红又亮，简直就像一片片霍霍燃烧着

的火焰，闪烁着，消失了。而后面的一排，又闪烁着，滚动着，

涌了过来。

天空的霞光渐渐地淡下去了，深红的颜色变成了绯红，

绯红又变成浅红。最后，当这一切红光都消失了的时候，那

突然显得高而远了的天空，则呈现出一片肃穆的神色。最早

出现的启明星，在这蓝色的天幕上闪烁起来了。它是那么大，那

么亮，整个广漠的天幕上只有它在那里放射着令人注目的

光辉，活像一盏悬挂在高空的明灯。

夜色加浓，苍空中的"明灯"越来越多了。而城市各处的

真的灯火也次第亮了起来，尤其是围绕在海港周围山坡上的

那一片灯光，从半空倒映在乌蓝的海面上，随着波浪，晃

动着，闪烁着，像一串流动着的珍珠，和那一片片密布在苍

穹里的星斗互相辉映，煞是好看。

在这幽美的夜色中，我踏着软绵绵的沙滩，沿着海边，慢慢

地向前走去。海水，轻轻地抚摸着细软的沙滩，发出温柔的//刷刷

声。晚来的海风，清新而又凉爽。我的心里，有着说不出的兴

奋和愉快。

yè fēng qīng piāo piāo de chuī fú zhe，kōng qì zhōng piāo dàng zhe yī zhǒng dà hǎi hé tián hé
夜风 轻飘飘 地吹拂着，空气中 飘荡着一 种 大海和田禾

xiāng hùn hé de xiāng wèir，róu ruǎn de shā tān·shàng hái cán liú zhe bái·tiān tài·yáng zhì shài de
相混合的香味儿，柔软的沙滩上还残留着白天太阳炙晒的

yú wēn·nà xiē zài gè gè gōng zuò gǎng wèi·shàng láo dòng le yī tiān de rén men，sān sān liǎng liǎng
余温。那些在各个工作岗位上劳动了一 天 的人们，三三两两

de lái dào zhè ruǎn mián mián de shā tān·shàng，tā men yù zhe liáng shuǎng de hǎi fēng，wàng zhe nà
地来到这软绵绵的沙滩上，他们浴着凉爽的海风，望着那

zhuì mǎn le xīng xing de yè kōng，jìn qíng de shuō xiào，jìn qíng de xiū qì·
缀满了星星的夜空，尽情地说笑，尽情地休憩。

—— Jié xuǎn zì Jùn qīng《Hǎi bīn Zhòng xià Yè》
——节选自峻青《海滨 仲夏夜》

五、课后练习

1. 按本来的读音给下面的词语注音，读一读。

冉冉（　　　）	厨师（　　　）	吃喝（　　　）	昭彰（　　　）
橱窗（　　　）	玩耍（　　　）	耻辱（　　　）	枢纽（　　　）
范畴（　　　）	茁壮（　　　）	仍是（　　　）	守岁（　　　）
春笋（　　　）	忠贞（　　　）	啜泣（　　　）	拴桩（　　　）
雄蕊（　　　）	毒疮（　　　）	终霜（　　　）	抓辫（　　　）
卓著（　　　）	反刍（　　　）	刷白（　　　）	坟冢（　　　）
抒情（　　　）	熔融（　　　）	呻吟（　　　）	撑杆（　　　）
赫哲（　　　）	娩出（　　　）	仁义（　　　）	稍疏（　　　）
掣电（　　　）	征召（　　　）	遮挡（　　　）	惆怅（　　　）
宿舍（　　　）	祥瑞（　　　）	拉抻（　　　）	猪肚（　　　）
若素（　　　）	盯梢（　　　）	宛如（　　　）	函授（　　　）
冲床（　　　）	挣扎（　　　）	拆迁（　　　）	顺遂（　　　）
沾惹（　　　）	特殊（　　　）	揣测（　　　）	磁轴（　　　）
揉伤（　　　）	搀扶（　　　）	杭州（　　　）	柴杈（　　　）
肆扰（　　　）	占卜（　　　）	阔绰（　　　）	衰歇（　　　）
被褥（　　　）	招徕（　　　）	诗韵（　　　）	扔掷（　　　）
郑寨（　　　）	汝辈（　　　）	熔炉（　　　）	庄稼（　　　）
累赘（　　　）	清澈（　　　）	煽动（　　　）	掺假（　　　）
乖张（　　　）	硬拽（　　　）	嘲讽（　　　）	舌苔（　　　）

成就（　　）	折腾（　　）	愁眉（　　）	倏忽（　　）
中间（　　）	怀揣（　　）	牺牲（　　）	炊具（　　）
闯荡（　　）	装潢（　　）	诛伐（　　）	痴呆（　　）
双鬓（　　）	筛选（　　）	抄近（　　）	转针（　　）
臣僚（　　）	蜘蛛（　　）	纯粹（　　）	粘连（　　）
查勘（　　）	置之（　　）	刹车（　　）	找揍（　　）
煅烧（　　）	撤离（　　）	磋商（　　）	缀辑（　　）
锄奸（　　）	蛰伏（　　）	载舟（　　）	贯串（　　）
虽说（　　）	社协（　　）	掌舵（　　）	狩猎（　　）
准备（　　）	春臼（　　）	拽球（　　）	场记（　　）
株距（　　）	奢侈（　　）	执著（　　）	嗤笑（　　）
虱子（　　）	吹管（　　）	昌盛（　　）	真谛（　　）
吉兆（　　）	申述（　　）	脊椎（　　）	水獭（　　）
瞻礼（　　）	蔗渣（　　）	撰文（　　）	轧钢（　　）

2. 读下面的这首诗并注音。

> 早岁那知世事艰，中原北望气如山。
>
> 楼船夜雪瓜洲渡，铁马秋风大散关。
>
> 塞上长城空自许，镜中衰鬓已先斑。
>
> 出师一表真名世，千载谁堪伯仲间。

——陆游《书愤》

3. 读下面的短文，标出每个字的声母。

　　祖父同翠翠到城里大河边时，河岸边早站满了人。细雨已经停止，地面还是湿湿的。祖父要翠翠过河街船总家吊脚楼上去看船，翠翠却似乎有心事怕到那边去，以为站在河边较好。两人虽在河边站定，不多久，顺顺便派人来把他们请去了。吊脚楼上已有了很多的人。早上过渡时，为翠翠所注意的乡绅妻女，受顺顺家的特别款待，占据了两个最好窗口，一见到翠翠，那女孩子就说："你来，你来！"翠翠带着点儿羞怯走去，坐在他们身后边条凳上，祖父不久便走开了。

——节选自沈从文《边城》

　　习近平总书记在党的二十大报告中强调，必须坚持科技是第一生产力、人才是第一资源、创新是第一动力，深入实施科教兴国战略、人才强国战略、创新驱动发展战略，开辟发展新领域新赛道，不断塑造发展新动能新优势。要坚持教育优先发展、科技自立自强、人才引领驱动，加快建设教育强国、科技强国、人才强国，坚持为党育人、为国育才，全面提高人才自主培养质量，着力造就拔尖创新人才，聚天下英才而用之。坚持以人民为中心发展教育，加快建设高质量教育体系，发展素质教育，促进教育公平。加快义务教育优质均衡发展和城乡一体化，优化区域教育资源配置，强化学前教育、特殊教育普惠发展，坚持高中阶段学校多样化发展，完善覆盖全学段学生资助体系。推进教育数字化，建设全民终身学习的学习型社会、学习型大国。坚持尊重劳动、尊重知识、尊重人才、尊重创造，实施更加积极、更加开放、更加有效的人才政策。着力形成人才国际竞争的比较优势。加快建设国家战略人才力量。深化人才发展体制机制改革，把各方面优秀人才集聚到党和人民事业中来。

——节选自"学习强国"学习平台

4. 朗读下面的作品，可参考后面的拼音，尽量读准确，并给画线词语或你认为难读的词语注音。

作品 14 号

　　生命在海洋里诞生<u>绝不是偶然</u>（　　　　　　　　）的，海洋的物理和化学性质，使它成为孕育原始生命的摇篮。

　　我们知道，水是生物的重要组成部分，许多动物组织的含水量在<u>百分之八十</u>（　　　　　　　　）以上，而一些海洋生物的含水量高达百分之九十五。水是新陈代谢的重要媒介，没有它，体内的一系列生理和生物化学反应就无法进行，生命也就停止。因此，在短时期内动物缺水要比缺少食物<u>更加危险</u>（　　　　　　　　）。水对今天的生命是如此重要，它对脆弱的原始生命，更是<u>举足轻重</u>（　　　　　　　）了。生命在海洋里诞生，就不会有缺水之忧。

　　水是一种良好的溶剂。海洋中含有许多生命所必需的无机盐，如氯化钠、氯化钾、碳酸盐、磷酸盐，还有<u>溶解氧</u>（　　　　　　　），原始生命可以毫不费力地从中吸取它所需要的元素。

　　水具有很高的热容量，加之海洋浩大，任凭夏季<u>烈日曝晒</u>（　　　　　　　），冬季寒风扫荡，它的温度变化却比较小。因此，巨大的海洋就像是天然的"温箱"。是孕育原始生命的温床。

　　阳光虽然<u>为生命所必需</u>（　　　　　　　　　），但是阳光中的紫外线却有扼杀原始生命的危险。水能有效地吸收紫外线，因而又为原始生命提供了天然的"屏障"。

这一切都是原始生命得以产生和发展的必要条件。//

——节选自童裳亮《海洋与生命》

Zuòpǐn 14 Hào

Shēngmìng zài hǎiyáng·lǐ dànshēng jué bù shì ǒurán de, hǎiyáng de wùlǐ hé huàxué xìngzhì, shǐ tā chéngwéi yùnyù yuánshǐ shēngmìng de yáolán.

Wǒmen zhī·dào, shuǐ shì shēngwù de zhòngyào zǔchéng bùfen, xǔduō dòngwù zǔzhī de hánshuǐliàng zài bǎ fēn zhī bāshí yǐshàng, ér yīxiē hǎiyáng shēngwù de hánshuǐliàng gāodá bǎ fēn zhī jiǔshíwǔ. Shuǐ shì xīnchén—dàixiè de zhòngyào méijiè, méi·yǒu tā, tǐnèi de yīxìliè shēnglǐ hé shēngwù huàxué fǎnyìng jiù wúfǎ jìnxíng. Shēngmìng yě jiù tíngzhǐ. Yīncǐ, zài duǎn shíqī nèi dòngwù quē shuǐ yào bǐ quēshǎo shíwù gèngjiā wēixiǎn. Shuǐ duì jīntiān de shēngmìng shì rúcǐ zhòngyào, tā duì cuìruò de yuánshǐ shēngmìng, gèng shì jǔzú—qīngzhòng le. Shēngmìng zài hǎiyáng·lǐ dànshēng, jiù bù huì yǒu quē shuǐ zhī yōu.

Shuǐ shì yī zhǒng liánghǎo de róngjì. Hǎiyáng zhōng hányǒu xǔduō shēngmìng suǒ bìxū de wújīyán, rú lǜhuànà, lǜhuàjiǎ, tànsuānyán, línsuānyán, háiyǒu róngjiě yǎng. Yuánshǐ shēngmìng kěyǐ háobù fèilì de cóngzhōng xīqǔ tā suǒ xūyào de yuánsù.

Shuǐ jùyǒu hěn gāo de rè róngliàng, jiāzhī hǎiyáng hàodà, rènpíng xiàjì lièrì pùshài, dōngjì hánfēng sǎodàng, tā de wēndù biànhuà què bǐjiào xiǎo. Yīncǐ, jùdà de hǎiyáng jiù xiàng shì tiānrán de "wēnxiāng", shì yùnyù yuánshǐ shēngmìng de wēnchuáng.

Yángguāng suīrán wéi shēngmìng suǒ bìxū, dànshì yángguāng zhōng de zǐwàixiàn què yǒu èshā yuánshǐ shēngmìng de wēixiǎn. Shuǐ néng yǒuxiào de xīshōu zǐwàixiàn. Yīn'ér yòu wèi yuánshǐ shēngmìng tígōngle tiānrán de "píng zhàng".

Zhè yīqiè dōu shì yuánshǐ shēngmìng déyǐ chǎnshēng hé fāzhǎn de bìyào tiáojiàn. //

——Jiéxuǎn zì TóngChángliàng 《Hǎiyáng yǔ Shēngmìng》

第八课 声母 z c s 的训练

本课主要任务

1. 掌握声母 z、c、s 的发音要领，通过 z、c、s 训练，提高这三个声母的发音能力，保证发音质量。
2. 熟练掌握所列以 z、c、s 为声母的一组词语的发音，达到字字精确。
3. 以《普通话水平测试实施纲要》15、16 号作品为主，进行一组练习，所列课后练习在一周内完成。

一、发音要点

1. z、c、s 的发音部位

z、c、s 的发音部位在舌尖和齿背。

用于发音的"舌尖"就是舌头平伸时前面的那部分舌面。一般来说，发音时，舌头平伸，将舌尖轻抵下齿背略上的位置就可以了。

2. z、c、s 的发音方法

z 是舌尖前阻不送气清塞擦音。发音时，舌尖轻轻抵住齿背，软颚上升，堵住鼻腔通路，声带不颤动，较弱的气流把舌尖略后部位和上齿背的阻碍冲开一道窄缝，气流从中挤出，摩擦成音。

c 是舌尖前阻送气清塞音。因为是送气音，所以 c 发音时气流较强，除此以外，它和 z 的发音是一样的。

s 是舌尖前阻清擦音。发音时，舌尖接近齿背，形成窄缝，软颚上升，堵住鼻腔通路，声带不颤动，气流从舌尖略后部位与上齿背接触形成的细小缝隙里挤擦而出成音。

二、词语练习

词语按 z、c、s 分为三组。也可自由混合，达到 z、c、s 对比练习的目的。

z 组

咂嘴 zā zuǐ	嘈杂 cáo zá	兹有 zī yǒu	佐证 zuǒ zhèng
姿容 zī róng	返资 fǎn zī	哀哉 āi zāi	栽种 zāi zhòng
咱爸 zán bà	暂时 zàn shí	咏赞 yǒng zàn	手脏 shǒu zāng
宝藏 bǎo zàng	遭罪 zāo zuì	斧凿 fǔ záo	辞藻 cí zǎo
沼泽 zhǎo zé	啧啧 zé zé	平仄 píng zè	盗贼 dào zéi
递增 dì zēng	憎恶 zēng wù	禅宗 chán zōng	鬃毛 zōng máo
操纵 cāo zòng	叼走 diāo zǒu	租赁 zū lìn	憋足 biē zú
病卒 bìng cù	氮族 dàn zú	编纂 biān zuǎn	钻研 zuān yán
犟嘴 jiàng zuǐ	醉妻 zuì qī	惜昨 xī zuó	

c 组

词典 cí diǎn	贾祠 Jiǎ cí	瓷器 cí qì	猜谜 cāi mí
财阀 cái fá	参谋 cān móu	残喘 cán chuǎn	仓储 cāng chǔ
舱位 cāng wèi	躲藏 duǒ cáng	粗糙 cū cāo	曹操 Cáo cāo
槽床 cáo chuáng	画册 huà cè	侧翼 cè yì	层叠 céng dié
磨蹭 mó·ceng	匆忙 cōng máng	凑巧 còu qiǎo	粗劣 cū liè
督促 dū cù	窜逃 cuàn táo	篡改 cuàn gǎi	崔巍 cuī wēi
催眠 cuī mián	忖量 cǔn liàng	搓绳 cuō shéng	撮箕 cuō jī

s 组

撒播 sǎ bō	潇洒 xiāo sǎ	司仪 sī yí	厮打 sī dǎ
撕咬 sī yǎo	瓶塞 píng sāi	雨伞 yǔ sǎn	散漫 sǎn màn
沧桑 cāng sāng	练嗓 liàn sǎng	搔痒 sāo yǎng	缫丝 sāo sī
羞臊 xiū sào	吝啬 lìn sè	瑟缩 sè suō	森林 sēn lín
斋僧 zhāi sēng	松柏 sōng bǎi	七艘 qī sōu	抖擞 dǒu sǒu
苏浙 sū Zhè	酥蟹 sū xiè	耶稣 Yē sū	疾俗 jí sú
绥靖 suí jìng	隋朝 Suí cháo	孙媳 Sūn xí	调唆 tiáo·suō

三、兴趣材料

读一读、练一练下面的绕口令。

桑树和枣树sāng shù hé zǎo shù

操场前面有三十三棵桑树，

cāo chǎng qián miàn yǒu sān shí sān kē sāng shù。

操场后面有四十四棵枣树。

cāo chǎng hòu miàn yǒu sì shí sì kē zǎo shù.

张三把三十三棵桑树认作枣树，

Zhāng Sān bǎ sān shí sān kē sāng shù rèn zuò zǎo shù，

赵四把四十四棵枣树认作桑树。

Zhào Sì bǎ sì shí sì kē zǎo shù rèn zuò sāng shù.

四、短文朗读

朗读下面的短文，力求读对每一个字音。

Zuò pǐn shíwǔ Hào

作品　15　号

zài wǒ guó lì shǐ dì lǐ zhōng，yǒu sān dà dū chéng mì jí qū，tā men shì　Guān zhōng Pén dì、

在我国历史地理中，有三大都城密集区，它们是：关中盆地、

Luò yáng Pén dì、Běi jīng Xiǎo píng yuán。qí zhōng měi yī gè dì qū dōu céng dàn shēng guo sì gè yǐ

洛阳盆地、北京小平原。其中每一个地区都曾诞生过四个以

shàng dà xíng wáng cháo de dū chéng。Ér guān zhōng pén dì、luò yáng pén dì shì qián cháo lì shǐ de

上大型王朝的都城。而关中盆地、洛阳盆地是前朝历史的

liǎng gè dū chéng mì jí qū，zhèng shì tā men gòu chéng le zǎo qī wén míng hé xīn dì dài zhōng zuì

两个都城密集区，正是它们构成了早期文明核心地带中最

zhòng yào de nèi róng。

重要的内容。

wèi shén me zhè ge dì dài huì chéng wéi Huá xià wén míng zuì xiān jìn de dì qū？zhè zhǔ yào shì

为什么这个地带会成为华夏文明最先进的地区？这主要是

yóu liǎng gè fāng miàn de tiáo jiàn cù chéng de，yī gè shì zì rán huán jìng fāng miàn de，yī gè shì

由两个方面的条件促成的，一个是自然环境方面的，一个是

rén wén huán jìng fāng miàn de。

人文环境方面的。

zài zì rán huán jìng fāng miàn，zhè•lǐ shì wǒ guó wēn dài jì fēng qì hòu dài de nán bù，jiàng yǔ、qì

在自然环境方面，这里是我国温带季风气候带的南部，降雨、气

wēn、tǔ rǎng děng tiáo jiàn dōu kě yǐ mǎn zú hàn zuò nóng yè de xū qiú。Zhōng guó běi fāng de gǔ dài

温、土壤等条件都可以满足旱作农业的需求。中国北方的古代

nóng zuò wù，zhǔ yào shì yī nián shēng de sù hé shǔ。huáng hé zhōng-xià yóu de zì rán huán jìng wèi

农作物，主要是一年生的粟和黍。黄河中下游的自然环境为

sù-shǔ zuò wù de zhòng zhí hé gāo chǎn tí gòng le dé tiān-dú hòu de tiáo jiàn。nóng yè shēng chǎn

粟黍作物的种植和高产提供了得天独厚的条件。农业生产

de fā dá，huì cù jìn zhěng gè shè huì jīng jǐ de fā zhǎn，cóng'ér tuī dòng shè huì de jìn bù·
的 发 达，会 促进 整个 社会 经济 的 发展，从而 推动 社会 的 进步。

zài rénwén huánjìng fāngmiàn，zhè·lǐ shì nán-běi fāng、dōng-xī fāng dà jiāo liú de zhóu xīn dì
在 人文 环境 方面，这里 是 南 北方、东 西方 大交流 的 轴心地

qū。zài zuì zǎo de liù dà xīn shí qì wén huà fēn bù xíng shì tú zhōng kě yǐ kàn dào，Zhōngyuán chù
区。在 最早 的 六大 新石器 文化 分布 形势图 中 可以 看到，中 原 处

yú zhè xiē wén huà fēn bù de zhōngyāng dì dài·wú lùn shì kǎo gǔ fā xiàn hái shì lì shǐ chuán shuō，
于 这些 文化 分布 的 中 央 地带。无论 是 考古 发现 还是 历史 传 说，

dōu yǒu nán-běi wén huà cháng jù lí jiāo liú、dōng-xī wén huà xiāng hù pèng zhuàng de zhèng jù·
都 有 南北 文化 长 距离 交流、东 西 文化 相互 碰 撞 的 证据。

zhōngyuán dì qū zài kōngjiān·shàng qiàqià wèi jū zhōng xīn，chéng wéi xìn xī zuì fā dá、yǎn jiè zuì
中 原 地区 在 空间 上 恰恰 位居 中 心，成 为 信息 最发达、眼界 最

kuān guǎng、huó dòng zuì//fán máng、jìng zhēng zuì jī liè de dì fang·zhèng shì zhè xiē huó·dòng，tuī
宽 广 、活动 最//繁 忙、竞争 最激烈 的 地方。正 是 这些 活动，推

dòng le gè xiàng rénwén shì wù de fā zhǎn，wén míng de fāng fāng miàn miàn jiù shì zài chù lǐ gè lèi
动了 各 项 人文 事务 的 发展，文明 的 方方面面 就是 在 处理 各类

shì wù de guò chéng zhōng bèi kāi chuàng chū·lái de·
事务 的 过程 中 被 开 创 出来 的。

—— Jiéxuǎn zì Táng Xiǎofēng《Huáxià Wénmíng de Fā zhǎn yǔ Róng hé》
——节选 自 唐 晓峰《华夏 文明 的 发展 与 融合》

五、课后练习

1. 按本来的读音给下面的词语注音，读一读。

操纵（　　　）	仓储（　　　）	雨伞（　　　）	撮箕（　　　）
病卒（　　　）	咏赞（　　　）	递增（　　　）	督促（　　　）
松柏（　　　）	词典（　　　）	猜谜（　　　）	绥靖（　　　）
栽种（　　　）	参谋（　　　）	噘嘴（　　　）	羞臊（　　　）
侧翼（　　　）	钻研（　　　）	粗糙（　　　）	搔痒（　　　）
租赁（　　　）	槽床（　　　）	撕咬（　　　）	凑巧（　　　）
醉妻（　　　）	磨蹭（　　　）	司仪（　　　）	调唆（　　　）
忖量（　　　）	禅宗（　　　）	篡改（　　　）	返资（　　　）
崔巍（　　　）	酥蟹（　　　）	瓷器（　　　）	佐证（　　　）
呷嘴（　　　）	层叠（　　　）	森林（　　　）	贾祠（　　　）
啧啧（　　　）	躲藏（　　　）	暂时（　　　）	疾俗（　　　）
窜逃（　　　）	宝藏（　　　）	画册（　　　）	辞藻（　　　）
瑟缩（　　　）	编纂（　　　）	沧桑（　　　）	遭罪（　　　）
舱位（　　　）	抖擞（　　　）	粗劣（　　　）	兹有（　　　）
撒播（　　　）	盗贼（　　　）	隋朝（　　　）	惜昔（　　　）

残喘（　　　）	吝啬（　　　）	手脏（　　　）	匆忙（　　　）
憎恶（　　　）	斋僧（　　　）	曹操（　　　）	缫丝（　　　）
叼走（　　　）	孙媳（　　　）	鬃毛（　　　）	散漫（　　　）
姿容（　　　）	财阀（　　　）	苏浙（　　　）	嘈杂（　　　）
萧洒（　　　）	沼泽（　　　）	练嗓（　　　）	憋足（　　　）
搓绳（　　　）	耶稣（　　　）	咱爸（　　　）	瓶塞（　　　）
斧凿（　　　）	七艘（　　　）	平仄（　　　）	催眠（　　　）
哀哉（　　　）	厮打（　　　）	氮族（　　　）	

2．读下面的这首词并注音，注意声母发音的比较。

麻绳是知己，扁担是相识。一年三百六十四，不曾闲一日。担头上讨了些儿利，酒房中买了一场醉，肩头上去了几层皮，常少柴没米。

——陈铎《北正宫醉太平·挑担》

3．读下面的短文，标出每个字的声母。

花事最盛的去处数着西山华亭寺。不到寺门，远远就闻见一股细细的清香，直渗进人的心肺。这是梅花，有红梅、白梅、绿梅，还有朱砂梅，一树一树的，每一树梅花都是一树诗。白玉兰花略微有点残，娇黄的迎春却正当时，那一片春色啊，比起滇池的水来不知要深多少倍。

——节选自杨朔《茶花赋》

第七届北京国际藏学研讨会开幕式上，首批"中文社会科学引文索引（CSSCI）来源期刊"民族语言文字（藏文）学术期刊名录向国内外正式发布。《中国藏学》（藏文版）、《西藏大学学报》（哲学社会科学藏文版）、《西藏研究》（藏文版）确定为中文社会科学引文索引来源期刊，《青海民族大学学报》（哲学社会科学藏文版）、《西北民族大学学报》（哲学社会科学藏文版）为扩展版来源期刊。

这是我国民族语言文字学术期刊进入学术期刊社会评价系统的起点，结束了我国民族语言文字学术期刊没有权威评价体系的历史，标志着我国民族语言文字学术期刊建设进入了高质量发展的新阶段，具有重要的里程碑意义。

民族语言文字（藏文）哲学社会科学期刊进入以 CSSCI 为代表的国内主流期刊评价体系，是中国藏学学科体系、学术体系、话语体系建设的重要成果。不仅有利于提升藏文学术期刊建设水平和推动藏学研究事业的高质量发展，更有利于进一步正确树立和传播中华民族共同体意识，全面服务铸牢中华民族共同体意识的各项工作。

——节选自 2023 年 8 月 17 日中国藏学研究中心微信公众号

4. 朗读下面的作品，可参考后面的拼音，尽量读准确，并给画线词语或你认为难读的词语注音。

作品 16 号

于很多中国人而言，火车就是故乡。在中国人的心中，故乡的地位尤为重要，老家的意义非同寻常（　　　　　），所以，即便是坐过无数次火车，但印象最深刻的，或许还是返乡那一趟车。那一列列返乡的火车所停靠的站台边，熙攘的人流（　　　　　　　）中，匆忙的脚步里，张望的目光下，涌动着的都是思乡的情绪。每一次看见返乡那趟火车，总觉得是那样可爱与亲切，仿佛看见了千里之外的故乡。上火车后，车启动的一刹那（　　　　　），在车轮与铁轨碰撞的"况且"声中，思乡的情绪便陡然在车厢里弥漫开来。你知道，它将驶向的，是你最熟悉也最温暖的故乡。再过几个或者十几个小时，你就会回到故乡的怀抱。这般感受，相信在很多人的身上都曾发生过。尤其在春节、中秋（　　　　　）等传统节日到来之际，亲人团聚的时刻，更为强烈。

火车是故乡，火车也是远方。速度的提升，铁路的延伸，让人们通过火车实现了向远方自由流动的梦想。今天的中国老百姓，坐着火车，可以去往九百六十多万平方公里土地上的天南地北，来到祖国东部的平原，到达祖国南方的海边，走进祖国西部的沙漠，踏上祖国北方的草原，去观三山五岳（　　　　　　　），去看大江大河……

火车与空//间有着密切的联系，与时间的关系也让人觉得颇有意思。那长长的车厢，仿佛一头连着中国的过去，一头连着中国的未来。

——节选自舒翼《记忆像铁轨一样长》

Zuòpǐn 16 Hào

Yú hěnduō Zhōngguórén éryán, huǒchē jiù shì gùxiāng. Zài Zhōngguórén de xīnzhōng, gùxiāng de dìwèi yóuwéi zhòngyào, lǎojiā de yìyì fēitóng—xúncháng, suǒyǐ, jíbiàn shì zuò guo wúshù cì huǒchē, dàn yìnxiàng zuì shēnkè de, huòxǔ hái shì fǎnxiāng nà yī tàng chē. Nà yīlièliè fǎnxiāng de huǒchē suǒ tíngkào de zhàntái biān, xīrǎng de rénliú zhōng, cōngmáng de jiǎobù·lǐ, zhāngwàng de mùguāng·xià, yǒngdòngzhe de dōu shì sīxiāng de qíngxù. Měi yī cì kàn·jiàn fǎnxiāng nà tàng huǒchē, zǒng jué·dé shì nàyàng kě'ài yǔ qīnqiè, fǎngfú kàn·jiànle qiānlǐ zhī wài de gùxiāng. Shàng huǒchē hòu, chē qǐdòng de yīchànà, zài chēlún yǔ tiěguǐ pèngzhuàng de "kuàngqiě" shēng zhōng, sīxiāng de qíngxù biàn dǒurán zài chēxiāng·lǐ mímàn kāilái. Nǐ zhī·dào, tā jiāng shǐxiàng de, shì nǐ zuì shú·xī yě zuì wēnnuǎn de gùxiāng. Zài guò jǐ gè huòzhě shíjǐ gè xiǎoshí, nǐ jiù huì huídào gùxiāng de huáibào. Zhèbān gǎnshòu, xiāngxìn zài hěnduō rén de shēn • shàng dōu céng fāshēngguo. Yóuqí zài Chūnjié、Zhōngqiū děng chuántǒng jiérì dàolái zhījì, qīnrén tuánjù de shíkè, gèng wéi qiángliè.

　　Huǒchē shì gùxiāng, huǒchē yě shì yuǎnfāng. Sùdù de tíshēng, tiělù de yánshēn, ràng rénmen tōngguò huǒchē shíxiànle xiàng yuǎnfāng zìyóu liúdòng de mèngxiǎng. Jīntiān de Zhōngguó lǎobǎixìng, zuòzhe huǒchē, kěyǐ qù wǎng jiǔbǎi liùshí duō wàn píngfāng gōnglǐ tǔdì • shàng de tiānnán—dìběi, láidào zǔguó dōngbù de píngyuán, dàodá zǔguó nánfāng de hǎibiān, zǒujìn zǔguó xībù de shāmò, tà • shàng zǔguó běifāng de cǎoyuán, qù guān sānshān—wǔyuè, qù kàn dàjiāng—dàhé……

　　Huǒchē yǔ kōng//jiān yǒuzhe mìqiè de liánxì, yǔ shíjiān de guānxi yě ràng rén jué • de pō yǒu yìsi. Nà chángcháng de chēxiāng, fǎngfú yītóu liánzhe Zhōngguó de guòqù, yītóu liánzhe Zhōngguó de wèilái.

　　　　　　　——Jiéxuǎn zì Shū Yì《Jìyì Xiàng Tiěguǐ Yīyàng Cháng》

第九课　韵母 a e ê 的训练

本课主要任务

1. 掌握韵母 a、e、ê 的发音要领，通过 a、e、ê 训练，提高这三个韵母的发音能力，保证发音质量。
2. 熟练掌握所列含 a、e、ê 韵母的一组词语的发音，达到字字精确。
3. 以《普通话水平测试实施纲要》17、18 号作品为主，进行一组练习，所列课后练习在一周内完成。

一、发音要点

1. a、e、ê 的发音分类

a、e、ê 都是舌面元音。

2. a、e、ê 的发音方法

a 是舌面，中央，低，不圆唇元音。发音时，舌头自然放平，舌尖接触下齿龈，上下齿微露。在发音的过程中，要求打开后声腔，可以理解为口腔后半部分呈半打哈欠的状态，软颚挺起避免气流走鼻腔，舌面比较低。a 是不圆唇的元音，音质明亮圆润。

e 是舌面后半高不圆唇元音。发音时，唇形不圆，口腔半闭，嘴角展开，舌尖稍离下齿背，舌面平，舌高点偏后。舌根不要动，要放松，舌高点尽量向前一些。发 e 时，要保持微笑状态，上下齿从外观上可看见，要稍有距离，使 e 更圆润、更明亮些。

ê 是舌面前半低不圆唇元音。发音时，口腔半开，舌尖微接下齿背，舌中部隆起，舌高点在舌面前部，舌面前部升到半低程度，两唇的开度比 e 大。上下门齿的距离相当于自己拇指的宽度。

二、词语练习

本课的词语练习分 a、e 两组。也可自由混合，达到对比练习目的。ê 多与其他元音组合构成韵母发音，因此并入其他韵母进行练习，不再单列出来。

a 组

吧嗒 bā·da	达旦 dá dàn	拓本 tà běn	挺拔 tǐng bá
怕骗 pà piàn	好嘛 hǎo·ma	苏打 sū dá	跋涉 bá shè
扒鸡 pá jī	蛤蟆 há·ma	打鼾 dǎ//hān	把持 bǎ chí
也罢 yě bà	铡刀 zhá dāo	观察 guān chá	挓挲 zhā·shā
诡诈 guǐ zhà	岔路 chà lù	轰炸 hōng zhà	误差 wù chā
煞白 shà bái	优差 yōu chà	刹那 chà nà	杉篙 shā gāo

e 组

干涸 gān hé	扮者 bàn zhě	麝香 shè xiāng	饺盒 jiǎo hé
打褶 dǎ zhě	折本 shé//běn	上颌 shàng hé	鹤群 hè qún
附和 fù hè	蛤蜊 gé·lí	瞌睡 kē shuì	膈肌 gé jī
咳嗽 ké·sou	葛妈 Gě mā	渴慕 kě mù	各个 gè gè
恪守 kè shǒu	可汗 kè hán	喝彩 hè//cǎi	沟壑 gōu hè
恐吓 kǒng hè	阿胶 ē jiāo	俄顷 é qǐng	巍峨 wēi'é
鹅绒 é róng	厄运 è yùn	扼腕 è wàn	恶心 ě·xin
鄂博 è bó			

三、兴趣材料

读一读、练一练下面的绕口令。

鹅 é

坡上立着一只鹅，pō·shang lì zhe yī zhī é,
坡下就是一条河。pō xià jiù shì yī tiáo hé.
宽宽的河，kuān kuān de hé,
肥肥的鹅，féi féi de é,
鹅要过河，é yào guò hé,
河要渡鹅。hé yào dù é.
不知是鹅过河，bù zhī shì é guò hé,
还是河渡鹅。hái shì hé dù é.

打铁dǎ tiě

日打铁，rì dǎ tiě，

夜打铁，yè dǎ tiě，

日夜打铁不停歇。rì yè dǎ tiě bù tíng xiē.

农业生产赶季节，nóng yè shēng chǎn gǎn jì jié，

打出农具支农业。dǎ chū nóng jù zhī nóng yè.

四、短文朗读

朗读下面的短文，力求读对每一个字音。

Zuò pǐn shíqī Hào

作 品 17 号

nǎi nǎi gěi wǒ jiǎng guo zhè yàng yī jiàn shì　yǒu yī cì tā qù shāng diàn，zǒu zài tā ·qián
奶奶 给 我 讲 过 这样 一 件 事：有 一 次 她 去 商 店，走 在 她 前

miàn de yī wèi ā yí tuī kāi chén zhòng de dà mén，yī zhí děng dào tā gēn shàng ·lái cái sōng kāi
面 的 一 位 阿姨 推开 沉 重 的 大 门，一 直 等 到 她 跟 上 来 才 松开

shǒu·dāng nǎi nǎi xiàng tā dào xiè de shí hou，nà wèi ā yí qīng qīng de shuō "wǒ de mā mā hé
手。当 奶奶 向 她 道谢 的 时候，那 位 阿姨 轻 轻 地 说："我 的 妈妈 和

nín de nián líng chà·bù duō，wǒ xī wàng tā yù dào zhè zhǒng shí hou，yě yǒu rén wèi tā kāi mén·
您 的 年 龄 差 不多，我 希望 她 遇到 这 种 时候，也 有 人 为 她 开门。

"tīng le zhè jiàn shì，wǒ de xīn wēn nuǎn le xǔ jiǔ·
"听了 这 件 事，我 的 心 温 暖 了 许久。

yī tiān，wǒ péi huàn bìng de mǔ·qīn qù yī yuàn shū yè，nián qīng de hù shi wèi mǔ·qīn zhā le
一 天，我 陪 患病 的 母亲 去 医院 输液，年 轻 的 护士 为 母亲 扎了

liǎng zhēn yě méi·yǒu zhā jìn xuè guǎn·lǐ，yǎn jiàn zhēn yǎnr chù gǔ qǐ qīng bāo·wǒ zhèng yào bào
两 针 也 没有 扎 进 血管 里，眼见 针眼 处 鼓 起 青包。我 正 要 抱

yuàn jǐ jù，yī tái tóu kàn·jiàn le mǔ·qīn píng jìng de yǎn shén —— tā zhèng zài zhù shì zhe hù shi
怨 几 句，一 抬 头 看见 了 母亲 平 静 的 眼 神 —— 她 正 在 注视着 护士

é tóu·shàng mì mì de hàn zhū，wǒ bù jīn shōu zhù le yǒng dào zuǐ biān de huà·zhǐ jiàn mǔ·qīn qīng
额头 上 密密 的 汗珠，我 不禁 收住 了 涌到 嘴 边 的 话。只 见 母亲 轻

qīng de duì hù shi shuō "bù yào jǐn，zài lái yī cì！"dì ·sān zhēn guǒ rán chéng gōng le·nà
轻 地 对 护士 说："不 要紧，再 来 一 次！"第 三 针 果然 成 功 了。那

wèi hù shi zhōng yú cháng chū le yī kǒu qì·tā lián shēng shuō "Ā yí，zhēn duì·bù qǐ·wǒ shì
位 护士 终 于 长 出了 一 口 气，她 连声 说："阿姨，真 对 不起。我 是

lái shí xí de·zhè shì wǒ dì·yī cì gěi bìng rén zhā zhēn·tài jǐn zhāng le·yào bù shì nín de gǔ
来 实习 的，这 是 我 第 一 次 给 病人 扎针，太 紧 张 了。要 不是 您 的 鼓

lì ，wǒ zhēn bù gǎn gěi nín zhā le·" mǔ·qīn yòng lìng yī zhī shǒu lā zhe wǒ, píng jìng de duì hù
励，我 真 不 敢 给 您 扎 了。"母 亲 用 另 一 只 手 拉 着 我，平 静 地 对 护

shi shuō "zhè shì wǒ de nǚ·ér, hé nǐ chà·bù duō dà xiǎo, zhèng zài yī kē dà xué dú shū, tā
士 说："这 是 我 的 女 儿，和 你 差 不 多 大 小，正 在 医 科 大 学 读 书，她

yě jiāng miàn duì zì jǐ de dì·yī gè huàn zhě. wǒ zhēn xī wàng tā dì·yī cì zhā zhēn de shí
也 将 面 对 自 己 的 第 一 个 患 者。我 真 希 望 她 第 一 次 扎 针 的 时

hou, yě néng dé dào huàn zhě de kuān róng hé gǔ lì·" tīng le mǔ·qīn de huà, wǒ de xīn·lǐ
候，也 能 得 到 患 者 的 宽 容 和 鼓 励。"听 了 母 亲 的 话，我 的 心 里

chōng mǎn le wēn nuǎn yǔ xìng fú·
充 满 了 温 暖 与 幸 福。

shì ā, rú guǒ wǒ men zài shēng huó zhōng néng jiāng xīn·bǐ xīn, jiù huì duì lǎo rén shēng chū
是 啊，如 果 我 们 在 生 活 中 能 将 心 比 心，就 会 对 老 人 生 出

yī fèn//zūn zhòng, duì hái zǐ zēng jiā yī fèn guān'ài, jiù huì shǐ rén yǔ rén zhī jiān duō yī xiē kuān
一 份 尊 重，对 孩 子 增 加 一 份 关 爱，就 会 使 人 与 人 之 间 多 一 些 宽

róng hé lǐ jiě·
容 和 理 解。

—— Jié xuǎn zì Jiāng Guì huá《 Jiāng xīn·bǐ xīn》
——节 选 自 姜 桂 华《 将 心 比 心》

五、课后练习

1. 按本来的读音给下面的词语注音，读一读。

跋涉（　　　）　鹤群（　　　）　杉篙（　　　）　打褶（　　　）

轰炸（　　　）　恪守（　　　）　也罢（　　　）　恶心（　　　）

蛤蜊（　　　）　折本（　　　）　苏打（　　　）　阿胶（　　　）

煞白（　　　）　喝彩（　　　）　达旦（　　　）　各个（　　　）

诡诈（　　　）　麝香（　　　）　怕骗（　　　）　巍峨（　　　）

打鼾（　　　）　咳嗽（　　　）　观察（　　　）　渴慕（　　　）

刹那（　　　）　厄运（　　　）　扒鸡（　　　）　挺拔（　　　）

扮者（　　　）　挓挲（　　　）　恐吓（　　　）　附和（　　　）

蛤蟆（　　　）　膈肌（　　　）　铡刀（　　　）　沟壑（　　　）

扼腕（　　　）　误差（　　　）　鄂博（　　　）　岔路（　　　）

鹅绒（　　　）　干涸（　　　）　吧嗒（　　　）　拓本（　　　）

上颌（　　　）　可汗（　　　）　好嘛（　　　）　葛妈（　　　）

把持（　　　）　瞌睡（　　　）　俄顷（　　　）　饺盒（　　　）

优差（　　　）

2．读下面的这首诗并注音，准确读出各字的声母。

去年今日此门中，

人面桃花相映红。

人面不知何处去，

桃花依旧笑春风。

——崔护《题都城南庄》

3．读下面的短文，标出每个字的声母。

车身在轻轻地颤抖。人们在轻轻地摇晃。多么甜蜜的童年的摇篮啊！夏天的时候，把衣服放在大柳树下，脱光了屁股的小伙伴们一跃跳进故乡的清亮的小河里，一个猛子扎出十几米，谁知道谁在哪里露出头来呢？谁知道被他慌乱中吞下的一口水里，包含着多少条蛤蟆蝌蚪呢？闭上眼睛，熟睡在闪耀着阳光和树影的涟漪之上，不也是这样轻轻地、轻轻地摇晃着的吗？失去了的和没有失去的童年和故乡，责备我么？欢迎我么？母亲的坟墓和正在走向坟墓的父亲！

——节选自王蒙《春之声》

中华文明源远流长、博大精深，是中华民族独特的精神标识，是当代中国文化的根基，是维系全世界华人的精神纽带，也是中国文化创新的宝藏。在漫长的历史进程中，中华民族以自强不息的决心和意志，筚路蓝缕，跋山涉水，走过了不同于世界其他文明体的发展历程。毛泽东同志就说过："我们这个民族有数千年的历史，有它的特点，有它的许多珍贵品。对于这些，我们还是小学生。今天的中国是历史的中国的一个发展；我们是马克思主义的历史主义者，我们不应当割断历史。从孔夫子到孙中山，我们应当给以总结，承继这一份珍贵的遗产。这对于指导当前的伟大的运动，是有重要的帮助的。"中华文明起源，不仅是我国学者潜心研究的重大课题，也是国际学术界持续关注的研究课题。经过几代学者接续努力，中华文明探源工程等重大工程的研究成果，实证了我国百万年的人类史、一万年的文化史、五千多年的文明史。中华文明探源工程成绩显著，但仍然任重而道远，必须继续推进、不断深化。

——节选自《求是》2022年第14期

4. 朗读下面的作品，可参考后面的拼音，尽量读准确，并给画线词语或你认为难读的词语注音。

作品 18 号

晋祠之美（　　　　　），在山，在树，在水。

这里的山，巍巍的，有如一道屏障；长长的，又如伸开的两臂，将晋祠拥在怀中。春日黄花满山，径幽香远；秋来草木萧疏，天高水清。无论什么时候拾级登山（　　　　）都会心旷神怡（　　　　）。

这里的树，以古老苍劲（　　　　　）见长。有两棵老树：一棵是周柏，另一棵是唐槐。那周柏，树干劲直，树皮皱裂，顶上挑着几根青青的疏枝，偃卧于石阶旁。那唐槐，老干粗大，虬枝盘屈（　　　　　），一簇簇柔条，绿叶如盖。还有水边殿外的松柏槐柳，无不显出苍劲的风骨。以造型奇特见长的，有的偃如老妪负水（　　　　　），有的挺如壮士托天，不一而足。圣母殿前的左扭柏，拔地而起，直冲云霄，它的树皮上的纹理一齐向左边拧去，一圈一圈，丝纹不乱，像地下旋起了一股烟，又似天上垂下了一根绳。晋祠在古木的荫护（　　　　）下，显得分外幽静、典雅。

这里的水，多、清、静、柔。在园里信步，但见这里一泓深潭，那里一条小渠。桥下有河，亭中有井，路边有溪。石间细流脉脉，如线如缕；林中碧波闪闪，如锦如缎。这些水都来自"难老泉"。泉上有亭，亭上悬挂着清代著名学者傅山写的"难老泉"三个字。这么多的水长流不息，日日夜夜发出叮叮咚咚的响声。水的清澈真令人叫绝，无论//多深的水，只要光线好，游鱼碎石，历历可见。水的流势都不大，清清的微波，将长长的草蔓拉成一缕缕的丝，铺在河底，挂在岸边，合着那些金鱼、青苔以及石栏的倒影，织成一条条大飘带，穿亭绕榭，冉冉不绝。当年李白来到这里，曾赞叹说："晋祠流水如碧玉。"当你沿着流水去观赏那亭台楼阁时，也许会这样问：这几百间建筑怕都是在水上漂着的吧！

——节选自梁衡《晋祠》

Zuòpǐn 18 Hào

Jìncí zhī měi, zài shān, zài shù, zài shuǐ.

Zhè·lǐ de shān, wēiwēi de, yǒurú yī dào píngzhàng; chángcháng de, yòu rú shēnkāi de liǎngbì, jiāng Jìncí yōng zài huái zhōng. Chūnrì huánghuā mǎn shān, jìngyōu — xiāngyuǎn; qiūlái cǎomù xiāoshū, tiāngāo — shuǐqīng. Wúlùn shénme shíhou shèjí dēngshān dōu huì xīnkuàng—shényí.

Zhè·lǐ de shù, yǐ gǔlǎo cāngjìng jiànchán g. Yǒu liǎng kē lǎoshù: yī kē shì zhōubǎi, lìng yī kē shì tánghuái. Nà zhōubǎi, shùgàn jìngzhí, shùpí zhòuliè, dǐng·shàng tiǎozhe jǐ gēn qīngqīng de shūzhī, yǎnwò yú shíjiē páng. Nà tánghuái, lǎogàn cūdà, qiúzhī pánqū, yīcùcù róutiáo, lǜyè rú gài. Hái yǒu shuǐ biān diàn wài de sōng—bǎi—huái—liǔ, wúbù xiǎnchū cāngjìng de fēnggǔ. Yǐ zàoxíng qítè jiáncháng de, yǒude yǎn rú lǎoyù fù shuǐ, yǒude tǐng rú zhuàngshì tuō tiān, bùyī'érzú. Shèngmǔdiàn qián de zuǒniǔbǎi, bádì'érqǐ, zhíchōng—yúnxiāo, tā de shùpí · shàng de wénlǐ yīqí xiàng zuǒ · biān nǐngqù, yī quān yī quān, sīwén bù luàn, xiàng dì · xià xuánqǐle yī gǔ yān, yòu sì tiān · shàng chuíxiàle yī gēn shéng. Jìncí zài gǔmù de yìnhù xià, xiǎn · de fènwài yōujìng、diǎnyǎ.

Zhè · lǐ de shuǐ, duō、qīng、jìng、róu. Zài yuán · lǐ xìn bù, dàn jiàn zhè · lǐ yī hóng shēntán, nà · lǐ yī tiáo xiǎoqú. Qiáo xià yǒu hé, tíng zhōng yǒu jǐng, lù biān yǒu xī. Shí jiān xìliú mòmò, rú xiàn rú lǚ; lín zhōng bìbō shǎnshǎn, rú jǐn rú duàn. Zhèxiē shuǐ dōu láizì "Nánlǎoquán". Quán · shàng yǒu tíng, tíng · shàng xuánguàzhe Qīngdài zhùmíng xuézhě Fù Shān xiě de "Nánlǎo quán" sān gè zì. Zhème duō de shuǐ chángliú — bùxī, rìrì yèyè fāchū dīngdīngdōngdōng de xiǎngshēng. Shuǐ de qīngchè zhēn lìng rén jiàojué, wúlùn∥duō shēn de shuǐ, zhǐyào guāngxiàn hǎo, yóuyú suìshí, lìlì kě jiàn. Shuǐ de liú shì dōu bù dà, qīngqīng de wēi bō, jiāng cháng cháng de cǎomàn lāchéng yī lǚlǚ de sī, pū zài hé dǐ, guà zài àn biān, hézhe nàxiē jīnyú、qīngtái yǐjí shílán de dàoyǐng, zhīchéng yī tiáotiáo dà piāodài, chuān tíng rào xiè, rǎnrǎn—bùjué. Dāngnián Lǐ Bái láidào zhè · lǐ, céng zàntàn shuō: "Jìncí liúshuǐ rú bìyù". Dāng nǐ yánzhe liúshuǐ qù guānshǎng nà tíng—tái—lóu—gé shí, yěxǔ huì zhèyàng wèn: zhè jǐ bǎi jiān jiànzhù pà dōu shì zài shuǐ · shàng piāozhe de ba!

——Jiéxuǎn zì Liáng Héng《Jìncí》

第十课 韵母ou的训练

本课主要任务

1. 掌握韵母o、u的发音要领，通过o、u的训练，提高这两个韵母的发音能力，保证发音质量。
2. 熟练掌握所列含o、u韵母的一组词语的发音，达到字字精确。
3. 以《普通话水平测试实施纲要》19、20号作品为主，进行一组练习，所列课后练习在一周内完成。

一、发音要点

1. o、u的发音分类

o和u是舌面元音，属单韵母。

2. o、u的发音方法

o是舌面后半高圆唇元音。发音时，口形比a要略窄，口腔半闭，舌头后缩，舌根抬起，舌高点偏后，舌面两边微卷，舌中部凹进。舌后部抬起的高度要比u低一些。

u是舌面后高圆唇元音。发音时，口腔开度小，舌尖离下齿背也稍远，舌尖后缩，后舌面上升接近软颚，气流通路狭窄，但不发生摩擦音。唇部向前微撮，呈圆形，略带吹气状。

二、词语练习

词语按o、u分为两组。也可自由混合，达到o、u对比练习的目的。

o 组

脖颈 bó gěng	拐抹 guǎi mò	脉脉 mò mò	磅礴 páng bó
跛行 bǒ xíng	柏林 Bó lín	佛经 fó jīng	薄荷 bò·he

u 组

蒲扇 pú shàn	休牧 xiū mù	俘虏 fú lǔ	妒忌 dù ji
禁锢 jìn gù	苗圃 miáo pǔ	亲睦 qīn mù	肚量 dù liàng
陆棚 lù péng	浦江 pǔ jiāng	岁暮 suì mù	弧度 hú dù
厚禄 hòu lù	耐辐 nài fú	庸碌 yōng lù	杀戮 shā lù
尼甫 ní fǔ	绿林 lù lín	肺腑 fèi fǔ	属望 zhǔ wàng
好处 hǎo chù	输赢 shū yíng	嘱咐 zhǔ·fù	抽搐 chōu chù
伫立 zhù lì	矗立 chù lì	赎买 shú mǎi	帮助 bāng zhù
私塾 sī shú	熟习 shú xí	贮存 zhù cún	驻华 zhù huá
祝贺 zhù hè	吴蜀 Wú Shǔ	著名 zhù míng	辩术 biàn shù
负荷 fù hè	附属 fù shǔ	复员 fù//yuán	抚顺 Fǔ shùn
傅君 Fù jūn	富饶 fù ráo	束缚 shù fù	唾壶 tuò hú
珊瑚 shān hú	吓唬 xià·hu	互惠 hù huì	护旗 hù qí

三、兴趣材料

读一读、练一练下面的绕口令。

颠倒歌 diān dǎo gē

太阳从西往东落，tài·yáng cóng xī wǎng dōng luò，
听我唱个颠倒歌。tīng wǒ chàng gè diān dǎo gē.
天上打雷没有响，tiān·shang dǎ léi méi yǒu xiǎng，
地下石头滚上坡；dì xià shí·tou gǔn shàng pō；
江里骆驼会下蛋，jiāng·li luò·tuo huì xià dàn，
山里鲤鱼搭成窝；shān·li lǐ yú dā chéng wō；
腊月酷热直流汗，là yuè kù rè zhí liú hàn，
六月爆冷打哆嗦；liù yuè bào lěng dǎ duō·suo；
姐在房中头梳手，jiě zài fáng zhōng tóu shū shǒu，
门外口袋把驴驮。mén wài kǒu·dai bǎ lǘ tuó.

四、短文朗读

朗读下面的短文，力求读对每一个字音。

Zuò pǐn shíjiǔ Hào
作品 19 号

rénmen chángcháng bǎ rén yǔ zì rán duì lì qǐ·lái，xuānchēng yào zhēng fú zì rán。shū bù zhī
人们 常常 把人与自然对立起来，宣称要 征服自然。殊不知

zài dà zì rán miànqián，rén lèi yǒngyuǎn zhǐ shì yī gè tiānzhēn yòuzhì de hái tóng，zhǐ shì dà zì rán
在 大自然 面前，人类 永远 只是一个 天真 幼稚的孩童，只是大自然

jī tǐ·shàng pǔ tōng de yī bù fen，zhèngxiàng yī zhū xiǎocǎo zhǐ shì tā de pǔ tōng yī bù fen yī
机体 上 普通的一部分，正 像一株小草只是她的普通 一部分一

yàng。rú guǒ shuō zì rán de zhì huì shì dà hǎi，nà me，rén lèi de zhì huì jiù zhǐ shì dà hǎi zhōng de
样。如果 说 自然的智慧是大海，那么，人类的智慧就只是大海 中 的

yī gè xiǎo shuǐ dī，suī rán zhè ge shuǐ dī yě néng yìngzhào dà hǎi，dàn bì jìng bù shì dà hǎi，kě
一个 小 水滴，虽然这个水滴也能 映照 大海，但毕竟不是大海，可

shì，rénmen jìngrán bù zì liàng lì de xuānchēng yào yòng zhè dī shuǐ lái dài tì dà hǎi。
是，人们 竟然不自量力地宣 称 要 用 这滴水来代替大海。

kàn zhe rén lèi zhè zhǒng kuángwàng de biǎoxiàn，dà zì rán yī dìng huì qiè xiào —— jiù xiàng
看着人类这种 狂 妄的表现，大自然一定会窃笑——就 像

mǔ·qīn miànduì wú zhī de hái zi nà yàng de xiào。rén lèi de zuòpǐn fēi shàng le tài kōng，dǎ kāi le
母亲 面对无知的孩子那样的 笑。人类的作品飞 上了太空，打开了

yī gè gè wēiguān shì jiè，yú shì rén lèi zhān zhān - zì xǐ，yǐ wéi jiē kāi le dà zì rán de mì mì。kě
一个个 微观 世界，于是人类沾沾 自喜，以为揭开了大自然的秘密。可

shì，zài zì rán kàn lái，rén lèi shàngxià fān fēi de zhè piàn jù dà kōngjiān，bù guò shì zhǐ chǐ zhī jiān
是，在自然看来，人类 上 下 翻飞的这片巨大 空间，不过是咫尺之间

ér yǐ，jiù rú tóng kūnpéng kàn dài chì yàn yī bān，zhǐ shì pénghāo zhī jiān bà le。jí shǐ cóng rén lèi
而已，就如同 鲲鹏 看待斥鷃一般，只是 蓬蒿之间罢了。即使从 人类

zì shēn zhì huì fā zhǎn shǐ de jiǎo dù kàn，rén lèi yě méi·yǒu lǐ yóu guòfèn zì·ào：rén lèi de zhī shi
自身 智慧发展史的角度看，人类也没有理由过分自傲：人类的知识

yǔ qí zǔ xiān xiāng bǐ chéngrán yǒu le jí dà de jìn bù，sì hū yǒu cháoxiào gǔ rén de zī běn：
与其祖先 相比 诚然有了极大的进步，似乎有 嘲笑古人的资本：

kě shì，shū bù zhī duì yú hòu rén ér yán wǒmen yě shì gǔ rén，yī wàn nián yǐ hòu de rénmen yě
可是，殊不知对于后人而言我们也是古人，一万 年 以后的人们 也

tóngyàng huì cháoxiào jīn tiān de wǒmen，yě xǔ zài tā men kàn lái，wǒmen de kē xué guānniàn hái
同样 会 嘲笑今天的我们，也许在他们 看来，我们的科学 观念还

yòuzhì de hěn，wǒmen de hángtiān qì zài tā men yǎnzhōng bù guò shì gè fēicháng jiǎndān de // ér
幼稚得很，我们的航天器在他们眼 中 不过是个非常 简单的//儿

tóng wán jù。
童 玩具。

—— Jiéxuǎn zì Yán Chūnyǒu《Jìngwèi Zì rán》
——节选自严 春友《敬畏自然》

五、课后练习

1. 按本来的读音给下面的词语注音，读一读。

蒲扇（　　）	属望（　　）	磅礴（　　）	附属（　　）
傅君（　　）	帮助（　　）	薄荷（　　）	厚禄（　　）
陆棚（　　）	苗圃（　　）	柏林（　　）	著名（　　）
吓唬（　　）	护旗（　　）	杀戮（　　）	束缚（　　）
俘虏（　　）	脉脉（　　）	抽搐（　　）	禁锢（　　）
输赢（　　）	岁暮（　　）	庸碌（　　）	熟习（　　）
珊瑚（　　）	负荷（　　）	祝贺（　　）	拐抹（　　）
绿林（　　）	脖颈（　　）	妒忌（　　）	嘱咐（　　）
浦江（　　）	抚顺（　　）	矗立（　　）	亲睦（　　）
佛经（　　）	驻华（　　）	耐辐（　　）	互惠（　　）
弧度（　　）	辩术（　　）	休牧（　　）	跛行（　　）
吴蜀（　　）	尼甫（　　）	复员（　　）	富饶（　　）
好处（　　）	唾壶（　　）	肺腑（　　）	赎买（　　）
肚量（　　）	私塾（　　）	伫立（　　）	贮存（　　）

2. 读下面的这首诗并注音。

寒雨连江夜入吴，

平明送客楚山孤。

洛阳亲友如相问，

一片冰心在玉壶。

——王昌龄《芙蓉楼送辛渐》

3. 读下面的短文，标出每个字的声母（"髯"读作 rán，不在普通话测试用字范围）。

在名山胜地的悬崖峭壁上，我甚至看过一些榕树，不需要多少泥土，也能够成长。一粒榕树种子落在峭壁上，依靠石头缝里一点点儿的泥土，好家伙！它成长起来了。它的根不能钻进坚硬的石头，就攀附在石壁上成长，在这种场合，这些根简直像一条条钢筋似的，它们发挥了奇特的作用，把石壁上的一点一滴的营养，都兼收并蓄，输送到树身去了。因此，你在石壁上看到有一株扭曲了的榕树在安详地成长，一点也用不着惊奇。这样重视它的根的数目，在适宜的气候之中，还有什么地方不能生长的呢？

——节选自秦牧《榕树的美髯》

近年来，中巴新高层保持密切交往。2022 年 2 月，在巴新总理马拉佩应邀出席北京冬奥会开幕式期间，两国发表联合声明，一致同意加强"一带一路"倡议同巴新重要发展战略的对接，推动实现互利共赢，促进共同发展。同年 11 月，习近平主席在泰国曼谷会见马拉佩总理，就推进高质量共建"一带一路"等达成新的重要共识。双方政治互信不断深化，为打造更高水平、更加互惠的中巴新全面战略伙伴关系，加强高质量共建"一带一路"合作奠定了坚实基础。巴新政府积极借鉴中国"要致富，先修路"的发展经验，2020 年 5 月出台相关发展规划，计划在 20 年内投资建设联通国内各主要地区的国家公路网。近年来，一批中国企业把先进技术和优质产能带到巴新，帮助巴新建设公路、桥梁、机场、码头、电网、海底光缆以及医院、学校等基础设施。中国政府援建的独立大道和机场快速路成为巴新首都莫尔兹比港的地标，恩加省医院成为太平洋岛国地区硬件设施最完善的现代化综合性医院之一。很多巴新朋友感叹："中国给巴新带来了巨大变化！"

——节选自 2023 年 10 月 02 日《人民日报》

4．朗读下面的作品，可参考后面的拼音，尽量读准确，并给画线词语或你认为难读的词语注音。

作品 20 号

舞台上的幕布拉开了，音乐奏起来了。演员们踩着音乐的拍子，以庄重而有节奏的步法走到灯光前面来了。灯光射在他们五颜六色的<u>服装和头饰</u>（　　　　）上，一片金碧辉煌的彩霞。

当女主角穆桂英以<u>轻盈而矫健</u>（　　　　　　）的步子出场的时候，这个平静的海面陡然动荡起来了，它上面卷起了一阵暴风雨：观众像触了电<u>似的</u>（　　　　）迅即对这位女英雄报以雷鸣般的掌声。她开始唱了。她圆润的歌喉在夜空中颤动，听起来辽远而又切近，柔和而又铿锵。戏词像珠子似的从她的<u>一笑一颦</u>（　　　　）中，从她优雅的"水袖"中，从她婀娜的身段中，一粒一粒地滚下来，滴在地上，溅到空中，落进每一个人的心里，引起一片深远的回音。这回音听不见，却淹没了刚才涌起的那一阵热烈的掌声。

观众像<u>着了魔</u>（　　　　）一样，忽然变得鸦雀无声。他们看得入了神。他们的感情和舞台上女主角的感情融在了一起。女主角的歌舞渐渐进入高潮。观众的情感也渐渐进入高潮。潮在涨。没有谁能控制住它。这个一度平静下来的人海忽然又动荡起来了。戏就在这时候要到达顶点。我们的女主角在这时候就像一朵盛开的鲜花，观众想把这朵鲜花捧在手里，不让//它消逝。他们不约而同地从座位上立起来，像潮水一样，涌到我们这位艺术家面前。舞台已经失去了界限，整个的剧场成了一个庞大的舞台。

我们这位艺术家是谁呢？他就是梅兰芳同志。半个世纪的舞台生涯过去了，六十六岁的高龄，仍然能创造出这样富有朝气的美丽形象，表现出这样充沛的青春活力，这不能不说是奇迹。这奇迹的产生是必然的，因为我们拥有这样热情的观众和这样热情的艺术家。

——节选自叶君健《看戏》

Zuòpǐn 20 Hào

Wǔtái • shàng de mùbù lākāi le, yīnyuè zòu qǐ • lái le. Yǎnyuánmen cǎizhe yīnyuè de pāizi, yǐzhuāngzhòng ér yǒu jiēzòu de bùfǎ zǒudào dēngguāng qián • miàn lái le. Dēngguāng shè zài tāmen wǔyán — liùsè de fúzhuāng hé tóushì • shàng, yī piàn jīnbì — huīhuáng de cǎixiá.

Dāng nǚzhǔjué Mù Guìyīng yǐ qīngyíng ér jiǎojiàn de bùzi chūchǎng de shíhòu, zhège píngjìng de hǎimiàn dǒurán dòngdàng qǐ • lái le, tā shàng • miàn juǎnqǐle yī zhèn bàofēngyǔ: guānzhòng xiàng chùle diàn shìde xùnjí duì zhè wèi nǚyīngxióng bào yǐ léimíng bān de zhǎngshēng. Tā kāishǐ chàng le. Tā yuánrùn de gēhóu zài yèkōng zhōng chàn dòng, tīng qǐ • lái liáoyuǎn ér yòu qièjìn, róuhé ér yòu kēngqiāng. Xìcí xiàng zhūzǐ shìde cóng tā de yī xiào yī pín zhōng, cóng tā yōuyǎ de "shuǐxiù" zhōng, cóng tā ēnuó de shēnduàn zhōng, yī lì yī lì de gǔn xià • lái, dī zài dì • shàng, jiàndào kōng zhōng, luò jìn měi yī gè rén de xīn • lǐ, yǐnqǐ yī piàn shēnyuǎn de huíyīn. Zhè huíyīn tīng • bù jiàn, què yānmòle gāngcái yǒngqǐ de nà yīzhèn rèliè de zhǎngshēng.

Guānzhòng xiàng zháole mó yīyàng, hūrán biàn de yāquè — wúshēng. Tāmen kàn dé rùle shén. Tāmen de gǎnqíng hé wǔtái • shàng nǚzhǔjué de gǎnqíng róngzàile yīqǐ. Nǚzhǔjué de gēwǔ jiànjiàn jìnrù gāocháo. Guānzhòng de qínggǎn yě jiànjiàn jìnrù gāocháo. Cháo zài zhǎng. Méi • yǒu shuí néng kòngzhì zhù tā. Zhège yīdù píngjìng xià • lái de rénhǎi hūrán yòu dòngdàng qǐ • lái le. Xì jiù zài zhè shíhòu yào dàodá dǐngdiǎn. Wǒmen de nǚzhǔjué zài zhè shíhòu jiù xiàng yī duǒ shèngkāi de xiānhuā, guānzhòng xiǎng bǎ zhè duǒ xiānhuā pěng zài shǒu • lǐ, bù ràng//tā xiāoshī. Tāmen bùyuē'értóng de cóng zuòwèi • shàng lì qǐ • lái,

xiàng cháoshuǐ yīyàng, yǒngdào wǒmen zhè wèi yìshùjiā miànqián. Wǔtái yǐ •
jīng shīqùle jièxiàn, zhěnggè de jùchǎng chéngle yī gè pángdà de wǔtái.

    Wǒmen zhè wèi yìshùjiā shì shuí ne? Tā jiù shì Méi Lánfāng tóngzhì. Bàn gè
shìjì de wǔtái shēngyá guò • qù le, liùshíliù suì de gāolíng, réngrán néng
chuàngzào chū zhèyàng fùyǒu zháoqì de měilì xíngxiàng, biǎoxiàn chū zhèyàng
chōngpèi de qīngchūn huólì, zhè bù néng bù shuō shì qíjì. Zhè qíjì de chǎnshēng
shì bìrán de, yīn • wèi wǒmen yōngyǒu zhèyàng rèqíng de guānzhòng hé zhèyàng
rèqíng de yìshùjiā.

                          ——Jiéxuǎn zì Yè Jūnjiàn 《Kàn Xì》

第十一课 韵母 i ü 的训练

本课主要任务

1. 掌握韵母 i、ü 的发音要领，通过 i、ü 的训练，提高这两个韵母的发音能力，保证发音质量。
2. 熟练掌握所列含 i、ü 韵母的一组词语的发音，达到字字精确。
3. 以普通话测试 21、22 号作品为主，进行一组练习，所列课后练习在一周内完成。

一、发音要点

1. i、ü 的发音分类

i、ü 是舌面元音，属单韵母。

2. i、ü 的发音方法

i 是舌面前高不圆唇元音。发音时，口腔开度较小，舌尖抵下齿背，舌中部稍隆起，前舌面上升接近前颚，舌高点偏高。唇形呈扁平状，嘴角的两边展开呈扁状，气流通路狭窄。

ü 是舌面前高圆唇元音。发音时，口腔开度很小，双唇聚拢，两嘴角撮起，没有 u 圆。ü 和 i 的发音情况基本相同，区别就在于唇形的圆扁。ü 是圆唇音，i 是不圆唇的。

二、词语练习

词语按 i、ü 分为两组。也可自由混合，达到 i、ü 对比练习的目的。

i 组

泌阳 Bì yáng   僻壤 pì rǎng   静谧 jìng mì   伶俐 líng·lì

秘鲁 bì lǔ	设譬 shè pì	眯眼 mí yǎn	荔园 lì yuán
亿元 yì yuán	辟谣 pì//yáo	砾石 lì shí	倡议 chàng yì
斗笠 dǒu lì	亦然 yì rán	牡蛎 mǔ lì	屹立 yì lì
霹雳 pī lì	诧异 chà yì	利益 lì yì	臀鳍 tún qí
晨曦 chén xī	绮丽 qǐ lì	剑戟 jiàn jǐ	投契 tóu qì
嫡系 dí xì	伎俩 jì liǎng	汽船 qì chuán	奸细 jiān xì
纪要 jì yào	嫌隙 xián xì	天际 tiān jì	既往 jì wǎng
继续 jì xù			

ü 组

蜜橘 mì jú	趋向 qū xiàng	情绪 qíng xù	夫婿 fū xù
鸭絮 yā xù	拒绝 jù jué	吁叹 xū tàn	熄炬 xī jù
俱全 jù quán	锯末 jù mò	聚敛 jù liǎn	遽停 jù tíng
缕析 lǚ xī	率值 lǜ zhí	氯霉 lǜ méi	丰腴 fēng yú
不虞 bù yú	堪舆 kān yú	须臾 xū yú	富裕 fù yù
梵语 fàn yǔ	与会 yù huì	玉帛 yù bó	驾驭 jià yù
钓誉 diào yù	预订 yù dìng	疆域 jiāng yù	比喻 bǐ yù
赵寓 Zhào yù	捍御 hàn yù		

三、兴趣材料

读一读、练一练下面的绕口令。

学语言 xué yǔ yán

学语言，用语言，xué yǔ yán, yòng yǔ yán,
学好语言，说话不费难，xué hǎo yǔ yán, shuō huà bù fèi nán,
播音员学语言，bō//yīn yuán xué yǔ yán,
说话亲切又自然，shuō huà qīn qiè yòu zì·ran,
演员学语言，yǎn yuán xué yǔ yán,
台词传得远。tái cí chuán de yuǎn.

四、短文朗读

朗读下面的短文，力求读对每一个字音。

Zuò pǐn èrshíyī Hào
作品 21 号

shí nián, zài lì shǐ·shàng bù guò shì yī shùn jiān·zhǐ yào shāo jiā zhù yì, rén men jiù huì fā
十年，在历史上不过是一瞬间。只要稍加注意，人们就会发

xiàn zài zhè yī shùn jiān·lǐ, gè zhǒng shì wù dōu qiāoqiāo jīng lì le zì jǐ de qiānbiàn-wànhuà.
现：在这一瞬间里，各种事物都悄悄经历了自己的千变万化。

zhè cì chóng xīn fǎng Rì, wǒ chùchù gǎndào qīnqiē hé shú·xī, yě zài xǔduō fāngmiàn fā
这 次 重新 访日，我 处处 感到 亲切 和 熟悉，也 在 许多 方面 发

jiào le Rìběn de biànhuà·jiù ná Nàiliáng de yī gè jiǎoluò lái shuō ba, wǒ chóngyóu le wéi zhī
觉了 日本 的 变化。就 拿 奈良 的 一个 角落 来 说 吧，我 重 游 了 为之

gǎnshòu hěn shēn de Táng Zhāo tí Sì, zài sì nèi gè chù cōngcōng zǒu le yī biàn, tíngyuàn yī jiù,
感受 很 深 的 唐 招提寺，在 寺内 各处 匆匆 走了 一遍，庭院 依旧，

dàn yì xiǎng·bù dào hái kàndào le yī xiē xīn de dōng xī·qí zhōng zhī yī, jiù shì jìn jǐ nián cóng
但 意想 不到 还 看到 了 一些 新 的 东西。其中 之一，就 是 近 几 年 从

Zhōngguó yí zhí lái de "yǒu yì zhī lián"·
中 国 移植 来 的 "友谊 之 莲"。

zài cúnfàng Jiànzhēn yí xiàng de nà ge yuàn zi·lǐ, jǐ zhū Zhōngguó lián ángrán tǐng lì, cuì
在 存放 鉴真 遗像 的 那个 院子 里，几 株 中国 莲 昂然 挺立，翠

lù de kuān dà hé yè zhèng yíngfēng ér wǔ, xiǎn·dé shí fēn yú kuài·kāihuā de jì jié yǐ guò, hé
绿 的 宽大 荷叶 正 迎风 而 舞，显 得 十分 愉快。开花 的 季节 已 过，荷

huā duǒ duǒ yǐ biàn wèi liánpeng léi léi·lián zǐ de yán sè zhèngzài yóu qīng zhuǎn zǐ, kàn lái yǐ jīng
花 朵朵 已 变 为 莲 蓬 累累。莲子 的 颜色 正在 由 青 转 紫，看 来 已 经

chéng shú le·
成 熟 了。

wǒ jìn·bù zhù xiǎng "yīn" yǐ zhuǎnhuà wéi "guǒ"·
我 禁不住 想："因" 已 转 化 为 "果"。

Zhōngguó de liánhuā kāi zài Rìběn, Rìběn de yīnghuā kāi zài Zhōngguó, zhè bù shì ǒu rán·
中 国 的 莲花 开 在 日本，日本 的 樱花 开 在 中 国，这 不 是 偶然。

wǒ xī wàng zhèyàng yī zhǒng shèngkuàng yán xù bù shuāi·
我 希望 这样 一 种 盛况 延续 不 衰。

zài zhè xiē rì zi·lǐ, wǒ kàndào le bù shǎo duō nián bù jiàn de lǎopéngyou, yòu jié shí le
在 这些 日子 里，我 看到 了 不 少 多 年 不 见 的 老朋友，又 结识 了

yī xiē xīn péngyou·dà jiā xǐ huan shè jí de huà tí zhī yī, jiù shì gǔ Cháng'ān hé gǔ Nàiliáng·nà
一些 新 朋友。大家 喜欢 涉及 的 话题 之一，就 是 古 长 安 和 古 奈良。那

hái yòng de zháo wèn ma, péngyoumen miǎn huái guò qù, zhèng shì zhǔwàng wèi lái·zhǔmù yú wèi lái
还 用 得着 问 吗，朋友 们 缅怀 过去，正 是 瞩望 未来。瞩目 于 未来

de rénmen bì jiāng huò dé wèi lái·
的 人们 必 将 获得 未来。

wǒ bù lì wài, yě xī wàng yī gè měihǎo de wèi lái·
我 不 例外，也 希望 一个 美好 的 未来。

wèi le Zhōng-Rì rénmín zhī jiān de yǒu yì, wǒ jiāng bù huì làng fèi jīn hòu shēngmìng de měi
为了 中 日 人民 之间 的 友谊，我 将 不 会 浪费 今后 生 命 的 每

yī shùnjiān·//
一 瞬 间。//

—— Jiéxuǎn zì Yán Wénjǐng《Liánhuā hé Yīnghuā》
——节选 自 严 文井《莲花 和 樱花》

74

五、课后练习

1. 按本来的读音给下面的词语注音，读一读。

眯眼（　　）	吁叹（　　）	伎俩（　　）	聚敛（　　）
倡议（　　）	率值（　　）	伶俐（　　）	梵语（　　）
投契（　　）	驾驭（　　）	须臾（　　）	静谧（　　）
赵寓（　　）	嫌隙（　　）	屹立（　　）	丰腴（　　）
奸细（　　）	预订（　　）	绮丽（　　）	夫婿（　　）
泌阳（　　）	不虞（　　）	利益（　　）	趋向（　　）
诧异（　　）	与会（　　）	设譬（　　）	俱全（　　）
亿元（　　）	锯末（　　）	亦然（　　）	缕析（　　）
比喻（　　）	砾石（　　）	鸭絮（　　）	晨曦（　　）
继续（　　）	堪舆（　　）	嫡系（　　）	钓誉（　　）
既往（　　）	氯霉（　　）	牡蛎（　　）	剑戟（　　）
熄炬（　　）	荔园（　　）	富裕（　　）	秘鲁（　　）
捍御（　　）	斗笠（　　）	天际（　　）	遽停（　　）
辟谣（　　）	玉帛（　　）	僻壤（　　）	疆域（　　）
臀鳍（　　）	情绪（　　）	霹雳（　　）	拒绝（　　）
蜜橘（　　）	汽船（　　）	纪要（　　）	

2. 读下面的这首词并注音，练习中要注意唇形和舌位尤其是唇形的控制和变化情况。

东风夜放花千树，更吹落星如雨。宝马雕车香满路。风箫声动，玉壶光转，一夜鱼龙舞。

蛾儿雪柳黄金缕，笑语盈盈暗香去。众里寻他千百度，蓦然回首，那人却在，灯火阑珊处。

——辛弃疾《青玉案·元夕》

3. 读下面的短文，标出每个字的声母（这几个字不在普通话测试的用字范围内：栀 zhī，潋滟 liàn yàn，璞 pú）。

奇怪得很，这次却有迥乎不同的印象。六月，并不是好时候，没有春光，没有雪，也没有秋意。那几天，有的是满湖烟雨，山光水色俱是一片迷朦。西湖，仿佛在半醒半睡。空气中，弥漫着经了雨的栀子花的甜香。记起东坡诗句："水光潋滟晴方好，山色空蒙雨亦奇。"便想，东坡自是最了解西湖的人，实在应该仔细观赏领略才是。

——节选自宗璞《西湖漫笔》

在 31 日举行的神舟十五号航天员乘组与记者见面会上，航天员费俊龙说，"不管是谁登上月球，我相信这将是中华儿女最激动的时刻。"

在返回地面 57 天后，神舟十五号航天员乘组神采奕奕亮相北京航天城，就驻留空间站阶段和返回后的相关情况答记者问。

作为执行出舱任务次数最多乘组的指令长，费俊龙表示参与和见证中国空间站全面建成是自己的荣幸。"4 次出舱是我们乘组的亮点，也是中国载人航天事业的亮点，它是今天的纪录，更是明天的起点。我们相信后续的乘组会创造更多纪录。"他说。

航天员邓清明坚守 25 年终于实现飞天梦想。他用一组数字表达了自己飞上太空的心情："我们乘组在轨飞行了 188 天，进行了 4 次出舱活动，完成了 15 个科学实验机柜的安装测试，开展了涵盖科学与应用、航天医学等领域 40 余项科学实验和技术验证……这些数字彰显了我国航天事业的跨越发展，凝结着无数航天人不懈追梦的心血与汗水，是祖国和人民托举我们飞天。"

据介绍，中国航天员科研训练中心科学制订恢复计划方案，乘组飞行正常返回后恢复期主要分为隔离恢复阶段、疗养恢复阶段、恢复观察阶段三个阶段实施。截至目前，乘组已完成前两个阶段工作，航天员身心状态良好，达到了预期效果，已全面转入恢复观察阶段。待完成健康评估总结后，3 名航天员将转入正常训练工作。

——节选自 2023 年 8 月 1 日《科技日报》

4. 朗读下面的作品，可参考后面的拼音，尽量读准确，并给画线词语或你认为难读的词语注音。

作品 22 号

我打猎归来，沿着花园的林阴路（　　　　）走着。狗跑在我前边。

突然，狗放慢脚步，蹑足潜行（　　　　），好像嗅到了前边有什么野物。

我顺着林阴路望去，看见了一只嘴边还带黄色、头上生着柔毛的小麻雀。风猛烈地吹打着林阴路上的白桦树（　　　　），麻雀从巢里跌落下来（　　　　），呆呆地伏在地上，孤立无援地张开两只羽毛还未丰满的小翅膀。

我的狗慢慢向它靠近。忽然，从附近一棵树上飞下一只黑胸脯的老麻雀，像一颗石子似的落到狗的跟前。老麻雀全身倒竖着羽毛，惊恐万状（　　　　），发出绝望、凄惨的叫声，接着向露出牙齿、大张着的狗嘴扑去。

老麻雀是猛扑下来救护幼雀的。它用身体掩护着自己的幼儿……但它整个小小的身体因恐怖而<u>战栗</u>（　　　　　　　）着，它小小的声音也变得粗暴嘶哑，它在牺牲自己！

在它看来，狗该是多么庞大的怪物啊！然而，它还是不能站在自己高高的、安全的树枝上……一种比它的理智更强烈的力量，使它从那儿扑下身来。

我的狗站住了，向后退了退……看来，它也感到了这种力量。

我赶紧唤住惊慌失措的狗，然后我怀着崇敬的心情，走开了。

是啊，请不要见笑。我崇敬那只小小的、英勇的鸟儿，我崇敬它那种爱的冲动和力量。

爱，我//想，比死和死的恐惧更强大。只有依靠它，依靠这种爱，生命才能维持下去，发展下去。

——节选自［俄］屠格涅夫《麻雀》，巴金译

Zuòpǐn 22 Hào

Wǒ dǎliè guīlái, yánzhe huāyuán de línyīnlù zǒuzhe. Gǒu pǎo zài wǒ qián·biān. Tūrán, gǒu fàngmàn jiǎobù, nièzú—qiánxíng, hǎoxiàng xiùdàole qián·biān yǒu shénme yěwù.

Wǒ shùnzhe línyīnlù wàng·qù, kàn·jiànle yī zhī zuǐ biān hái dài huángsè、tóu·shàng shēngzhe róumáo de xiǎo máquè. Fēng měngliè de chuīdǎzhe línyīnlù·shàng de báihuàshù, máquè cóng cháo·lǐ diēluò xià·lái, dāidāi de fú zài dì·shàng, gūlì wúyuán de zhāngkāi liǎng zhī yǔmáo hái wèi fēngmǎn de xiǎo chìbǎng.

Wǒ de gǒu mànmàn xiàng tā kàojìn. Hūrán, cóng fùjìn yī kē shù·shàng fēi·xià yī zhī hēi xiōngpú de lǎo máquè, xiàng yī kē shízǐ shìde luòdào gǒu de gēn·qián. Lǎo máquè quánshēn dàoshùzhe yǔmáo, jīngkǒng—wànzhuàng, fāchū juéwàng、qīcǎn de jiào shēng, jiēzhe xiàng lòuchū yáchǐ、dà zhāngzhe de gǒuzuǐ pū·qù.

Lǎo máquè shì měng pū xià·lái jiùhù yòuquè de. Tā yòng shēntǐ yǎnhùzhe zìjǐ de yòu'ér……Dàn tā zhěnggè xiǎoxiǎo de shēntǐ yīn kǒngbù ér zhànlìzhe, tā xiǎoxiǎo de shēngyīn yě biànde cūbào sīyǎ, tā zài xīshēng zìjǐ!

Zài tā kànlái, gǒu gāi shì duōme pángdà de guàiwu a! Rán'ér, tā háishì bùnéng zhàn zài zìjǐ gāogāo de、ānquán de shùzhī·shàng……Yī zhǒng bǐ tā de lǐzhì gèng qiángliè de lì·liàng, shǐ tā cóng nàr pū·xià shēn·lái.

Wǒ de gǒu zhànzhù le, xiàng hòu tuìle tuì……kànlái, tā yě gǎndàole zhè zhǒng lì·liàng.

Wǒ gǎnjǐn huànzhù jīnghuāng—shīcuò de gǒu, ránhòu wǒ huáizhe chóngjìng de xīnqíng, zǒukāi le.

Shìa, qǐng bùyào jiànxiào. Wǒ chóngjìng nà zhī xiǎoxiǎo de、yīngyǒng de niǎo'ér，wǒ chóngjìng tā nà zhǒng ài de chōngdòng hé lì•liàng.

    Ài，Wǒ//xiǎng，bǐ sǐ hé sǐ de kǒngjù gèng qiángdà. Zhǐyǒu yīkào tā，yīkào zhè zhǒng ài，shēngmìng cái néng wéichí xià•qù，fāzhǎn xià•qù.

                    ——Jiéxuǎn zì〔E〕Túgénièfū《Máquè》，Bā Jīn yì

第十二课 韵母 –i(前) –i(后) er 的训练

本课主要任务

1. 掌握韵母-i（前）、-i（后）、er 的发音要领，通过-i（前）、-i（后）、er 的训练，提高这三个韵母的发音能力，保证发音质量。
2. 熟练掌握所列含-i（前）、-i（后）、er 元音韵母的一组词语的发音，达到字字精确。
3. 以普通话测试 23、24 号作品为主，进行一组练习，所列课后练习在一周内完成。

一、发音要点

1. -i（前）、-i（后）、er 的发音分类

-i（前）、-i（后）是舌尖元音，也是特殊元音，分别出现在声母 z、c、s 和声母 zh、ch、sh、r 的后面，不能单独做韵母。

er 是卷舌元音，只能自成音节，不与其他元音组合或与其他辅音组合构成韵母或音节。

2. -i（前）、-i（后）、er 的发音方法

-i（前）是舌尖前高不圆唇元音。发音时，舌尖前伸接近上齿背，气流通路虽狭窄，但气流经过时不发生摩擦，唇形不圆。zh、ch、sh、r、z、c、s 发音时使声带颤动，声音延长，得到的元音就是-i（前）。也叫舌尖前元音。

-i（后）是舌尖后高不圆唇元音。发音时，舌尖上翘接近硬颚前部，气流通路虽狭窄，但气流经过时不发生摩擦，唇形不圆。也叫舌尖后元音。

er是卷舌央中不圆唇元音。er可以理解为是带有卷舌色彩的元音e，称为卷舌元音。发音时，口型略开，或就是打开，舌位居中，舌头稍后缩，唇形不圆，在发e的同时，舌尖向硬颚卷起。

二、词语练习

词语按-i（前）、-i（后）、er分为三组。也可自由混合进行对比练习。

-i（前）组

瓜籽 guā zǐ	慈善 cí shàn	勿撕 wù sī	孢子 bāo zǐ
参差 cēn cī	致死 zhì sǐ	伺候 cì·hou	四川 Sì chuān
寺院 sì yuàn	污渍 wū zì	浑似 hún sì	祭祀 jì sì
饲料 sì liào	伺机 sì jī	后嗣 hòu sì	

-i（后）组

蝇矢 yíng shǐ	截至 jié zhì	差使 chāi shǐ	炙烤 zhì kǎo
伊始 yī shǐ	对峙 duì zhì	桎梏 zhì gù	仕途 shì tú
才智 cái zhì	侍卫 shì wèi	迟滞 chí zhì	仇视 chóu shì
仗恃 zhàng shì	擦拭 cā shì	舐犊 shì dú	瞬逝 shùn shì
嗜欲 shì yù	吞噬 tūn shì	虫螫 chóng shì	绷直 bēng zhí
汤匙 tāng chí	施肥 shī féi	渎职 dú zhí	尺寸 chǐ·cùn
湿疹 shī zhěn	垦殖 kěn zhí	排斥 pái chì	什锦 shí jǐn
船只 chuán zhī	赤裸 chì luǒ	谕旨 yù zhǐ	炽烈 chì liè
似的 shì de	不啻 bù chì	剥蚀 bō shí	白纸 bái zhǐ

er组

尔格 ěr gé	耳郭 ěr guō	二胡 èr hú	偶尔 ǒu'ěr

三、兴趣材料

读一读、练一练下面的绕口令。

撕字纸 sī zì zhǐ

隔着窗户撕字纸，gé zhe chuāng·hu sī zì zhǐ，

一次撕下横字纸，yī cì sī xià héng zì zhǐ，

一次撕下竖字纸，yī cì sī xià shù zì zhǐ，

是字纸撕字纸，shì zì zhǐ sī zì zhǐ，

不是字纸不撕一地纸。bù shì zì zhǐ bù sī yī dì zhǐ。

要说"尔"专说"尔"yào shuō ěr zhuān shuō ěr

要说"尔"专说"尔",yào shuō ěr zhuān shuō ěr,

马尔代夫,喀布尔,Mǎ ěr dài fū, Kā bù ěr,

阿尔巴尼亚,扎伊尔,Ā ěr bā ní yà, Zhā yī ěr,

卡塔尔,尼泊尔,Kǎ tǎ ěr, Ní bó ěr,

贝尔格莱德,安道尔,Bèi ěr gé lái dé, Ān dào ěr,

萨尔瓦多,伯尔尼,Sà ěr wǎ duō, Bó ěr ní,

利伯维尔,班珠尔,Lì bó wéi ěr, Bān zhū ěr,

厄瓜多尔,塞舌尔,È guā duō ěr, Sài shé ěr,

圣彼埃尔,巴斯特尔,Shèng bǐ āi ěr, Bā sī tè ěr,

塞内加尔的达喀尔,Sài nèi jiā ěr de Dá kā ěr,

阿尔及利亚的阿尔及尔。Ā ěr jí lì yà de Ā ěr jí ěr。

四、短文朗读

朗读下面的短文,力求读对每一个字音。

Zuò pǐn èrshísān Hào
作品 23 号

Zài hàohàn wúyín de shāmò·lǐ, yǒu yī piàn měi lì de lǜ zhōu, lǜ zhōu·lǐ cángzhe yī
在 浩瀚 无垠 的 沙漠 里,有 一 片 美 丽 的 绿 洲,绿 洲 里 藏着 一

kē shǎnguāng de zhēnzhū. Zhè kē zhēnzhū jiù shì Dūnhuáng Mògāo kū. Tā zuòluò zài wǒguó Gān sù
颗 闪 光 的 珍 珠。这 颗 珍 珠 就 是 敦 煌 莫 高 窟。它 坐 落 在 我国 甘 肃

Shěng Dūnhuáng Shì Sānwēi Shān hé Míngshā Shān de huáibào zhōng.
省 敦 煌 市 三危 山 和 鸣沙 山 的 怀抱 中。

Míngshā Shān dōng lù shì píngjūn gāo dù wéi shí qī mǐ de yá bì. Zài yī qiān liùbǎi duō mǐ
鸣沙 山 东麓 是 平均 高 度 为 十 七 米 的 崖壁。在 一 千 六 百 多 米

cháng de yá bì ·shàng, záo yǒu dà xiǎo dòng kū qī bǎi yú gè, xíngchéng le guīmó hóngwěi de shí
长 的 崖壁 上,凿 有 大 小 洞 窟 七 百 余 个,形 成 了 规模 宏伟 的 石

kū qún. Qí zhōng sì bǎi jiǔ shí·èr gè dòng kū zhōng, gòng yǒu cǎi sè sù xiàng liǎngqiān yī bǎi yú
窟群。其 中 四 百 九 十 二 个 洞 窟 中,共 有 彩 色 塑 像 两 千 一 百 余

zūn, gè zhǒng bì huà gòng sì wàn wǔqiān duō píngfāng mǐ. Mògāo kū shì wǒguó gǔ dài wúshù yì shù
尊,各 种 壁 画 共 四 万 五 千 多 平 方 米。莫 高 窟 是 我国 古 代 无数 艺 术

jiàngshī liú gěi rén lèi de zhēnguì wénhuà yí chǎn.
匠师 留 给 人类 的 珍 贵 文 化 遗产。

Mògāo kū de cǎi sù, měi yī zūn dōushì yī jiàn jīngměi de yì shùpǐn. Zuì dà de yǒu jiǔ céng
莫 高 窟 的 彩 塑,每 一 尊 都 是 一 件 精 美 的 艺 术品。最 大 的 有 九 层

lóu nà me gāo，zuì xiǎo de hái bù rú yī gè shǒuzhǎng dà。Zhè xiē cǎi sù gè xìng xiānmíng，shén
楼 那么 高，最 小 的 还 不 如 一 个 手 掌 大。这些 彩塑 个性 鲜明，神

tài gè yì。Yǒu cí méi‧shàn mù de pú‧sà，yǒu wēi fēng‧lǐn lǐn de tiān wáng，hái yǒu qiáng zhuàng
态 各异。有 慈眉 善目 的 菩萨，有 威风 凛凛 的 天王，还有 强 壮

yǒngměng de lì shì
勇 猛 的 力士……

Mò gāo kū bì huà de nèi róng fēng fù‧duōcǎi，yǒu de shì miáohuì gǔ dài láodòng rénmín dǎ liè、bǔ
莫高窟壁画的内容 丰富多彩，有的是 描绘古代劳动 人民 打猎、捕

yú、gēngtián、shōu gē de qíngjǐng，yǒu de shì miáohuì rénmen zòuyuè、wǔdǎo、yǎn zá jì de chǎng
鱼、耕田、收割 的 情景，有 的 是 描绘 人们 奏乐、舞蹈、演 杂技 的 场

miàn，hái yǒu de shì miáohuì dà zì rán de měi lì fēngguāng。Qí zhōng zuì yǐnrén‧zhùmù de shì fēi
面，还有的是 描绘大自然的美丽 风光。其中 最引人注目的是 飞

tiān。Bì huà‧shàng de fēi tiān，yǒu de bì kuà huā lán，cǎi zhāi xiān huā；yǒu de fǎn tán pí‧pá，
天。壁画 上 的 飞天，有的 臂 挎 花篮，采摘 鲜花；有的 反弹 琵琶，

qīng bō yínxián；yǒu de dào xuán shēn zi，zì tiān ér jiàng；yǒu de cǎi dài piāo fú，màn tiān áo
轻 拨 银弦；有 的 倒 悬 身子，自天 而 降；有的 彩带 飘拂，漫天 遨

yóu；yǒu de shū zhǎnzhe shuāng bì，piān piān‧qǐ wǔ。Kàn zhe zhè xiē jīngměi dòngrén de bì huà，jiù
游；有的 舒展着 双臂，翩翩 起舞。看着 这些 精美 动人 的 壁画，就

xiàng zǒu jìn le//cànlàn huīhuáng de yì shù diàntáng。
像 走进了//灿烂 辉煌 的 艺术 殿堂。

Mò gāo kū‧lǐ hái yǒu yī gè miàn jī bù dà de dòng kū——Cáng jīng dòng。Dòng‧lǐ céng
莫高窟 里 还有 一 个 面积 不大 的 洞窟——藏经洞。洞 里 曾

cáng yǒu wǒ guó gǔ dài de gè zhǒng jīngjuàn、wénshū、bó huà、cì xiù、tóngxiàng děng gòng liù wàn duō
藏 有 我国 古代 的 各种 经卷、文书、帛画、刺绣、铜像 等 共 六 万 多

jiàn。Yóu yú Qīngcháo zhèng fǔ fǔ bài wúnéng，dà liàng zhēnguì de wén wù bèi wàiguó qiángdào lüè
件。由于 清朝 政府 腐败 无能，大量 珍贵 的 文物 被 外国 强盗 掠

zǒu。Jǐncún de bù fen jīngjuàn，xiànzài chén liè yú Běijīng Gùgōng děng chù。
走。仅存 的 部分 经卷，现在 陈列 于 北京 故宫 等 处。

Mò gāo kū shì jǔ shì‧wénmíng de yì shù bǎo kù。Zhè‧lǐ de měi yī zūn cǎi sù、měi yī fú
莫高窟是 举世 闻名 的 艺术 宝库。这 里 的 每 一 尊 彩塑、每 一 幅

bì huà、měi yī jiàn wénwù，dōu shì Zhōngguó gǔ dài rénmín zhìhuì de jié jīng。
壁画、每 一 件 文物，都 是 中 国 古代 人民 智慧 的 结晶。

—— Jiéxuǎn zì《Mò gāo kū》
——节 选 自《莫高窟》

五、课后练习

1. 按本来的读音给下面的词语注音，读一读。

虫螯（　　） 污渍（　　） 后嗣（　　） 赤裸（　　）

参差（　　）	仇视（　　）	伺候（　　）	才智（　　）
慈善（　　）	耳郭（　　）	瞬逝（　　）	瓜籽（　　）
孢子（　　）	不啻（　　）	擦拭（　　）	饲料（　　）
二胡（　　）	绷直（　　）	勿撕（　　）	伊始（　　）
尔格（　　）	吞噬（　　）	炽烈（　　）	致死（　　）
四川（　　）	仕途（　　）	似的（　　）	白纸（　　）
迟滞（　　）	炙烤（　　）	汤匙（　　）	浑似（　　）
桎梏（　　）	伺机（　　）	仗恃（　　）	垦殖（　　）
对峙（　　）	寺院（　　）	截至（　　）	船只（　　）
差使（　　）	湿疹（　　）	侍卫（　　）	剥蚀（　　）
施肥（　　）	嗜欲（　　）	渎职（　　）	祭祀（　　）
蝇矢（　　）	什锦（　　）	排斥（　　）	尺寸（　　）
谕旨（　　）	舐犊（　　）		

2．读下面的这首诗并注音。

海上生明月，天涯共此时。

情人怨遥夜，竟夕起相思。

灭烛怜光满，披衣觉露滋。

不堪盈手赠，还寝梦佳期。

——张九龄《望月怀远》

3．读下面的短文，标出每个字的声母。

陈景润是福建人，生于 1933 年。当他降生到这个现实人间时，他的家庭和社会生活并没有对他呈现出玫瑰花朵一般的艳丽色彩。他父亲是邮政局职员，老是跑来跑去的。她母亲是一个善良的操劳过甚的妇女，一共生了 12 个孩子。只活了 6 个，其中陈景润排行老三。上有哥哥和姐姐，下有弟弟和妹妹。孩子生得多了，就不是双亲所疼爱的儿女了。他们越来越成为父母的累赘——多余的孩子，多余的人。从生下的一天起，他就像一个被宣布为不受欢迎的人似的，来到了这人世间。

——节选自徐迟《哥德巴赫猜想》

我们推动经济社会发展，归根到底是为了不断满足人民群众对美好生活的需要。要始终把人民安居乐业、安危冷暖放在心上，用心用情用力解决群众关心的就业、教育、社保、医疗、住房、养老、食品安全、社会治安等实际问题，一件一件抓落实，一年接着一年干，努力让群众看到变化、得到实惠。中国共产党把为民办事、为民造福作为最重要的政绩，把为老百姓办了多少好事实事作为检验政绩的重要标准。党员、干部特别是领导干部要清醒认识到，自己手中的权力、所处的岗位，是党和人民赋予的，是为党和人民做事用的，只能用来为民谋利。各级领导干部要树立正确的权力观、政绩观、事业观，不慕虚荣，不务虚功，不图虚名，切实做到为官一任、造福一方。要保持加强生态文明建设的战略定力，牢固树立生态优先、绿色发展的导向，着力抓好黄河流域、"一湖两海"等重点区域生态环境综合治理，持续打好蓝天、碧水、净土保卫战，把祖国北疆这道万里绿色长城构筑得更加牢固。

——节选自《求是》2022年第20期

4. 朗读下面的作品，可参考后面的拼音，尽量读准确，并给画线词语或你认为难读的词语注音。

作品 24 号

　　森林涵养水源（　　　　　　　），保持水土，防止水旱灾害的作用非常大。据专家测算，一片十万亩面积的森林，相当于一个两百万立方米的水库，这正如农谚（　　　　　　）所说的："山上多栽树，等于修水库。雨多它能吞，雨少它能吐。"

　　说起森林的功劳，那还多得很。它除了为人类提供木材及许多种生产、生活的原料之外，在维护生态环境（　　　　　　　　　）方面也是功劳卓著（　　　　　　　　），它用另一种"能吞能吐"的特殊功能孕育了人类。因为地球在形成之初，大气中的二氧化碳含量很高，氧气很少，气温也高，生物是难以生存的。大约在四亿年之前，陆地才产生了森林。森林慢慢将大气中的二氧化碳吸收，同时吐出新鲜氧气，调节气温：这才具备了人类生存的条件，地球上才最终有了人类。

　　森林，是地球生态系统的主体，是大自然的总调度室（　　　　　　　），是地球的绿色之肺。森林维护地球生态环境的这种"能吞能吐"的特殊功能是其他任何物体都不能取代（　　　　　　　）的。然而，由于地球上的燃烧物增多，二氧化碳的排放量急剧增加，使得地球生态环境急剧恶化，主要表现为全球气候变暖，水分蒸发（　　　　　　　）加快，改变了气流的循环，使气候变化加剧，从而引发热浪、飓风、暴雨、洪涝及干旱。

　　为了//使地球的这个"能吞能吐"的绿色之肺恢复健壮，以改善生态环境，抑制全球变暖，减少水旱等自然灾害，我们应该大力造林、护林，使每一座荒山都绿起来。

——节选自《"能吞能吐"的森林》

Zuòpǐn 24 Hào

Sēnlín hányǎng shuǐyuán, bǎochí shuǐtǔ, fángzhǐ shuǐ — hàn zāihài de zuòyòng fēicháng dà. Jù zhuānjiā cèsuàn, yī piàn shíwàn mǔ miànjī de sēnlín, xiāngdāngyú yī gè liǎngbǎi wàn lìfāngmǐ de shuǐkù, zhè zhèng rú nóngyàn suǒ shuō de: "Shān · shàng duō zāi shù, děngyú xiū shuǐkù. Yǔ duō tā néng tūn, yǔ shǎo tā néng tǔ."

Shuōqǐ sēnlín de gōng · láo, nà hái duō de hěn. Tā chúle wèi rénlèi tígōng mùcái jí xǔduō zhǒng shēngchǎn、shēnghuó de yuánliào zhīwài, zài wéihù shēngtài huánjìng fāngmiàn yě shì gōng · láo zhuózhù, tā yòng lìng yī zhǒng "néngtūn — néngtǔ" de tèshū gōngnéng yùnyùle rénlèi. Yīn · wèi dìqiú zài xíngchéng zhī chū, dàqì zhōng de èryǎnghuàtàn hánliàng hěn gāo, yǎngqì hěn shǎo, qìwēn yě gāo, shēngwù shì nányǐ shēngcún de. Dàyuē zài sìyì nián zhīqián, lùdì cái chǎnshēngle sēnlín. Sēnlín mànmàn jiāng dàqì zhōng de èryǎnghuàtàn xīshōu, tóngshí tǔchū xīnxiān yǎngqì, tiáojié qìwēn: Zhè cái jùbèi le rénlèi shēngcún de tiáojiàn, dìqiú · shàng cái zuìzhōng yǒule rénlèi.

Sēnlín, shì dìqiú shēngtài xìtǒng de zhǔtǐ, shì dàzìrán de zǒng diàodùshì, shì dìqiú de lǜsè zhī fèi. Sēnlín wéihù dìqiú shēngtài huánjìng de zhè zhǒng "néngtūn—néngtǔ" de tèshū gōngnéng shì qítā rènhé wùtǐ dōu bù néng qǔdài de. Rán' ér, yóuyú dìqiú · shàng de ránshāowù zēngduō, èryǎnghuàtàn de páifàngliàng jíjù zēngjiā, shǐ · dé dìqiú shēngtài huánjìng jíjù èhuà, zhǔyào biǎoxiàn wéi quánqiú qìhòu biàn nuǎn, shuǐfèn zhēngfā jiākuài, gǎibiànle qìliú de xúnhuán, shǐ qìhòu biànhuà jiājù, cóng' ér yǐnfā rèlàng、jùfēng、bàoyǔ、hónglào jí gànhàn.

Wèile//shǐ dìqiú de zhègè "néngtūn—néngtǔ" de lǜsè zhīfèi huīfù jiànzhuàng, yǐ gǎishàn shēngtài huánjìng, yìzhì quánqiú biàn nuǎn, jiǎnshǎo shuǐ—hàn děng zìrán zāihài, wǒmen yīnggāi dàlì zàolín、hùlín, shǐ měi yī zuò huāngshān dōu lǜ qǐ · lái.

——Jiéxuǎn zì 《 "Néngtūn—Néngtǔ" de Sēnlín》

第十三课 韵母 ai ei ao ou 的训练

本课主要任务

1. 掌握韵母 ai、ei、ao、ou 的发音要领，通过 ai、ei、ao、ou 的训练，提高这四个韵母的发音能力，保证发音质量。
2. 熟练掌握所列以 ai、ei、ao、ou 为韵母的一组词语的发音，达到字字精确。
3. 以普通话测试 25、26 号作品为主，进行一组练习，所列课后练习在一周内完成。

一、发音要点

1. ai、ei、ao、ou 的发音分类

　　ai、ei、ao、ou 都是前响复韵母。由两个元音构成，其中前一个元音是主要的，是韵腹，后一个元音在发音时处在从属的地位，是韵尾，发音含混，不必到位。

2. ai、ei、ao、ou 的发音方法

　　ai、ei、ao、ou 作为前响复韵母，在发音时，前头的元音发音后立刻滑向后头的元音，后头的元音音质含混，只表示舌位滑动的方向。

二、词语练习

　　词语按 ai、ei、ao、ou 分为四组。也可自由混合进行对比练习。

ai 组

挨饿 ái è	拜访 bài fǎng	甩卖 shuǎi mài	玳瑁 dài mào
钛钢 tài gāng	怎奈 zěn nài	盖世 gài shì	慷慨 kāng kǎi

皑皑 ái'ái 　　借贷 jiè dài 　　泰安 Tài ān 　　灌溉 guàn gài

癌症 ái'zhèng 　逮捕 dài bǔ 　　概貌 gài mào 　　矮窑 ǎi yáo

和蔼 hé'ǎi 　　狭隘 xiá'ài 　　亲爱 qīn'ài 　　窒碍 zhì ài

还要 hái yào 　　裁剪 cái jiǎn 　　彩绘 cǎi huì 　　理睬 lǐ cǎi

ei 组

北方 běi fāng 　　充沛 chōng pèi 　　酶原 méi yuán 　　绯红 fēi hóng

类属 lèi shǔ 　　劳累 láo lèi 　　钡餐 bèi cān 　　打擂 dǎ lèi

翻倍 fān bèi 　　蒙昧 méng mèi 　　犬吠 quǎn fèi 　　媚颜 mèi yán

废井 fèi jǐng 　　梦寐 mèng mèi 　　免费 miǎn//fèi 　　魅力 mèi lì

ao 组

熬粥 áo zhōu 　　冰雹 bīng báo 　　炮制 páo zhì 　　铆钻 mǎo zuàn

倒戈 dǎo//gē 　　翱翔 áo xiáng 　　宝贝 bǎo·bèi 　　烙印 lào yìn

螯脚 áo jiǎo 　　饱满 bǎo mǎn 　　瘦袍 shòu páo 　　贸易 mào yì

蹈矩 dǎo jǔ 　　炮筒 pào tǒng 　　广袤 guǎng mào 　　恰到 qià dào

研讨 yán tǎo 　　倒立 dào lì 　　厚薄 hòu báo 　　懊恼 ào nǎo

宏浩 hóng hào 　　肇事 zhào shì 　　好么 hǎo·me 　　爪牙 zhǎo yá

着凉 zháo//liáng

ou 组

鼻窦 bí dòu 　　滓垢 zǐ gòu 　　斗争 dòu zhēng 　　喝够 hē gòu

勾当 gòu·dàng 　蹰躇 chóu chú 　　函授 hán shòu 　　皴皱 cūn zhòu

讴歌 ōu gē 　　呕吐 ǒu tù 　　奇偶 jī ǒu

三、兴趣材料

读一读、练一练下面的绕口令。

忽听门外贼咬狗 hū tīng mén wài zéi yǎo gǒu

忽听门外贼咬狗，hū tīng mén wài zéi yǎo gǒu，

拿起门来开开手；ná qǐ mén lái kāi kāi shǒu；

拾起贼来打砖头，shí qǐ zéi lái dǎ zhuān·tou，

又被砖头咬了手；yòu bèi zhuān·tou yǎo·le shǒu；

从来不说颠倒话，cóng lái bù shuō diān dǎo huà，

口袋驮着骡子走。kǒu dài tuó zhe luó·zi zǒu．

四、短文朗读

请朗读下面的短文，注意注解和提示，力求读对每一个字音。

作品 25 号

中国没有人不爱荷花的。可我们楼前池塘中独独缺少荷花。每次看到或想到，总觉得是一块心病。有人从湖北来，带来了洪湖的几颗莲子，外壳呈黑色，极硬。据说，如果埋在淤泥中，能够千年不烂。我用铁锤在莲子上砸开了一条缝，让莲芽能够破壳而出，不至永远埋在泥中。把五六颗敲破的莲子投入池塘中，下面就是听天由命了。

这样一来，我每天就多了一件工作：到池塘边上去看上几次。心里总是希望，忽然有一天，"小荷才露尖尖角"，有翠绿的莲叶长出水面。可是，事与愿违，投下去的第一年，一直到秋凉落叶，水面上也没有出现什么东西。但是到了第三年，却忽然出了奇迹。有一天，我忽然发现，在我投莲子的地方长出了几个圆圆的绿叶，虽然颜色极惹人喜爱，但是却细弱单薄，可怜兮兮地平卧在水面上，像水浮莲的叶子一样。

真正的奇迹出现在第四年上。到了一般荷花长叶的时候，在去年飘浮着五六个叶片的地方，一夜之间，突然长出了一大片绿叶，叶片扩张的速度，范围的扩大，都是惊人地快。几天之内，

chí táng nèi bù xiǎo yī bù fēn, yǐ ·jīng quán wéi lǜ yè suǒ fù gài · ér qiě yuán lái píng wò zài shuǐ
池 塘 内 不 小 一 部 分，已 经 全 为 绿 叶 所 覆 盖。而 且 原 来 平 卧 在 水

miàn·shàng de xiàng shì shuǐ fú lián yī yàng de// yè piàn, bù zhī·dào shì cóng nǎ·lǐ jù jí lái le
面 上 的 像 是 水 浮 莲 一 样 的//叶 片，不 知 道 是 从 哪 里 聚 集 来 了

lì ·liàng, yǒu yī xiē jìng rán yuè chū le shuǐ miàn, zhǎng chéng le tíng tíng de hé yè ·zhè yàng yī lái,
力 量，有 一 些 竟 然 跃 出 了 水 面， 长 成 了 亭 亭 的 荷 叶。这 样 一 来，

wǒ xīn zhōng de yí yún yī sǎo 'ér guāng chí táng zhōng shēng zhǎng de zhēn zhèng shì Hóng Hú lián
我 心 中 的 疑 云 一 扫 而 光：池 塘 中 生 长 的 真 正 是 洪 湖 莲

huā de zǐ sūn le · wǒ xīn zhōng kuáng xǐ, zhè jǐ nián zǒng suàn shì méi ·yǒu bái děng·
花 的 子 孙 了。我 心 中 狂 喜，这 几 年 总 算 是 没 有 白 等。

—— Jié xuǎn zì Jì Xiàn lín《Qīng Táng Hé Yùn》
——节 选 自 季 羡 林《清 塘 荷 韵》

五、课后练习

1. 按本来的读音给下面的词语注音，读一读。

奇偶（　　）	媚颜（　　）	饱满（　　）	泰安（　　）
宏浩（　　）	绯红（　　）	滓垢（　　）	钛钢（　　）
炮制（　　）	钡餐（　　）	皱襞（　　）	蒙昧（　　）
蹈矩（　　）	逮捕（　　）	广袤（　　）	免费（　　）
好么（　　）	彩绘（　　）	倒立（　　）	充沛（　　）
勾当（　　）	铆钻（　　）	玳瑁（　　）	烙印（　　）
皑皑（　　）	翻倍（　　）	梦寐（　　）	函授（　　）
劳累（　　）	懊恼（　　）	还要（　　）	研讨（　　）
狭隘（　　）	贸易（　　）	癌症（　　）	打擂（　　）
呕吐（　　）	盖世（　　）	冰雹（　　）	挨饿（　　）
北方（　　）	翱翔（　　）	犬吠（　　）	喝够（　　）
着凉（　　）	瘦袍（　　）	理睬（　　）	矮窖（　　）
恰到（　　）	废井（　　）	踌躇（　　）	厚薄（　　）
窒碍（　　）	宝贝（　　）	甩卖（　　）	熬粥（　　）
酶原（　　）	讴歌（　　）	爪牙（　　）	借贷（　　）
炮筒（　　）	概貌（　　）	魅力（　　）	倒戈（　　）
裁剪（　　）	斗争（　　）	拜访（　　）	鼻窦（　　）
灌溉（　　）	肇事（　　）	类属（　　）	怎奈（　　）
螯脚（　　）	慷慨（　　）	亲爱（　　）	执拗（　　）
和蔼（　　）			

2. 读下面的这首词并注音。

春山在绿水在，冤家不在；风常来雨常来，情书不来。灾不害病不害，相思常

害。春去愁不去，花开门未开。倚定着门儿，手托着腮儿，我想我的人儿，泪珠儿汪
汪滴满了东洋海，满了东洋海。

——龚正我《急催玉歌》

3. 读下面的短文，标出每个字的声母。

　　月光不再照进玻璃窗里来了，现在完全黑暗了；可是老人仍旧抄着手坐在他的靠
背椅上，望着眼前屋子的空间。他四周这一片黑暗渐渐地消失了，现在变成一个宽
大、幽暗的湖；黝黑的水波一个跟随着一个不停地向前滚去，水波愈滚愈深，也愈
远，最后的一个离得极远，老人的眼光差一点儿追不上了，在这个水波上，一朵白色
的睡莲孤单地浮在许多大叶子中间。

——节选自斯托姆《茵梦湖》

　　粤港澳大湾区经济实力雄厚、创新资源丰富、市场经济发达，是我国开放程度最
高、经济活力最强的区域之一。

　　在轨道交通方面，广州、深圳等都市圈加快推进地铁、城际铁路建设；在空港建
设方面，香港、广州、深圳作为大湾区国际空港核心，联动珠海、澳门等大湾区空运
网络节点，形成世界级机场群；在航运枢纽方面，大湾区拥有香港港、广州港、深圳
港、珠海港、东莞港等沿海港口，以及佛山港、肇庆港等内河港口，航运互通水平和
港口吞吐能力全国领先。

　　大湾区初步形成有国际竞争力的现代产业体系。先进制造业快速发展，有国际影
响力的珠江东岸电子信息产业带已初具规模，西岸的高端装备制造带正抓紧构建；战
略性新兴产业不断壮大，集成电路、生物医药、新能源新材料等产业快速崛起，战略
性新兴产业集群正在涌现；现代服务业加快发展，区域生产性服务业正向专业化和价
值链高端延伸发展；海洋经济快速崛起，海洋运输业、海工装备制造业发展迅速。科
技创新是大湾区高质量发展的关键。

——节选自 2023 年 7 月 18 日《光明日报》

4．朗读下面的作品，可参考后面的拼音，尽量读准确，并给画线词语或你认为难读的词语注音。

作品 26 号

在原始社会里，文字还没有创造出来，却先有了歌谣一类的东西。这也就是文艺。

文字创造出来以后，人就用它把<u>所见所闻所想所感</u>（　　　　　　）的一切记录下来。一首歌谣，不但口头唱，还要刻呀，漆呀，把它保留在什么东西上。这样，文艺和文字就并了家。

后来纸和笔普遍地使用了，而且发明了印刷术。凡是需要记录下来的东西，要多少份就可以有多少份。于是所谓文艺，从外表说，就是<u>一篇稿子</u>（　　　　　），一部书，就是许多文字的集合体。

文字是一道桥梁，通过了这一道桥梁，读者才和作者会面。不但会面，并且了解作者的心情，和作者的心情<u>相契合</u>（　　　　）。

就作者的//方面说，文艺的创作决不是随便取许多文字来集合在一起。作者着手创作，必然对于人生先有<u>所见</u>（　　　　　），先有所感。他把这些所见所感写出来，不作抽象的分析，而作具体的描写，<u>不作刻板的记载</u>（　　　　　），而作想象的安排。他准备写的不是普通的论说文、记叙文；他准备写的是文艺。他动手写，不但选择那些最适当的文字，让它们集合起来，还要审查那些写下来的文字，看有没有应当修改或是增减的。总之，作者想<u>做到的是</u>（　　　　　）：写下来的文字正好传达出他的所见所感。

就读者的//方面说，读者看到的是写在纸面或者印在纸面的文字，但是看到文字并不是他们的目的。他们要通过文字去接触作者的所见所感。

　　　　　　　　——节选自叶圣陶《驱遣我们的想象》

Zuòpǐn 26 Hào

Zài yuánshǐ shèhuì • lǐ, wénzì hái méiyǒu chuàngzào chū • lái, què xiān yǒu le gēyáo yī lèi de dōngxī. Zhè yě jiù shì wényì.

Wénzì chuàngzào chū • lái yǐhòu, rén jiù yòng tā bǎ suǒjiàn suǒwén suǒxiǎng suǒgǎn de yīqiè jìlù xià • lái. Yī shǒu gēyáo, bùdàn kǒutóu chàng, hái yào kè ya, qī ya, bǎ tā bǎoliú zài shénme dōngxī • shàng. Zhèyàng, wényì hé wénzì jiù bìngle jiā.

Hòulái zhǐ hé bǐ pǔbiàn de shǐyòng le, érqiě fāmíng le yìnshuā shù. Fánshì xūyào jìlù xià • lái de dōngxī, yào duōshǎo fèn jiù kěyǐ yǒu duōshǎo fèn. Yúshì suǒwèi wényì, cóng wàibiǎo shuō, jiùshì yīpiān gǎozi, yī bù shū, jiù shì xǔduō wénzì de jíhétǐ.

Wénzì shì yī dào qiáoliáng, tōngguòle zhè yī dào qiáoliáng, dúzhě cái hé zuòzhě huìmiàn. Bùdàn huìmiàn, bìngqiě liǎojiě zuòzhě de xīnqíng, hé zuòzhě de xīnqíng xiāng qìhé.

Jiù zuòzhě de fāngmiàn shuō, wényì de chuàngzuò jué bù shì suíbiàn qǔ xǔduō wénzì lái jíhé zài yīqǐ. Zuòzhě zhuóshǒu chuàngzuò, bìrán duì yú rénshēng xiān yǒu suǒjiàn, xiān yǒu suǒgǎn. Tā bǎ zhèxiē suǒjiàn suǒgǎn xiě chū·lái, bù zuò chōuxiàng de fēnxī, ér zuò jùtǐ de miáoxiě, bù zuò kèbǎn de jìzǎi, ér zuò xiǎngxiàng de ānpái. Tā zhǔnbèi xiě de bù shì pǔtōng de lùnshuōwén, jìxùwén; tā zhǔnbèi xiě de shì wényì. Tā dòngshǒu xiě, bùdàn xuǎnzé nàxiē zuì shìdàng de wénzì, ràng tāmen jíhé qǐ·lái, háiyào shěnchá nàxiē xiě xià·lái de wénzì, kàn yǒuméiyǒu yīngdāng xiūgǎi huòshì zēngjiǎn de. Zǒngzhī, zuòzhě xiǎng zuòdào de shì: xiě xià·lái de wénzì zhènghǎo chuándá chū tā de suǒjiàn suǒgǎn.

Jiù dúzhě de//fāngmiàn shuō, dúzhě kàndào de shì xiě zài zhǐmiàn huòzhě yìn zài zhǐmiàn de wénzì, dànshì kàndào wénzì bìng bù shì tāmen de mùdì. Tāmen yào tōngguò wénzì qù jiēchù zuòzhě de suǒjiàn suǒgǎn.

——Jié xuǎn zì Yè Shèngtáo《Qūqiǎn Wǒmen de Xiǎngxiàng》

第十四课　韵母 iao iou uai uei 的训练

本课主要任务

1. 掌握韵母 iao、iou、uai、uei 的发音要领，通过 iao、iou、uai、uei 的训练，提高这四个韵母的发音能力，保证发音质量。
2. 熟练掌握所列以 iao、iou、uai、uei 为韵母的一组词语的发音，达到字字精确。
3. 以普通话测试 27、28 号作品为主，进行一组练习，所列课后练习在一周内完成。

一、发音要点

1. iao、iou、uai、uei 的发音分类

iao、iou、uai、uei 是中响复韵母，中间元音是韵腹，为主要元音，前后元音为韵头和韵尾，是次要元音，起起音和归音的作用。

iou、uei 两个韵母前面有声母时，写作 iu、ui，中间的 o、e 省去。

2. iao、iou、uai、uei 的发音方法

iao、iou、uai、uei 发音时，前面的元音轻短，中间的元音清晰响亮，后面的元音音质含混，只表示舌位滑动的方向。

二、词语练习

词语按 iao、iou、uai、uei 分为四组。也可自由混合进行对比练习。

iao 组

夭折 yāo zhé	吆喝 yāo·he	尧舜 Yáo Shùn	余姚 Yú yáo
传谣 chuán yáo	徭役 yáo yì	摇摆 yáo bǎi	瑶池 Yáo chí

要求 yāo qiú　钥匙 yào·shi　漂白 piǎo bái　渺小 miǎo xiǎo
跳蚤 tiào·zao　廖夫 liào fū　斜瞟 xié piǎo　岳庙 yuè miào
撩人 liáo rén　漂亮 piào·liang　潦草 liáo cǎo　缭绕 liáo rào
燎发 liǎo fà　瞭塔 liào tǎ　礁石 jiāo shí　混淆 hùn xiáo
洞晓 dòng xiǎo　戴孝 dài xiào　校宅 xiào zhái　轿厢 jiào xiāng
教课 jiāo kè　教训 jiào·xùn　薯窖 shǔ jiào　酵母 jiào mǔ
嚼字 jiáo zì

iou 组

瘤胃 liú wèi　一绺 yī liǔ　遛鸟 liù niǎo　馏饭 liù fàn
邮戳 yóu chuō　油泵 yóu bèng　柚木 yóu mù　铀矿 yóu kuàng
幼稚 yòu zhì　旧址 jiù zhǐ　裘服 qiú fú　釉子 yòu·zi
半宿 bàn xiǔ　愧疚 kuì jiù　厩肥 jiù féi　执拗 zhí niù

uai 组

踹掉 chuài diào　脍鲤 kuài lǐ

uei 组

洄游 huí yóu　脆枣 cuì zǎo　边陲 biān chuí　鬼祟 guǐ suì
蛔虫 huí chóng　啐骂 cuì mà　鼓槌 gǔ chuí　遂心 suì xīn
短喙 duǎn huì　淬火 cuì huǒ　锤炼 chuí liàn　不遂 bù suí
溃脓 huì nóng　荟萃 huì cuì　隧道 suì dào　会诊 huì//zhěn
交瘁 jiāo cuì　深邃 shēn suì　教诲 jiào huì　贿赂 huì lù
彗星 huì xīng　晦涩 huì sè　淫秽 yín huì　硅钢 guī gāng
魁梧 kuí·wu　玫瑰 méi·gui　傀儡 kuǐ lěi　溃竭 kuì jié
馈赠 kuì zèng　氛围 fēn wéi　桅灯 wéi dēng　唯一 wéi yī
帷幕 wéi mù　唯有 wéi yǒu　虚伪 xū wěi　畏惧 wèi jù
霞蔚 xiá wèi

三、兴趣材料

读一读、练一练下面的绕口令。

毛驴驮草 máo lǘ túo cǎo

毛驴驮草，máo lǘ túo cǎo，
草压毛驴腰；cǎo yā máo lǘ yāo；
水牛下水，shuǐ niú xià shuǐ，

水没水牛角；shuǐ mò shuǐ niú jiǎo；

马入马厩，mǎ rù mǎ jiù，

马嚼新草料；mǎ jiáo xīn cǎo liào；

狗乖回屋，gǒu guāi huí wū，

狗快把门瞧。gǒu kuài bǎ mén qiáo。

四、短文朗读

朗读下面的短文，力求读对每一个字音。

Zuò pǐn èrshíqī Hào
作品　27　号

yǔ yán， yě jiù shì shuō huà， hǎo xiàng shì jí qí xī sōng píng cháng de shìr 。 kě shì zǎi xì
语言，也就是说话，好像是极其稀松平常的事儿。可是仔细

xiǎng xiang， shí zài shì yī jiàn liǎo·bù qǐ de dà shì。zhèng shì yīn·wèi shuō huà gēn chī fàn、zǒu lù yī
想想，实在是一件了不起的大事。正是因为说话跟吃饭、走路一

yàng de píng cháng， rén men cái bù qù xiǎng tā jiū jìng shì zěn me huí shìr 。 qí shí zhè sān jiàn
样的平常，人们才不去想它究竟是怎么回事儿。其实这三件

shì r dōu shì jí bù píng cháng de， dōu shì shǐ rén lèi bù tóng yú bié de dòng wù de tè zhēng。
事儿都是极不平常的，都是使人类不同于别的动物的特征。

jì·dé zài xiǎo xué·lǐ dú shū de shí hou， bān·shàng yǒu yī wèi "néng wén" de dà shī xiōng，
记得在小学里读书的时候，班上有一位"能文"的大师兄，

zài yī piān zuò wén de kāi tóu xiě·xià zhè me liǎng jù "yīng wǔ néng yán， bù lí yú qín xīng
在一篇作文的开头写下这么两句："鹦鹉能言，不离于禽；猩

xīng néng yán， bù lí yú shòu。" wǒ men kàn le dōu fēi cháng pèi·fú。hòu lái zhī·dào zhè liǎng jù
猩能言，不离于兽。"我们看了都非常佩服。后来知道这两句

shì yǒu lái lì de， zhǐ shì zì jù yǒu xiē chū rù。yòu guò le ruò gān nián， cái zhī·dào zhè liǎng jù huà
是有来历的，只是字句有些出入。又过了若干年，才知道这两句话

dōu yǒu wèn tí。yīng wǔ néng xué rén shuō huà， kě zhǐ shì zuò wéi xiàn chéng de gōng shì lái shuō， bù huì
都有问题。鹦鹉能学人说话，可只是作为现成的公式来说，不会

jiā yǐ biàn huà。zhǐ yǒu rén men shuō huà shì cóng jù tǐ qíng kuàng chū fā， qíng kuàng yī biàn， huà yě
加以变化。只有人们说话是从具体情况出发，情况一变，话也

gēn zhe biàn。
跟着变。

xī fāng xué zhě ná hēi xīng xīng zuò shí yàn， tā men néng xué huì jí qí yǒu xiàn de yī diǎnr
西方学者拿黑猩猩做实验，它们能学会极其有限的一点儿

fú hào yǔ yán， kě shì xué·bù huì bǎ tā biàn chéng yǒu shēng yǔ yán。rén lèi yǔ yán zhī suǒ yǐ néng
符号语言，可是学不会把它变成有声语言。人类语言之所以能

gòu "suí jī yìngbiàn", zài yú yī fāngmiàn néng bǎ yǔyīn fēnxī chéng ruògān yīnsù, yòu bǎ zhè
够 "随 机 应 变"，在于 一 方 面 能 把 语音 分析 成 若干 音素，又 把 这

xiē yīnsù zǔhé chéng yīnjié, zài bǎ yīnjié liánzhuì qǐ·lái, lìng yī fāngmiàn, yòu néng fēnxī wài
些 音素 组合 成 音节，再 把 音节 连缀 起·来。另一 方 面，又 能 分析 外

jiè shìwù jí qí biànhuà, xíngchéng wúshù de "yìniàn", yī yī pèi yǐ yǔyīn, ránhòu zōnghé
界 事物 及 其 变化，形 成 无 数 的 "意念"，一一 配 以 语音，然后 综 合

yùnyòng, biǎodá gèzhǒng fùzá de yìsi·yī jù huà, rénlèi yǔyán de tèdiǎn jiù zài yú néng
运 用，表 达 各 种 复杂 的 意思。一 句 话，人 类 语言 的 特点 就 在于 能

yòng biànhuà wúqióng de yǔyīn, biǎodá biànhuà wú qióng de // yìyì·zhè shì rènhé qí tā dòngwù
用 变化 无 穷 的 语音，表 达 变化 无 穷 的 //意义。这是 任 何 其他 动物

bàn·bù dào de·
办 不 到 的。

—— Jiéxuǎn zì Lǚ Shūxiāng《Rénlèi de Yǔyán》
——节 选 自 吕 叔 湘《人 类 的 语 言》

五、课后练习

1. 按本来的读音给下面的词语注音，读一读。

摇摆 （　　）	幼稚 （　　）	魁梧 （　　）	钥匙 （　　）
溃竭 （　　）	教课 （　　）	畏惧 （　　）	馏饭 （　　）
尧舜 （　　）	晦涩 （　　）	校宅 （　　）	唯一 （　　）
燎发 （　　）	柚木 （　　）	鬼祟 （　　）	薯窖 （　　）
帷幕 （　　）	瘤胃 （　　）	漂亮 （　　）	虚伪 （　　）
混淆 （　　）	遂心 （　　）	渺小 （　　）	溃脓 （　　）
旧址 （　　）	淬火 （　　）	徭役 （　　）	深邃 （　　）
缭绕 （　　）	啐骂 （　　）	油泵 （　　）	踹掉 （　　）
嚼字 （　　）	洄游 （　　）	吆喝 （　　）	氛围 （　　）
斜睨 （　　）	遗赠 （　　）	戴孝 （　　）	要求 （　　）
愧疚 （　　）	会诊 （　　）	廖夫 （　　）	荟萃 （　　）
礁石 （　　）	彗星 （　　）	铀矿 （　　）	潦草 （　　）
边陲 （　　）	夭折 （　　）	交瘁 （　　）	岳庙 （　　）
不遂 （　　）	脍鲤 （　　）	硅钢 （　　）	邮戳 （　　）
传谣 （　　）	玫瑰 （　　）	半宿 （　　）	跳蚤 （　　）
桅灯 （　　）	瞭塔 （　　）	淫秽 （　　）	遛鸟 （　　）
余姚 （　　）	锤炼 （　　）	釉子 （　　）	短喙 （　　）
瑶池 （　　）	贿赂 （　　）	裘服 （　　）	轿厢 （　　）
隧道 （　　）	厩肥 （　　）	漂白 （　　）	蛔虫 （　　）
一绺 （　　）	鼓槌 （　　）	撩人 （　　）	脆枣 （　　）

洞晓（　　　）	霞蔚（　　　）	教训（　　　）	傀儡（　　　）
酵母（　　　）	馈赠（　　　）	教诲（　　　）	唯有（　　　）

2. 读下面的这首诗并注音，韵母的发音要做到头尾到位、韵腹响亮。

> 空山新雨后，天气晚来秋。
>
> 明月松间照，清泉石上流。
>
> 竹喧归浣女，莲动下渔舟。
>
> 随意春芳歇，王孙自可留。
>
> ——王维《山居秋暝》

3. 读下面的短文，标出每个字的声母。

再往里走，天山越来越显得优美。在那白皑皑的群峰的雪线以下，是蜿蜒无尽的翠绿的原始森林，密密的塔松像无数撑天的巨伞，重重叠叠的枝丫间，只漏下斑斑点点细碎的日影。骑马穿行林中，只听见马蹄溅起在岩石上漫流的水的声音，更增添了密林的幽静。在这林海深处，连鸟雀也少飞来，只偶尔能听到远处的几声鸟鸣。当你下马坐在一块岩石上吸烟休息时，虽然林外是阳光灿烂，而在这遮住了天日的密林中却闪着烟头的红火光。从偶然发现的一颗两颗烧焦的枯树看来，这里也许来过辛勤的猎人，在午夜生火宿过营，烤过猎获的野味。这天山上有的是成群的野羊、草鹿、野牛和野骆驼。

——节选自碧野《天山景物记》

习近平指出，大自然是人类赖以生存发展的基本条件。尊重自然、顺应自然、保护自然，是全面建设社会主义现代化国家的内在要求。必须牢固树立和践行绿水青山就是金山银山的理念，站在人与自然和谐共生的高度谋划发展。我们要推进美丽中国建设，坚持山水林田湖草沙一体化保护和系统治理，统筹产业结构调整、污染治理、生态保护、应对气候变化，协同推进降碳、减污、扩绿、增长，推进生态优先、节约集约、绿色低碳发展。加快推动产业结构、能源结构、交通运输结构等调整优化。实施全面节约战略，推进各类资源节约集约利用，加快构建废弃物循环利用体系。持续深入打好蓝天、碧水、净土保卫战。加强污染物协同控制，基本消除重污染天气。统筹水资源、水环境、水生态治理，推动重要江河湖库生态保护治理，基本消除城市黑臭水体。加强土壤污染源头防控，开展新污染物治理。提升环境基础设施建设水平，推进城乡人居环境整治。提升生态系统多样性、稳定性、持续性。积极稳妥推进碳达峰碳中和。

——节选自"学习强国"学习平台

4. 朗读下面的作品，可参考后面的拼音，尽量读准确，并给画线词语或你认为难读的词语注音。

作品 28 号

父亲喜欢下象棋。那一年，我大学回家度假，父亲教我下棋。

我们俩摆好棋，父亲让我先走三步，可不到三分钟，<u>三下五除二</u>（　　　　），我的兵将损失大半，棋盘上空荡荡的，只剩下老帅、士和<u>一车两卒</u>（　　　　）在孤军奋战。我还不肯罢休，可是已无力回天，眼睁睁看着父亲"将军"，我输了。

我不服气，摆棋再下。几次交锋，基本上都是不到十分钟我就败下阵来。我<u>不禁</u>（　　）有些泄气。父亲对我说："你初学下棋，输是正常的。但是你要知道输在什么地方；否则，你就是再下上十年，也还是输。"

"我知道，输在棋艺上。我技术上不如你，没经验。"

"这只是次要因素，不是最重要的。"

"那最重要的是什么？"我奇怪地问。

"最重要的是你的心态不对。你不珍惜你的棋子。"

"怎么不珍惜呀？我每走一步，都想半天。"我不服气地说。

"那是后来，开始你是这样吗？我给你计算过，你三分之二的棋子是在前三分之一的时间内丢失的。这期间你走棋<u>不假思索</u>（　　　　），拿起来就走，失了也不觉得可惜。因为你觉得棋子很多，<u>失一两个</u>（　　　　）不算什么。"

我看看父亲，不好意思地低下头。"后三分之二的时间，你又犯了相反的错误：对棋子过于珍惜，每走一步，都<u>思前想后</u>（　　　　），患得患失，一个棋也不想失，//结果一个一个都失去了。"

——节选自林夕《人生如下棋》

Zuòpǐn 28 Hào

Fù·qīn xǐhuān xià xiàngqí. Nà yīnián, wǒ dàxué huíjiā dùjià, fù·qīn jiāo wǒ xiàqí.

Wǒmen liǎ bǎihǎo qí, fù·qīn ràng wǒ xiān zǒu sān bù, kě bù dào sān fēnzhōng, sān xià wǔ chú èr, wǒ de bīng jiàng sǔnshī dàbàn, qípán·shàng kōngdàngdàng de, zhǐ shèngxià lǎoshuài, shì hé yī jū liǎng zú zài gūjūn — fènzhàn. Wǒ hái bù kěn bàxiū, kěshì yǐ wúlì — huítiān, yǎnzhēngzhēng kànzhe fù • qīn "jiāng jūn", wǒ shū le.

Wǒ bù fúqì, bǎi qí zài xià. Jǐ cì jiāofēng, jīběn • shàng dōu shì bù dào shí fēnzhōng wǒ jiù bài xià zhèn lái. Wǒ bùjīn yǒuxiē xièqì. Fù • qīn duì wǒ shuō: "Ni chū xué xiàqí, shū shì zhèngcháng de. Dànshì nǐ yào zhī • dào shū zài shénme dìfang; fǒuzé, nǐ jiùshì zài xià • shàng shí nián, yě háishì shū."

"Wǒ zhī • dào, shū zài qíyì • shàng. Wǒ jìshù • shàng bù rú nǐ, méi jīngyàn."

"Zhè zhǐshì cìyào yīnsù, bù shì zuì zhòngyào de."

"Nà zuì zhòngyào de shì shénme?" Wǒ qíguài de wèn.

"Zuì zhòngyào de shì nǐ de xīntài bù duì. Nǐ bù zhēnxī nǐ de qízǐ."

"Zěnme bù zhēnxī ya? Wǒ měi zǒu yī bù, dōu xiǎng bàntiān." Wǒ bù fúqì de shuō.

"Nà shì hòulái, kāishǐ nǐ shì zhèyàng ma? Wǒ gěi nǐ jìsuànguò, nǐ sān fēn zhī èr de qízǐ shì zài qián sān fen zhī yī de shìjiàn nèi diūshī de. Zhè qījiān nǐ zǒu qí bùjiǎ—sīsuǒ, ná qí • lái jiù zǒu, shīle yě bù jué • dé kěxī. Yīn • wèi nǐ jué • dé qízǐ hěn duō, shī yī—liǎng gè bù suàn shénme."

Wǒ kànkan fù • qīn, bù hǎoyìsi de dī • xià tóu. "Hòu sān fēn zhī èr de shíjiān, nǐ yòu fànle xiāngfǎn de cuò • wù: duì qízǐ guòyú zhēnxī, měi zǒu yī bù, dōu sīqián—xiǎnghòu, huàndé—huànshī, yī gè qí yě bù xiǎng shī, // jiéguǒ yī gè yī gè dōu shīqù le."

——Jiéxuǎn zì Lín Xī《Rénshēng Rú Xià Qí》

99

第十五课 韵母 ia ie ua uo üe 的训练

本课主要任务

1. 掌握韵母 ia、ie、ua、uo、üe 的发音要领，通过 ia、ie、ua、uo、üe 的训练，提高这五个韵母的发音能力，保证发音质量。
2. 熟练掌握所列以 ia、ie、ua、uo、üe 为韵母的一组词语的发音，达到字字精确。
3. 以《普通话水平测试实施纲要》29、30 号作品为主，进行一组练习，所列课后练习在一周内完成。

一、发音要点

1. ia、ie、ua、uo、üe 的发音分类

ia、ie、ua、uo、üe 是后响复韵母，后面的元音是主要元音，比前面的元音发音响亮。

2. ia、ie、ua、uo、üe 的发音方法

元音因开口度和舌位的变化不同，在声音的亮度、响度方面存在差异。后响复韵母就是后面的元音发音更响亮，因此后面的元音韵腹，在发音时要长些、主要些，前面的 i、u、ü 是介音，为韵头，没有韵尾。

发音时，前面的元音（介音）发音轻短，只表示舌位从哪里开始移动，后面的元音则清晰响亮。后响复韵母虽没有韵尾，但在发音时，也要有意识的将后面的元音加上一个同状态的轻微加强力度，以利于整个音节的完整和清晰。

二、词语练习

词语按 ia、ie、ua、uo、üe 分为五组。也可自由混合进行对比练习。

ia 组

披枷 pī jiā	陛下 bì xià	浃背 jiā bèi	初夏 chū xià
家庭 jiā tíng	厦门 Xià mén	皂荚 zào jiá	两颊 liǎng jiá
甲壳 jiǎ qiào	肩胛 jiān jiǎ	磷钾 lín jiǎ	嫁娶 jià qǔ
夹克 jiá kè	岩崖 yán yá	惊讶 jīng yà	天涯 tiān yá
轧平 yà píng			

ie 组

拖曳 tuō yè	昼夜 zhòu yè	掖被 yē bèi	胰液 yí yè
肘腋 zhǒu yè	抢劫 qiǎng jié	泄底 xiè dǐ	俊杰 jùn jié
缴械 jiǎo//xiè	结实 jiē·shi	亵渎 xiè dú	捷径 jié jìng
璧谢 bì xiè	睫毛 jié máo	懈怠 xiè dài	姐丈 jiě zhàng
滴血 dī xiě	届期 jiè qī	枕藉 zhěn jiè	别扭 bièniu
间谍 jiàn dié	镍钢 niè gāng	分蘖 fēn niè	也罢 yě bà

ua 组

挂漏 guà lòu	洼地 wā dì	换袜 huàn wà	瓦刀 wà dāo
划拳 huá//quán	枯桦 kū huà	华山 Huà shān	计划 jì huà

uo 组

做作 zuò·zuo	浊化 zhuó huà	顿挫 dùn cuò	蓑衣 suō yī
硕士 shuò shì	我瞧 wǒ qiáo	作坊 zuō·fang	雕琢 diāo zhuó
错愕 cuò'è	厕所 cè suǒ	数见 shuò jiàn	卧榻 wò tà
坐垫 zuò diàn	琐屑 suǒ xiè	撮嘴 cuō zuǐ	蜗居 wō jū
几垛 jǐ duò	买箩 mǎi luó	堕入 duò rù	套骡 tào luó
捋须 lǚ xū	骆驼 luò·tuo	或许 huò xǔ	货源 huò yuán
又获 yòu huò	祸殃 huò yāng		

üe 组

商榷 shāng què	雪茄 xuě jiā	猖獗 chāng jué	蕨菜 jué cài
攫取 jué qǔ	撅起 juē qǐ	判决 pàn jué	诀窍 jué qiào
超越 chāo yuè	蹿血 cuān xuè	走穴 zǒu xué	

三、兴趣材料

读一读、练一练下面的绕口令。

果果和丫丫 guǒ·guo hé yā·ya

果果和丫丫，guǒ·guo hé yā·ya，

决定学农活，jué dìng xué nóng huó，

来到谢爷家。lái dào Xiè yé jiā.

果果种瓜也种花，guǒ·guo zhòng guā yě zhòng huā，

丫丫种花也种瓜。yā·ya zhòng huā yě zhòng guā.

学了种花和种瓜，xué le zhòng huā hé zhòng guā，

谢过爷爷回了家。xiè guò yé·ye huí le jiā.

四、短文朗读

朗读下面的短文，力求读对每一个字音。

Zuò pǐn èrshíjiǔ Hào
作品 29 号

zhòng xià， péng yǒu xiāng yāo yóu Shí dù·zài chéng·lǐ zhù jiǔ le， yī dàn jìn rù shān shuǐ zhī
仲夏，朋友 相 邀游 十渡。在 城 里住久了，一旦 进入 山水 之

jiān， jìng yǒu yī zhǒng shēngmìng fù sū de kuàigǎn.
间，竟 有一 种 生 命 复苏 的 快感。

xià chē hòu，wǒmen shě qì le dà lù， tiāoxuǎn le yī tiáo bànyǐn·bànxiàn zài zhuāng jia dì·
下车后，我们 舍弃了 大路，挑选了 一条 半隐 半现 在 庄 稼地

lǐ de xiǎojìng，wānwānràorào de lái dào le shí dù dù kǒu·xī yáng xià de Jùmǎ Hé kāngkǎi de
里的 小径，弯弯绕绕地 来到了 十渡 渡口。夕阳 下的 拒马河 慷慨地

sǎ chū yī piàn sǎnjīn·suì yù， duì wǒmen biǎoshì huānyíng.
撒出 一 片 散金 碎玉，对我们 表示 欢迎。

àn biān shān yá·shàng dāo fǔ hén yóu cún de qí qū xiǎodào， gāo dī tū'āo， suī méi·yǒu"nán
岸边 山崖 上 刀斧痕 犹 存的 崎岖 小道，高低 凸 凹，虽 没有 "难

yú shàng qīngtiān" de xiǎn'è， què yě yǒu tà kōng le gǔndào Jùmǎ Hé xǐ zǎo de fēngxiǎn·xiá
于 上 青天"的 险恶，却 也有 踏空了 滚到 拒马河 洗澡 的 风险。狭

zhǎichù zhī néng shǒu fú yánshí tiē bì ér háng。dāng"Dōngpō Cǎotáng" jǐ gè hóng qī dà zì
窄处 只能 手扶 岩石 贴壁 而 行。当 "东坡草堂" 几个 红漆大字

hè rán chūxiàn zài qiánfāng yán bì shí， yī zuò xiāngqiàn zài yán yá jiān de shí qì máocǎo wū tóng
赫然 出现 在 前方 岩壁时，一座 镶嵌 在岩崖 间的 石砌 茅草屋 同

shí yuè jìn yǎn dǐ·cǎo wū bèi jǐ jí shí tī tuō de gāogāo de，wū xià fǔ kànzhe yī wān hé shuǐ，
时跃进眼底。草屋 被几级 石梯 托得 高高 的，屋下俯瞰着 一湾 河水，

wū qián shùn shān shì pì chū le　yī piàn kòng dì，suàn shì yuàn luò ba！yòu cè yǒu yī xiǎo xiǎo de
屋 前 顺 山 势 辟 出 了 一 片 空 地，算 是 院 落 吧！右 侧 有 一 小 小 的

mó gū xíng de liáng tíng，nèi shè shí zhuō shí dèng，tíng dǐng hè huáng sè de máo cǎo xiàng liú sū bān
蘑 菇 形 的 凉 亭，内 设 石 桌 石 凳，亭 顶 褐 黄 色 的 茅 草 像 流 苏 般

xiàng xià chuí xiè，bǎ xiàn shí hé tóng huà chuàn chéng le　yī tǐ。cǎo wū de gòu sī zhě zuì jīng cǎi de
向 下 垂 泻，把 现 实 和 童 话 串 成 了 一 体。草 屋 的 构 思 者 最 精 彩 的

yī bǐ，shì shè zài yuàn luò biān yán de chái mén hé　lí bā，zǒu jìn zhèr　，biàn yǒu le "Huā jìng bù
一 笔，是 设 在 院 落 边 沿 的 柴 门 和 篱 笆，走 近 这 儿，便 有 了 "花 径 不

céng yuán kè sǎo，péng mén jīn shǐ wèi jūn kāi" de yì si。
曾 缘 客 扫，蓬 门 今 始 为 君 开" 的 意 思。

dāng wǒ men chóng dēng liáng tíng shí，yuǎn chù de Biān fú Shān yǐ zài yè sè·xià huà wéi jiǎn
当 我 们 重 登 凉 亭 时，远 处 的 蝙 蝠 山 已 在 夜 色 下 化 为 剪

yǐng，hǎo xiàng jiù yào zhǎn chì pū lái。Jù mǎ Hé chèn rén men kàn·bù qīng tā de róng mào shí huò
影，好 像 就 要 展 翅 扑 来。拒 马 河 趁 人 们 看 不 清 它 的 容 貌 时 豁

kāi le sǎng ménr　yùn wèi shí zú de chàng ne！ǒu yǒu bù ān fēn de xiǎo yúr　hé qīng wā bèng tiào //
开 了 嗓 门 儿 韵 味 十 足 地 唱 呢！偶 有 不 安 分 的 小 鱼 儿 和 青 蛙 蹦 跳 //

chéng shēng，xiàng shì wèi le qiáng huà zhè yè qǔ de jié zòu。cǐ shí，zhǐ jué shì jiān wéi yǒu shuǐ
成 声，像 是 为 了 强 化 这 夜 曲 的 节 奏。此 时，只 觉 世 间 唯 有 水

shēng hé wǒ，jiù lián ǒu·ěr cóng yuǎn chù gǎn lái xiē jiǎo de wǎn fēng，yě qiǎo wú·shēng xī。
声 和 我，就 连 偶 尔 从 远 处 赶 来 歇 脚 的 晚 风，也 悄 无 声 息。

dāng wǒ jiàn jiàn bèi yè de níng chóng yǔ shēn suì suǒ róng shí，yī lǚ xīn de sī xù yǒng dòng
当 我 渐 渐 被 夜 的 凝 重 与 深 邃 所 融 蚀，一 缕 新 的 思 绪 涌 动

shí，duì·àn shā tān·shàng rán qǐ le gōu huǒ，nà xiān liàng de huǒ guāng，shǐ yè sè yǒu le zào dòng
时，对 岸 沙 滩 上 燃 起 了 篝 火，那 鲜 亮 的 火 光，使 夜 色 有 了 躁 动

gǎn。gōu huǒ sì zhōu，rén yǐng chuò yuē，rú gē·shì wǔ。péng yǒu shuō，nà shì Běi jīng de dà xué shēng
感。篝 火 四 周，人 影 绰 约，如 歌 似 舞。朋 友 说，那 是 北 京 的 大 学 生

men，jié bàn lái zhèr　dù zhōu mò de。yáo wàng nà míng miè·wú dìng de huǒ guāng，xiǎng xiàng zhe
们，结 伴 来 这 儿 度 周 末 的。遥 望 那 明 灭 无 定 的 火 光，想 象 着

gōu huǒ yìng zhào de qīng chūn nián huá，yě shì yī zhǒng yì xiǎng·bù dào de lè qù。
篝 火 映 照 的 青 春 年 华，也 是 一 种 意 想 不 到 的 乐 趣。

—— Jié xuǎn　zì　Liú Yán《Shí Dù Yóu Qù》
—— 节 选 自 刘 延《十 渡 游 趣》

五、课后练习

1. 按本来的读音给下面的词语注音，读一读。

俊杰（　）	骆驼（　）	甲壳（　）	攫取（　）
厕所（　）	枯桦（　）	初夏（　）	枕藉（　）
堕入（　）	猖獗（　）	蓑衣（　）	换袜（　）
坐垫（　）	超越（　）	嫁娶（　）	祸殃（　）

亵渎（　　）	捋须（　　）	厦门（　　）	判决（　　）
作坊（　　）	划拳（　　）	浊化（　　）	雪茄（　　）
陛下（　　）	几垛（　　）	滴血（　　）	货源（　　）
皂荚（　　）	诀窍（　　）	卧榻（　　）	计划（　　）
抢劫（　　）	套骡（　　）	岩崖（　　）	撅起（　　）
我瞧（　　）	挂漏（　　）	做作（　　）	蕨菜（　　）
浃背（　　）	买笋（　　）	间谍（　　）	磷钾（　　）
数见（　　）	天涯（　　）	昼夜（　　）	惊讶（　　）
蜗居（　　）	商榷（　　）	错愕（　　）	分蘖（　　）
两颊（　　）	雕琢（　　）	璧谢（　　）	撮嘴（　　）
姐丈（　　）	琐屑（　　）	顿挫（　　）	家庭（　　）
胰液（　　）	瓦刀（　　）	泄底（　　）	结实（　　）
洼地（　　）	别扭（　　）	捷径（　　）	夹克（　　）
轧平（　　）	华山（　　）	硕士（　　）	肩胛（　　）
拖曳（　　）	又获（　　）	缴械（　　）	或许（　　）
睫毛（　　）	镍钢（　　）	披枷（　　）	届期（　　）
肘腋（　　）	懈怠（　　）	披被（　　）	蹀血（　　）
也罢（　　）			

2. 读下面的这首词并注音，认真体会韵母的发音过程。

碧云天，黄叶地，秋色连波，波上寒烟翠。山映斜阳天接水。芳草无情，更在斜阳外。

黯乡魂，追旅思，夜夜除非，好梦留人睡。明月楼高休独倚。酒入愁肠，化作相思泪。

——范仲淹《苏幕遮》

3. 读下面的短文，标出每个字的声母。

有一年的春天，他醉醺醺地在街上走，在墙根的日光下，看见王胡在那里赤着膊捉虱子，他忽然觉得身上也痒起来了。这王胡，又癞又胡，别人都叫他王癞胡，阿Q却删去了一个癞字，然而非常藐视他。阿Q的意思，以为癞是不足为奇的，只有这一部分络腮胡子，实在太新奇，令人看不上眼。他于是并排坐下去了。倘是别的闲人们，阿Q本不敢大意坐下去。但这王胡旁边，他有什么怕呢？老实说：他肯坐下去，简直还是抬举他。

——节选自鲁迅《阿Q正传》

由南京大学、中国气象局、上海航天技术研究院等单位联合提出的"羲和二号"日地 L5 太阳探测工程，初步计划于 2026 年发射升空，这将是国际上首次将一颗人造探测器发射至日地 L5 点，开启我国太阳立体探测时代。

2021 年 10 月 14 日，"羲和号"卫星成功发射，标志着我国步入空间"探日"时代。在"羲和号"卫星发射基础上，"十四五"期间我国将重点推动"羲和二号"日地 L5 太阳探测工程实施。

第十届航天技术创新国际会议上，中国科学院院士方成谈到 L5 点探测的优点和价值："日地 L5 点为国际探测空白，在该区域探测科学意义重大、工程可行性较好、投入产出比高。结合近地观测，可实现太阳活动现象的三维重构，为揭示太阳爆发的物理机制提供关键信息；能够提前 4 到 5 天观测到即将面向地球的太阳活动，实时追踪面向地球的太阳爆发，给空间天气预报带来革命性突破。"

"羲和二号"发射后，将探索太阳活动区磁场的起源和演化、揭示太阳爆发的三维结构和物理机制、研究太阳爆发的传播规律和对地响应，为实现空间天气及时预警及准确预报提供关键数据和技术基础。

——节选自 2023 年 9 月 15 日《解放日报》

4．朗读下面的作品，可参考后面的拼音，尽量读准确，并给画线词语或你认为难读的词语注音。

作品 30 号

在闽西南和粤东北的崇山峻岭（　　　　）中，点缀着数以千计的圆形围屋（　　　　）或土楼，这就是被誉为"世界民居奇葩"的客家民居。

客家人是古代从中原繁盛的地区迁到南方的。他们的居住地大多在偏僻、边远的山区，为了防备盗匪的骚扰和当地人的排挤，便建造了营垒式住宅，在土中掺石灰（　　　　），用糯米饭、鸡蛋清作黏合剂（　　　　），以竹片、木条作筋骨，夯筑起墙厚一米，高十五米以上的土楼。它们大多为三至六层楼，一百至二百多间房屋如橘瓣状排列，布局均匀，宏伟壮观。大部分土楼有两三百年甚至五六百年的历史，经受无数次地震撼动、风雨侵蚀（　　　　）以及炮火攻击而安然无恙，显示了传统建筑文化的魅力。

客家先民崇尚圆形，认为圆是吉祥、幸福和安宁的象征。土楼围成圆形的房屋均按八卦布局排列，卦与卦之间设有防火墙，整齐划一。

客家人在治家、处事、待人、立身等方面，无不体现出明显的文化特征。比如，

许多房屋大门上刻着这样的正楷对联：“承前祖德勤和俭，启后子孙读与耕”，表现了
先辈希望子孙和睦相处、勤俭持家（　　　　　　　）的愿望。楼内房间大小一模一样，
他们不分贫富、贵贱，每户人家平等地分到底层至高层各//一间房。各层房屋的用途
惊人地统一，底层是厨房兼饭堂，二层当贮仓，三层以上作卧室，两三百人聚居一
楼，秩序井然，毫不混乱。土楼内所保留的民俗文化，让人感受到中华传统文化的深
厚久远。

——节选自张宇生《世界民居奇葩》

Zuòpǐn 30 Hào

　　Zài Mǐnxīnán hé Yuèdōngběi de chóngshān — jùnlǐng zhōng, diǎnzhuìzhe
shùyǐqiānjì de yuánxíng wéiwū huò tǔlóu, zhè jiù shì bèi yù wéi “shìjiè mínjū
qípā” de Kèjiā mínjū.

　　Kèjiārén shì gǔdài cóng Zhōngyuán fánshèng de dìqū qiāndào nánfāng de.
Tāmen de jūzhùdì dàduō zài piānpì, biānyuán de shānqū, wèile fángbèi dàofěi
de sāorǎo hé dāngdìrén de páijǐ, biàn jiànzàole yínglěishì zhùzhái, zài tǔ zhōng
chān shíhuī, yòng nuòmǐfàn, jīdànqīng zuò niánhéjì, yǐ zhúpiàn, mùtiáo zuò
jīngǔ, hāngzhù qǐ qiáng hòu yī mǐ, gāo shíwǔ mǐ yǐshàng de tǔlóu. Tāmen dàduō
wéi sān zhì liù céng lóu, yībǎi zhì èrbǎi duō jiān fángwū rú júbànzhuàng páiliè,
bùjú jūnyún, hóngwěi zhuàngguān. Dàbùfen tǔlóu yǒu liǎng—sānbǎi nián shènzhì
wǔ—liùbǎi nián de lìshǐ, jīngshòu wúshù cì dìzhèn hàndòng, fēngyǔ qīnshí yǐjí
pàohuǒ gōngjī ér ānrán—wúyàng, xiǎnshìle chuántǒng jiànzhù wénhuà de mèilì.

　　Kèjiā xiānmín chóngshàng yuánxíng, rènwéi yuán shì jíxiáng, xìngfú hé
ānníng de xiàngzhēng. Tǔlóu wéichéng yuánxíng de fángwū jūn àn bāguà bùjú
páiliè, guà yǔ guà zhījiān shè yǒu fánghuǒqiáng, zhěngqí—huàyī.

　　Kèjiārén zài zhìjiā, chǔshì, dàirén, lìshēn děng fāngmiàn, wú bù tǐxiàn chū
míngxiǎn de wénhuà tèzhēng. Bǐrú, xǔduō fángwū dàmén·shàng kèzhe zhèyàng
de zhèngkǎi duìlián: “Chéng qián zǔdé qín hé jiǎn, qǐ hòu zǐsūn dú yǔ gēng”,
biǎoxiànle xiānbèi xīwàng zǐsūn hémù xiāngchǔ, qínjiǎn chíjiā de yuànwàng. Lóu
nèi fángjiān dàxiǎo yīmú—yīyàng, tāmen bù fēn pínfù, guìjiàn, měi hù rénjiā
píngděng de fēndào dǐcéng zhì gāocéng gè// yī jiān fáng. Gè céng fángwū de
yòngtú jīngrén de tǒngyī, dǐcéng shì chúfáng jiān fàntáng, èr céng dàng
zhùcāng, sān céng yǐshàng zuò wòshì, liǎng—sānbǎi rén jùjū yī lóu, zhìxù
jǐngrán, háobù hùnluàn. Tǔlóu nèi suǒ bǎoliú de mínsú wénhuà, ràng rén
gǎnshòu dào Zhōnghuá chuántǒng wénhuà de shēnhòu jiǔyuǎn.

——Jiéxuǎn zì Zhāng Yǔshēng 《Shìjiè Mínjū Qípā》

第十六课　韵母 en eng 的训练

本课主要任务

1. 掌握韵母 en、eng 的发音要领，通过 en、eng 的训练，提高这两个韵母的发音能力，保证发音质量。
2. 熟练掌握所列以 en、eng 为韵母的一组词语的发音，达到字字精确。
3. 以《普通话水平测试实施纲要》31、32 号作品为主，进行一组练习，所列课后练习在一周内完成。

一、发音要点

1. en、eng 的发音分类

　　en、eng 都是鼻尾音韵母，其中 en 是前鼻尾音韵母，eng 是后鼻尾音韵母。两者都是在 e 发音的末尾附上鼻尾音。

2. en、eng 的发音方法

　　en、eng 在发音时先发 e，然后在后面分别发出 n、ng 两个辅音，是自然过渡，没有明显的界限，舌面先前而后后缩，与软颚轻抵完成发音。

　　这里的 n 的发音和声母发音时的状态基本一样，只是没有除阻的过程，也就是 n 在发音时到了部位要持阻，用舌尖轻抵上齿龈就可以了。

　　ng 则是舌面后浊鼻音。发音时，软颚下降，打开鼻腔通路，舌面后部后缩抵住软颚，气流颤动声带后从鼻腔通过。这个后鼻音在普通话里不做声母，作韵尾时也是在除阻的时候不发音，将舌面后部抬起或是将舌面后部轻轻抵一下软颚就可以。

二、词语练习

词语按 en、eng 分为两组。也可自由混合，达到 en、eng 对比练习的目的。

en 组

苯酚 běn fēn	喷香 pèn xiāng	愤事 fèn shì	蠢笨 chǔn bèn
粪筐 fèn kuāng	充分 chōng fèn	积恨 jī hèn	砧板 zhēn bǎn
热忱 rè chén	绅士 shēn shì	级任 jí rèn	斟酌 zhēn zhuó
诞辰 dàn chén	砷矿 shēn kuàng	妊娠 rèn shēn	日臻 rì zhēn
陈醋 chén cù	婶娘 shěn niáng	柔韧 róu rèn	震颤 zhèn chàn
趁势 chèn shì	甚于 shèn yú	烹饪 pēng rèn	朕谕 zhèn yù
称职 chèn zhí	什么 shén me	村镇 cūn zhèn	蜃景 shèn jǐng

eng 组

蓬勃 péng bó	盟誓 méng shì	冯氏 féng shì	瞪眼 dèng yǎn
耿介 gěng jiè	蹦极 bèng jí	膨栓 péng shuān	孟兄 mèng xiōng
凤凰 fèng huáng	澄清 dèng qīng	更加 gèng jiā	蚌埠 bèng bù
碰溅 pèng jiàn	蚱蜢 zhà měng	缝隙 fèng xì	锰钢 měng gāng
奉陪 fèng péi	正月 zhēng yuè	惩罚 chéng fá	症结 zhēng jié
程式 chéng shì	秉政 bǐng zhèng	半睁 bàn zhēng	驰骋 chí chěng
横财 hèng cái	整组 zhěng zǔ	曾经 céng jīng	承诺 chéng nuò
昌盛 chāng shèng	绷脸 běng liǎn	彭娜 péng nà	萌动 méng dòng
锋芒 fēng máng	刘邓 liú dèng	哽咽 gěng yè	

三、兴趣材料

读一读、练一练下面的绕口令。

棚倒盆碎 péng dǎo pén suì

老彭捧着一个盆，Lǎo Péng pěng·zhe yī gè pén，

路过老闻干活儿的棚，lù guò Lǎo Wén gàn//huór de·péng，

老闻的棚碰了老彭的盆，lǎo wén·de péng pèng·le lǎo péng·de pén，

棚倒盆碎棚砸盆，péng dǎo pén suì péng zá pén，

盆碎棚倒盆撞棚。pén suì péng dǎo pén zhuàng péng.

老彭要赔老闻的棚，lǎo péng yào péi lǎo wén·de péng，

老闻要赔老彭的盆，lǎo wén yào péi lǎo péng·de pén，

老闻陪着老彭去买盆，lǎo wén péi·zhe lǎo péng qù mǎi pén，

老彭陪着老闻来修棚。lǎo péng péi·zhe lǎo wén lái xiū péng.

四、短文朗读

朗读下面的短文，力求读对每一个字音。

Zuò pǐn sānshíyī Hào
作品 31 号

wǒ guó de jiàn zhù, cóng gǔ dài de gōng diàn dào jìn dài de yī bān zhù fáng, jué dà bù fen shì
我国的建筑，从古代的宫殿到近代的一般住房，绝大部分是

duì chèn de, zuǒ·biān zěn me yàng, yòu·biān yě zěn me yàng, sū zhōu yuán lín kě jué bù jiǎng·jiū duì
对称的，左边怎么样，右边也怎么样。苏州园林可绝不讲究对

chèn, hǎo xiàng gù yì bì miǎn shì de·dōng·biān yǒu le yī gè tíng zi huò zhě yī dào huí láng, xī·
称，好像故意避免似的。东边有了一个亭子或者一道回廊，西

biān jué bù huì lái yī gè tóng yàng de tíng zi huò zhě yī dào tóng yàng de huí láng, zhè shì wèi shén
边绝不会来一个同样的亭子或者一道同样的回廊。这是为什

me? wǒ xiǎng, yòng tú huà lái bǐ fang, duì chèn de jiàn zhù shì tú 'àn huà, bù shì měi shù huà, ér
么？我想，用图画来比方，对称的建筑是图案画，不是美术画，而

yuán lín shì měi shù huà, měi shù huà yāo qiú zì rán zhī qù, shì bù jiǎng·jiū duì chèn de·
园林是美术画，美术画要求自然之趣，是不讲究对称的。

sū zhōu yuán lín·lǐ dōu yǒu jiǎ shān hé chí zhǎo·
苏州园林里都有假山和池沼。

jiǎ shān de duī dié, kě yǐ shuō shì yī xiàng yì shù ér bù jǐn shì jì shù·huò zhě shì chóng luán-dié
假山的堆叠，可以说是一项艺术而不仅是技术。或者是重峦叠

zhàng, huò zhě shì jǐ zuò xiǎo shān pèi hé zhe zhú zi huā mù, quán zài hu shè jì zhě hé jiàng shī men
嶂，或者是几座小山配合着竹子花木，全在乎设计者和匠师们

shēng píng duō yuè lì, xiōng zhōng yǒu qiū hè, cái néng shǐ yóu lǎn zhě pān dēng de shí hou wàng què
生平多阅历，胸中有丘壑，才能使游览者攀登的时候忘却

Sū zhōu chéng shì, zhǐ jué de shēn zài shān jiān·
苏州城市，只觉得身在山间。

zhì yú chí zhǎo, dà duō yǐn yòng huó shuǐ·yǒu xiē yuán lín chí zhǎo kuān·chang, jiù bǎ chí zhǎo zuò
至于池沼，大多引用活水。有些园林池沼宽敞，就把池沼作

wéi quán yuán de zhōng xīn, qí tā jǐng wù pèi hé zhe bù zhì·shuǐ miàn jiǎ rú chéng hé dào mú yàng,
为全园的中心，其他景物配合着布置。水面假如成河道模样，

wǎng wǎng ān pái qiáo liáng·jiǎ rú ān pái liǎng zuò yǐ shàng de qiáo liáng, nà jiù yī zuò yī gè
往往安排桥梁。假如安排两座以上的桥梁，那就一座一个

yàng, jué bù léi tóng·
样，绝不雷同。

chí zhǎo huò hé dào de biān yán hěn shǎo qì qí zhěng de shí 'àn, zǒng shì gāo dī qū qū rèn qí
池沼或河道的边沿很少砌齐整的石岸，总是高低屈曲任其

zì rán·hái zài nàr　bù zhǐ jǐ kuài líng lóng de shí tóu，huò zhě zhòng xiē huā cǎo·zhè yě shì wèi le
自 然·还 在 那 儿 布 置 几 块 玲 珑 的 石 头，或 者 种 些 花 草·这 也 是 为 了

qǔ dé cóng gè gè jiǎo dù kàn dōu chéng yī fú huà de xiào guǒ·chí zhǎo·lǐ yǎng zhe jīn yú huò gè
取 得 从 各 个 角 度 看 都 成 一 幅 画 的 效 果·池 沼·里 养 着 金 鱼 或 各

sè lǐ yú，xià·qiū jì jié hé huā huò shuì lián // kāi fàng，yóu lǎn zhě kàn"yú xì lián yè jiān"，yòu
色 鲤 鱼，夏 秋 季 节 荷 花 或 睡 莲 // 开 放，游 览 者 看"鱼 戏 莲 叶 间"，又

shì rù huà de yī jǐng·
是 入 画 的 一 景·

—— Jié xuǎn zì Yè Shèng táo《Sū zhōu Yuán lín》
——节 选 自 叶 圣 陶《苏 州 园 林》

五、课后练习

1. 按本来的读音给下面的词语注音，读一读。

瞪眼（　　）	积恨（　　）	蹦极（　　）	称职（　　）
蜃景（　　）	柔韧（　　）	哽咽（　　）	绅士（　　）
曾经（　　）	砷矿（　　）	绷脸（　　）	驰骋（　　）
彭娜（　　）	陈醋（　　）	蓬勃（　　）	蠢笨（　　）
程式（　　）	朕谕（　　）	半晌（　　）	斟酌（　　）
整组（　　）	缝隙（　　）	更加（　　）	甚于（　　）
症结（　　）	趁势（　　）	正月（　　）	愤事（　　）
冯氏（　　）	喷香（　　）	秉政（　　）	热忱（　　）
凤凰（　　）	村镇（　　）	碰溅（　　）	妊娠（　　）
昌盛（　　）	日臻（　　）	蚌埠（　　）	诞辰（　　）
刘邓（　　）	震颤（　　）	萌动（　　）	姊娘（　　）
盟誓（　　）	苯酚（　　）	充分（　　）	耿介（　　）
粪筐（　　）	锋芒（　　）	膨栓（　　）	砧板（　　）
横财（　　）	级任（　　）	澄清（　　）	什么（　　）
蚱蜢（　　）	奉陪（　　）	承诺（　　）	孟兄（　　）
惩罚（　　）	烹饪（　　）	锰钢（　　）	

2. 读下面的这首词并注音，请注意韵母的发音质量。

驿外断桥边，寂寞开无主。已是黄昏独自愁，更著风和雨。

无意苦争春，一任群芳妒。零落成泥碾作尘，只有香如故。

——陆游《卜算子》

3. 读下面的短文，标出每个字的声母。

　　随着夜的脚步，那月华渐渐地褪去罕见的金色，变得白炽起来，同时，她徐徐地，几乎让你感觉不到地上升起来。月色比先前更妩媚、更迷人了，沾着看不见的甜湿的夜露，一页页翻开在旷野上——远处堤上的柳条，身旁坡上的紫丁香，一齐楚楚地向我伸展过来，把树枝和幼草的影儿投射在河堤上。宿鸟在枝头上叫着，小虫子在草棵子里蹦着，田里的庄稼在拔节生长着，田野中也有千万生命在欢腾，花和沉静的草，越发显得芳香扑鼻……这时，你可以尽兴领略夏夜的安谧与恬静，夏夜的醇厚与丰富，夏夜的深邃与喧嚣……

——节选自郭保林《我寄情思与明月》

　　日前，由中国轻工业信息中心、中国家用电器研究院等联合举办的轻工适老创新产品系列活动新闻发布会 19 日在北京举行。记者从会上获悉：首届轻工适老创新产品博览会将于今年 11 月 23 日至 26 日在安徽省芜湖市举办，活动以"服务养老产业创造美好生活"为主题，旨在有效对接产业园区、康养服务机构及社区，交流新一代信息技术、工业设计在适老助老领域的应用，推动轻工适老产品制造企业协同共生。庞大的老年消费群体，蕴含着广阔市场空间。促进老年人群安全放心消费、发展银发经济，既是关爱老年群体、提高人民生活品质的要求，也是轻工企业转型升级迈向高质量发展的突破口。中国轻工业联合会秘书长、中国轻工业信息中心主任郭永新介绍，目前《智慧养老家居产品通用技术要求》行业标准正在加快制定，未来将有效规范家居产品的适老性能，通过技术标准积极解决相关问题和产品劣质、低端、同质等问题，增强产品和技术服务的协调性，更好满足老年人多样化、多层次的需求。

——节选自 2023 年 09 月 20 日人民网

4. 朗读下面的作品，可参考后面的拼音，尽量读准确，并给画线词语或你认为难读的词语注音。

作品 32 号

　　泰山极顶（　　　　　　）看日出，历来被描绘成十分壮观（　　　　　　）的奇景。有人说：登泰山而看不到日出（　　　　　　），就像一出大戏没有戏眼，味儿终究有点儿寡淡。

我去爬山那天，正赶上个难得的好天，万里长空，云彩丝儿都不见。素常烟雾腾腾的山头，显得眉目分明。同伴们都欣喜地说："明天早晨准可以看见日出了。"我也是抱着这种想头，爬上山去。

一路从山脚往上爬，细看山景，我觉得挂在眼前的不是五岳独尊的泰山，却像一幅规模惊人的<u>青绿山水画</u>（　　　　　），从下面倒展开来。在画卷中最先露出的是山根底那座明朝建筑岱宗坊（　　　　　），慢慢地便现出王母池、斗母宫、<u>经石峪</u>（　　　　　）。山是一层比一层深，一叠比一叠奇，层层叠叠，不知还会有多深多奇。<u>万山丛中</u>（　　　　　），时而点染着极其工细的人物。王母池旁的吕祖殿里有不少尊明塑，塑着吕洞宾等一些人，姿态<u>神情</u>（　　　　　）是那样有生气，你看了，不禁会脱口赞叹说："活啦。"

画卷继续展开，绿阴森森的柏洞露面不太久，便来到对松山。两面奇峰<u>对峙着</u>（　　　　　），满山峰都是奇形怪状的老松，年纪怕都有上千岁了，颜色竟那么浓，浓得好像要流下来似的。来到这儿，你不妨权当一次画里的写意人物，坐在路旁的对松亭里，看看山色，听听流//水和松涛。

一时间，我又觉得自己不仅是在看画卷，却又像是在零零乱乱翻着一卷历史稿本。

——节选自杨朔《泰山极顶》

Zuòpǐn 32 Hào

Tài Shān jí dǐng kàn rìchū, lìlái bèi miáohuì chéng shífēn zhuàngguān de qíjǐng. Yǒu rén shuō: Dēng Tài Shān ér kàn • bùdào rìchū, jiù xiàng yī chū dàxì méi • yǒu xìyǎn, wèir zhōngjiū yǒu diǎnr guǎdàn.

Wǒ qù páshān nà tiān, zhèng gǎn • shàng gè nándé de hǎotiān, wànlǐ chángkōng, yúncaisīr dōu bù jiàn. Sùcháng yānwù téngténg de shāntóu, xiǎn • dé méi • mù fēnmíng. Tóngbànmen dōu xīnxǐ de shuō: "Míngtiān zǎo • chen zhǔn kěyǐ kàn • jiàn rìchū le." Wǒ yě shì bàozhe zhè zhǒng xiǎngtou, pá • shàng shān • qù.

Yīlù cóng shānjiǎo wǎngshàng pá, xì kàn shānjǐng, wǒ jué • de guà zài yǎnqián de bù shì Wǔ Yuè dú zūn de Tài Shān, què xiàng yī fú guīmó jīngrén de qīnglǜ shānshuǐhuà, cóng xià • miàn dào zhǎn kāi • lái. Zài huàjuàn zhōng zuì xiān lòuchū de shì shāngēn dǐ nà zuò Míngcháo jiànzhù Dàizōngfāng, mànmàn de biàn xiànchū Wángmǔchí、Dòumǔgōng、Jīngshíyù. Shān shì yī céng bǐ yī céng shēn, yī dié bǐ yī dié qí, céngcéng diédié, bù zhī hái huì yǒu duō shēn duō qí. Wàn shān cóng zhōng, shí'ér diǎnrǎnzhe jíqí gōngxì de rénwù. Wángmǔchí páng de Lǚzǔdiàn • lǐ yǒu bùshǎo zūn míngsù, sùzhe Lǚ Dòngbīn děng yīxiē rén, zītài shénqíng shì nàyàng yǒu shēngqì, nǐ kàn le, bùjīn huì tuōkǒu zàntàn shuō: "Huó la."

Huàjuàn jìxù zhǎnkāi, lùyīn sēnsēn de Bǎidòng lòumiàn bù tài jiǔ, biàn
láidào Duìsōngshān. Liǎngmiàn qífēng duìzhìzhe, mǎn shānfēng dōu shì qíxíng—
guàizhuàng de lǎosōng, niánjì pà dōu yǒu shàng qiān suì le, yánsè jìng nàme
nóng, nóng de hǎoxiàng yào liú xià · lái shìde. Láidào zhèr, nǐ bùfáng quán
dāng yī cì huà · lǐ de xiěyì rénwù, zuò zài lùpáng de Duìsōngtíng · lǐ, kànkan
shānsè, tīngting liú//shuǐ hé sōngtāo.

Yī shíjiān, wǒ yòu jué · de zìjǐ bùjǐn shì zài kàn huàjuàn, què yòu xiàng shì
zài línglíng luànluàn fānzhe yī juàn lìshǐ gǎoběn.

——Jiéxuǎn zì Yáng Shuò《Tài Shān Jí Dǐng》

第十七课 韵母 in ing 的训练

本课主要任务

1. 掌握韵母 in、ing 的发音要领，通过 in、ing 的训练，提高这两个韵母的发音能力，保证发音质量。
2. 熟练掌握所列以 in、ing 为声母的一组词语的发音，达到字字精确。
3. 以《普通话水平测试实施纲要》33、34 号作品为主，进行一组练习，所列课后练习在一周内完成。

一、发音要点

1. in、ing 的发音分类

in、ing 是鼻尾音韵母，其中 in 是前鼻尾音韵母，ing 是后鼻尾音韵母。

2. in、ing 的发音方法

in、ing 的发音和其他的鼻尾音韵母一样，是在元音发音的基础上附上鼻尾音 n、ng。不过，这里的 n、ng 同样要求只持阻，不除阻，不能像单发或 n 作声母那样强调和延长。n、ng 的发音在这里比较模糊，但又和前面的 i 相连贯。

二、词语练习

词语按 in、ing 分为两组。也可自由混合，达到 in、ing 对比练习的目的。

in 组

鳞爪 lín zhǎo　　　无垠 wú yín　　　蹂躏 róu lìn　　　寅时 yín shí

吝啬 lìn sè　　　　镀银 dù yín　　　　拎桶 līn tǒng　　　　府尹 fǔ yǐn

援引 yuán yǐn　　　赌瘾 dǔ yǐn　　　　饮马 yìn mǎ　　　　矜夸 jīn kuā

寝室 qǐn shì　　　　馨香 xīn xiāng　　　噤声 jìn shēng　　　沁河 Qìn hé

宠信 chǒng xìn　　　挑衅 tiǎo xìn　　　谨慎 jǐn shèn　　　锦葵 jǐn kuí

尽头 jìn tóu　　　　晋升 jìn shēng　　　浸润 jìn rùn　　　　禁受 jīn shòu

靳家 Jìn jia

ing 组

摒除 bìng chú　　　砚铭 yàn míng　　　纱锭 shā dìng　　　舰艇 jiàn tǐng

太泞 tài nìng　　　丘陵 qiū líng　　　荣膺 róng yīng　　　钉扣 dìng kòu

宁可 nìng kě　　　绫缎 líng duàn　　　逢迎 féng yíng　　　羚羊 líng yáng

澄莹 chéng yíng　　雀翎 què líng　　　萦绕 yíng rào　　　适龄 shì líng

硬颚 yìng' è　　　另攒 lìng zǎn　　　应答 yìng dá　　　　荧光 yíng guāng

镜框 jìng kuàng　　爱卿 ài qīng　　　邢斋 xíng zhāi　　　巨鲸 jù jīng

高擎 gāo qíng　　　型材 xíng cái　　　竞跑 jìng pǎo　　　庆寿 qìng shòu

唤醒 huàn xǐng　　　颈项 jǐng xiàng　　击磬 jī qìng　　　　杏脯 xìng fǔ

警惕 jǐng tì　　　　幸福 xìng fú　　　　胫骨 jìng gǔ　　　　雌性 cí xìng

三、兴趣材料

读一读、练一练下面的绕口令。

敬母亲 jìng mǔ·qīn

生身亲母亲，shēng shēn qīn mǔ·qīn，

谨请您就寝，jǐn qǐng nín jiù qǐn，

请您心宁静，qǐng nín xīn níng jìng，

身心定要紧。shēn xīn dìng yào jǐn.

新星伴月明，xīn xīng bàn yuè míng，

银光澄清清，yín guāng chéng qīng qīng，

尽是清静境，jìn shì qīng jìng jìng，

警铃不要惊，jǐng líng bù yào jīng，

您醒我轻进，nín xǐng wǒ qīng jìn，

敬心听叮咛。jìng xīn tīng dīng níng.

四、短文朗读

朗读下面的短文，力求读对每一个字音。

作品 33 号

在太空的黑幕上，地球就像站在宇宙舞台中央那位最美
的大明星，浑身散发出夺人心魄的、彩色的、明亮的光芒，她披
着浅蓝色的纱裙和白色的飘带，如同天上的仙女缓缓飞行。

地理知识告诉我，地球上大部分地区覆盖着海洋，我果然看到了
大片蔚蓝色的海水，浩瀚的海洋骄傲地披露着广阔壮观的
全貌，我还看到了黄绿相间的陆地，连绵的山脉纵横其间；
我看到我们平时所说的天空，大气层中飘浮着片片雪白的云
彩，那么轻柔，那么曼妙，在阳光普照下，仿佛贴在地面上一
样。海洋、陆地、白云，它们呈现在飞船下面，缓缓驶来，又缓
缓离去。

我知道自己还是在轨道上飞行，并没有完全脱离地球的
怀抱，冲向宇宙的深处，然而这也足以让我震撼了，我并不
能看清宇宙中众多的星球，因为实际上它们离我们的距离
非常遥远，很多都是以光年计算。正因为如此，我觉得宇宙
的广袤真实地摆在我的眼前，即便作为中华民族第一个飞
天的人我已经跑到离地球表面四百公里的空间，可以称为太

kōng rén le，dàn shì shí jì ·shàng zài hào hàn de yǔ zhòu miàn qián，wǒ jǐn xiàng yī lì chén'āi·
空 人 了，但 是 实 际 上 在 浩 瀚 的 宇 宙 面 前，我 仅 像 一 粒 尘 埃。

　　suī rán dú zì zài tài kōng fēi xíng，dàn wǒ xiǎng dào le cǐ kè qiān wàn//Zhōng guó rén qiào shǒu
　　虽 然 独 自 在 太 空 飞 行，但 我 想 到 了 此 刻 千 万//中 国 人 翘 首

yǐ dài，wǒ bù shì yī gè rén zài fēi，wǒ shì dài biǎo suǒ yǒu Zhōng guó rén，shèn zhì rén lèi lái dào
以 待，我 不 是 一 个 人 在 飞，我 是 代 表 所 有 中 国 人，甚 至 人 类 来 到

le tài kōng·wǒ kàn dào de yī qiē zhèng míng le Zhōng guó háng tiān jì shù de chéng gōng，wǒ rèn wéi
了 太 空。我 看 到 的 一 切 证 明 了 中 国 航 天 技 术 的 成 功，我 认 为

wǒ de xīn qíng yī dìng yào biǎo dá yī xià，jiù ná chū tài kōng bǐ，zài gōng zuò rì zhì bèi miàn xiě le
我 的 心 情 一 定 要 表 达 一 下，就 拿 出 太 空 笔，在 工 作 日 志 背 面 写 了

yī jù huà　"Wèi le rén lèi de hé píng yǔ jìn bù，Zhōng guó rén lái dào tài kōng le·" yǐ cǐ lái
一 句 话："为 了 人 类 的 和 平 与 进 步，中 国 人 来 到 太 空 了。"以 此 来

biǎo dá yī gè Zhōng guó rén de jiāo'ào hé zì háo·
表 达 一 个 中 国 人 的 骄 傲 和 自 豪。

　　　　　　　　　　　　　—— Jié xuǎn zì Yáng Lì wěi《Tiān Dì Jiǔ Chóng》
　　　　　　　　　　　　　——节 选 自 杨 利 伟《天 地 九 重》

五、课后练习

1. 按本来的读音给下面的词语注音，读一读。

应答（　　）	晋升（　　）	爱卿（　　）	羚羊（　　）
击磬（　　）	嗫声（　　）	型材（　　）	靳家（　　）
雌性（　　）	锦葵（　　）	砚铭（　　）	巨鲸（　　）
蹂躏（　　）	舰艇（　　）	宁可（　　）	矜夸（　　）
萦绕（　　）	馨香（　　）	唤醒（　　）	府尹（　　）
荣膺（　　）	镀银（　　）	镜框（　　）	挑衅（　　）
幸福（　　）	宠信（　　）	硬颚（　　）	鳞爪（　　）
丘陵（　　）	拎桶（　　）	逢迎（　　）	饮马（　　）
庆寿（　　）	寝室（　　）	颈项（　　）	摒除（　　）
尽头（　　）	胫骨（　　）	太泞（　　）	禁受（　　）
适龄（　　）	赌瘾（　　）	杏脯（　　）	吝啬（　　）
邢斋（　　）	雀翎（　　）	高擎（　　）	纱锭（　　）
谨慎（　　）	警惕（　　）	无垠（　　）	钉扣（　　）
沁河（　　）	澄莹（　　）	竞跑（　　）	浸润（　　）
荧光（　　）	绫缎（　　）	援引（　　）	另攒（　　）
寅时（　　）			

2. 读下面的这首诗并注音。这首诗的韵母对应较多，请留意区别，并力求读得精确。

清晨入古寺，初日照高林。

曲径通幽处，禅房花木深。

山光悦鸟性，潭影空人心。

万籁此俱寂，惟闻钟磬音。

——常建《破山寺后禅院》

3. 读下面的短文，标出每个字的声母（"翳"读作yì，"薮"读作sǒu，均不在普通话测试用字的范围）。

哦，托给那一脉幽幽的月光吧——那湿漉漉、晶莹莹的月光，会翻过山岭，跨过河流，穿过翳密的林薮，载着我厚墩墩的情思，把一朵朵鲜润润的吻，一声声热乎乎的问候，给我的小河，给我的白杨林，给我的梨园，给我的场院，给每一朵野花，给每一株小草，给颤动在花瓣上的点点晨露，给洒落在草叶上的红头蜻蜓……啊，给我那像按在平原上一枚图钉大小的乡村。

——节选自郭保林《我寄情思与明月》

党的二十大报告将科普作为提高全社会文明程度的重要举措，强调"加强国家科普能力建设"。带动更多科技工作者支持参与科普事业，将为促进全民科学素质提升、加快实现高水平科技自立自强作出更大贡献。

当前正值世界百年未有之大变局，机遇与挑战前所未有。在新一轮科技革命和产业变革背景下，唯有不断加大科技创新力度、提升公民科学素质、提升科技发展水平，才能阔步科技前沿、掌握科创高地，在复杂的国际科技竞争中取得战略主动。

一方面，要加快完善科普事业政策体系，通过加强顶层设计、提供政策引导、完善激励机制，不断加强科普事业工作标准化、规范化建设，让科普事业发展更好与教育强国、科技强国、人才强国建设的战略部署深度耦合，与科技创新、产业发展、社会治理等领域有效衔接；另一方面，要不断推进科普主体多元化，致力于形成"党的领导、政府推动、全民参与、社会协同、开放合作"的科普工作建设模式，将科普主体责任落实落细，培养壮大科普人才队伍，持续构建社会、政府、市场协同推进的社会化科普大格局，实现科普生态系统良性循环与可持续发展。

相关数据显示，截至2022年，我国公民具备科学素质比例达12.93%，比2015年提高了6.73个百分点，体现了高水平科普助力全民科学素养提升的显著成效，为我国进入创新型国家行列提供了有力支撑。

——节选自 2023 年 7 月 26 日《光明日报》

4. 朗读下面的作品，可参考后面的拼音，尽量读准确，并给画线词语或你认为难读的词语注音。

作品 34 号

最使我难忘的，是我小学时候的<u>女教师</u>（　　　　）蔡芸芝先生。

现在回想起来，她那时有十八九岁。右嘴角边有榆钱大小一块黑痣。在我的记忆里，她是一个温柔和美丽的人。

她从来不打骂我们。仅仅有一次，她的教鞭好像要落下来，我用石板一迎，教鞭轻轻地敲在<u>石板边上</u>（　　　　），大伙笑了，她也笑了。我用儿童的狡猾的眼光察觉，她爱我们，并没有存心要打的意思。孩子们是多么善于观察这一点啊。

在课外的时候，她教我们跳舞，我现在还记得她把我<u>扮成女孩子</u>（　　　　）表演跳舞的情景。

在假日里，她把我们带到她的家里和女朋友的家里。在她的女朋友的园子里，她还让我们观察蜜蜂；也是在那时候，我认识了蜂王，并且平生第一次吃了蜂蜜。

她爱诗，并且爱用歌唱的<u>音调</u>（　　　　）教我们读诗。直到现在我还记得她读诗的音调，还能背诵她教我们的诗：

圆天盖着大海，

黑水托着孤舟，

远看不见山，

<u>那天边只有云头</u>（　　　　），

也看不见树，

那水上只有海鸥……

今天想来，她对我的接近文学和爱好文学，是有着多么<u>有益</u>的影响（　　　　）！

像这样的教师，我们怎么会不喜欢她，怎么会不愿意和她亲近呢？我们见了她不由得就围上去。即使她写字的时候，我//们也默默地看着她，连她握铅笔的姿势都急于模仿。

——节选自魏巍《我的老师》

Zuòpǐn 34 Hào

Zuì shǐ wǒ nánwàng de，shì wǒ xiǎoxué shíhou de nǔjiàoshī Cài Yúnzhī xiānsheng.

Xiànzài huíxiǎng qǐ·lái，tā nà shí yǒu shíbā—jiǔ suì. Yòu zuǐjiǎo biān yǒu yúqián dàxiǎo yī kuàir hēizhì. Zài wǒ de jìyì·lǐ，tā shì yī gè wēnróu hé měilì de rén.

Tā cónglái bù dǎmà wǒmen. Jǐnjǐn yǒu yī cì, tā de jiàobiān hǎoxiàng yào luò xià • lái, wǒ yòng shíbǎn yī yíng, jiàobiān qīngqīng de qiāo zài shíbǎn biān • shàng, dàhuǒr xiào le, tā yě xiào le. Wǒ yòng értóng de jiǎohuá de yǎnguāng chájué, tā ài wǒmen, bìng méi • yǒu cúnxīn yào dǎ de yìsī. Háizimen shì duōme shànyú guānchá zhè yī diǎn a.

Zài kèwài de shíhou, tā jiāo wǒmen tiàowǔ, wǒ xiànzài hái jìde tā bǎ wǒ bànchéng nǚháizi biǎoyǎn tiàowǔ de qíngjǐng.

Zài jiàrì • lǐ, tā bǎ wǒmen dàidào tā de jiā • lǐ hé nǚpéngyou de jiā • lǐ. Zài tā de nǚpéngyou de yuánzi • lǐ, tā hái ràng wǒmen guānchá mìfēng; yě shì zài nà shíhou, wǒ rènshile fēngwáng, bìngqiě píngshēng dì—yī cì chīle fēngmì.

Tā ài shī, bìngqiě ài yòng gēchàng de yīndiào jiāo wǒmen dú shī. Zhí dào xiànzài wǒ hái jìdé tā dú shī de yīndiào, hái néng bèisòng tā jiāo wǒmen de shī:

Yuán tiān gàizhe dàhǎi,

Hēishuǐ tuōzhe gūzhōu,

Yuǎn kàn • bù jiàn shān,

Nà tiānbiān zhǐyǒu yúntóu,

Yě kàn • bù jiàn shù,

Nà shuǐ • shàng zhǐyǒu hǎi'ōu ……

Jīntiān xiǎnglái, tā duì wǒ de jiējìn wénxué hé àihǎo wénxué, shì yǒuzhe duōme yǒuyì de yǐngxiǎng!

Xiàng zhèyàng de jiàoshī, wǒmen zěnme huì bù xǐhuān tā, zěnme huì bù yuànyì hé tā qīnjìn ne? Wǒmen jiànle tā bùyóude jiù wéi shàng • qù. Jíshǐ tā xiězì de shíhou, wǒ // men yě mòmò de kànzhe tā, lián tā wò qiānbǐ de zīshì dōu jíyú mófǎng.

——Jiēxuǎn zì Wèi Wēi《Wǒ de Lǎoshī》

第十八课　韵母ün iong ong的训练

本课主要任务

1. 掌握韵母 ün、iong、ong 的发音要领，通过 ün、iong、ong 的训练，提高这三个韵母的发音能力，保证发音质量。
2. 熟练掌握所列以 ün、iong、ong 为韵母的一组词语的发音，达到字字精确。
3. 以《普通话水平测试实施纲要》35、36 号作品为主，进行一组练习，所列课后练习在一周内完成。

一、发音要点

1. ün 、iong 、ong 的发音分类

　　ün、iong、ong 的发音分类，和其他有鼻尾音的韵母是一样的，其中 ün 是前鼻尾音韵母，iong、ong 是后鼻尾音韵母，是在元音 i、o、ü 的基础上附上鼻音 n 或 ng 构成的。鼻尾音在这组韵母的发音末尾比较模糊，但一定要到位。

2. ün 、iong 、ong 的发音方法

　　ün 在发音时是在 ü 的基础上加上前鼻韵尾 n，这时的 ü 没有单发时口腔那么圆。实际读音中，口腔的开度大些，舌位也略靠后。

　　ong 在发音时是在 o 的发音基础上加后鼻尾音 ng。这时的 o 和单发时也不一样，口腔开度在 u、o 之间，开度稍大，舌位稍低，但口腔始终是圆唇的。

　　iong 在发音时是 i＋ong，先发元音 i，再发韵母 ong，连起来发音时，受到 o 的影响，一开始发音 i 就有撮口的动作，口腔的开度略大，发音的幅度略小。

二、词语练习

词语按 ün、iong、ong 分为三组。也可自由混合进行对比练习。

ün 组

纷纭 fēn yún	耕耘 gēng yún	晕倒 yūn dǎo	底蕴 dǐ yùn
郡县 Jùn xiàn	驯鹰 xùn yīng	严峻 yán jùn	咨询 zī xún
骏仔 jùn zǎi	因循 yīn xún	完竣 wán jùn	皲裂 jūn liè
防汛 fáng xùn	迅速 xùn sù	逊色 xùn sè	

iong 组

雇佣 gù yōng	簇拥 cù yōng	痈疽 yōng jū	壅土 yōng tǔ
臃肿 yōng zhǒng	永志 yǒng zhì	勇敢 yǒng gǎn	蚕蛹 cán yǒng
踊跃 yǒng yuè	佣金 yòng jīn	炯亮 jiǒng liàng	汹涌 xiōng yǒng

ong 组

冷冻 lěng dòng	捂痛 wǔ tòng	隆重 lóng zhòng	恭喜 gōng xǐ
栋梁 dòng liáng	几通 jǐ tòng	笼络 lǒng luò	鞠躬 jū gōng
陇山 Lǒng shān	龚嫂 Gōng sǎo	垄陌 lǒng mò	弄堂 lòng táng
纳贡 nà gòng	洪炉 hóng lú	粽子 zòng·zi	栽种 zāi zhòng
崇敬 chóng jìng	耸立 sǒng lì	鸿儒 hóng rú	仲冬 zhòng dōng
哄骗 hǒng piàn	颂扬 sòng yáng	播送 bō sòng	

三、兴趣材料

读一读、练一练下面的绕口令。

穷兄寻水 qióng xiōng xún shuǐ

郡东井竣工，jùn dōng jǐng jùn gōng，
郡西井竣工，jùn xī jǐng jùn gōng，
寻水一群人，xún shuǐ yī qún rén，
熊样一穷兄。xióng yàng yī qióng xiōng．
裙系一木桶，qún jì yī mù tǒng，
胸挂一木桶，xiōng guà yī mù tǒng，
郡东到郡西，jùn dōng dào jùn xī，
郡西到郡东，jùn xī dào jùn dōng，
水不满一桶，shuǐ bù mǎn yī tǒng，
问讯均称窘，wèn xùn jūn chēng jiǒng，
桶上净窟窿。tǒng shàng jìng kū long．

四、短文朗读

朗读下面的短文，力求读对每一个字音。

Zuò pǐn Sānshíwǔ Hào
作品　35　号

wǒ xǐ huān chū fā.
我 喜欢 出发。

fán shì dào dá le de dì fang, dōu shǔ yú zuó tiān. nǎ pà nà shān zài qīng, nà shuǐ zài xiù, nà
凡是 到达了 的 地方，都 属于 昨天。哪怕 那 山 再 青，那 水 再 秀，那

fēng zài wēn róu. tài shēn de liú lián biàn chéng le yī zhǒng jī bàn, bàn zhù de bù jǐn yǒu shuāng jiǎo,
风 再 温柔。太 深 的 流连 便 成了 一 种 羁绊，绊住 的 不仅 有 双 脚，

hái yǒu wèi lái.
还有 未来。

zěn me néng bù xǐ huān chū fā ne? méi jiàn guo dà shān de wēi'é, zhēn shì yí hàn　jiàn le dà
怎么 能 不喜欢 出发 呢? 没见过 大山 的 巍峨，真是 遗憾　见了 大

shān de wēi'é méi jiàn guo dà hǎi de hào hàn, réng rán yí hàn　jiàn le dà hǎi de hào hàn méi jiàn
山 的 巍峨 没见过 大海 的 浩瀚，仍然 遗憾　见了 大海 的 浩瀚 没见

guo dà mò de guǎng mào, yī jiù yí hàn　jiàn le dà mò de guǎng mào méi jiàn guo sēn lín de shén mì,
过 大漠 的 广袤，依旧 遗憾　见了 大漠 的 广袤 没见过 森林 的 神秘，

hái shì yí hàn. shì jiè·shàng yǒu bù jué de fēng jǐng, wǒ yǒu bù lǎo de xīn qíng.
还是 遗憾。世界 上 有 不绝 的 风景，我 有 不老 的 心情。

wǒ zì·rán zhī·dào, dà shān yǒu kǎn kē, dà hǎi yǒu làng tāo, dà mò yǒu fēng shā, sēn lín yǒu
我 自然 知道，大山 有 坎坷，大海 有 浪涛，大漠 有 风沙，森林 有

měng shòu. jí biàn zhè yàng, wǒ yī rán xǐ huan.
猛 兽。即便 这样，我 依然 喜欢。

dǎ pò shēng huó de píng jìng biàn shì lìng yī fān jǐng zhì, yī zhǒng shǔ yú nián qīng de jǐng zhì.
打破 生活 的 平静 便 是 另一番 景致，一 种 属于 年轻 的 景致。

zhēn qìng xìng, wǒ hái méi·yǒu lǎo. jí biàn zhēn lǎo le yòu zěn me yàng, bù shì yǒu jù huà jiào lǎo
真 庆幸，我 还没有 老。即便 真 老了 又 怎么样，不是 有句 话 叫 老

dāng yì zhuàng ma?
当 益 壮 吗?

yú shì, wǒ hái xiǎng cóng dà shān nà·lǐ xué xí shēn kè, wǒ hái xiǎng cóng dà hǎi nà·lǐ xué
于是，我 还 想 从 大山 那里 学习 深刻，我 还 想 从 大海 那里 学

xí yǒng gǎn, wǒ hái xiǎng cóng dà mò nà·lǐ xué xí chén zhuó, wǒ hái xiǎng cóng sēn lín nà·lǐ xué
习 勇敢，我 还 想 从 大漠 那里 学习 沉着，我还 想 从 森林 那里 学

xí jī mǐn. wǒ xiǎng xué zhe pǐn wèi yī zhǒng bīn fēn de rén shēng.
习 机敏。我 想 学着 品味 一 种 缤纷 的 人生。

rén néng zǒu duō yuǎn？zhè huà bù shì yào wèn liǎng jiǎo ér shì yào wèn zhì xiàng·rén néng
人 能 走 多 远？这 话 不 是 要 问 两 脚 而 是 要 问 志 向。人 能

pān duō gāo？zhè shì bù shì yào wèn shuāng shǒu ér shì yào wèn yì zhì·yú shì，wǒ xiǎng yòng qīng
攀 多 高？这 事 不 是 要 问 双 手 而 是 要 问 意 志。于 是，我 想 用 青

chūn de rè xuè gěi zì jǐ shù qǐ yī gè gāo yuǎn de mù biāo·bù jǐn shì wèi le zhēng qǔ yī zhǒng
春 的 热 血 给 自 己 树 起 一 个 高 远 的 目 标。不 仅 是 为 了 争 取 一 种

guāng róng，gèng shì wèi le zhuī qiú yī zhǒng jìng jiè·mù biāo shí xiàn le，biàn shì guāng róng mù
光 荣，更 是 为 了 追 求 一 种 境 界。目 标 实 现 了，便 是 光 荣；目

biāo shí xiàn ·bù le，rén shēng yě huì yīn//zhè yī lù fēng yǔ bá shè biàn de fēng fù ér chōng shí
标 实 现 不 了，人 生 也 会 因//这 一 路 风 雨 跋 涉 变 得 丰 富 而 充 实；

zài wǒ kàn lái，zhè jiù shì bù xū - cǐ shēng·
在 我 看 来，这 就 是 不 虚 此 生 。

shì de，wǒ xǐ huan chū fā，yuàn nǐ yě xǐ huan·
是 的，我 喜 欢 出 发，愿 你 也 喜 欢 。

—— Jié xuǎn zì Wāng Guó zhēn《Wǒ Xǐ Huān Chū fā》
——节 选 自 汪 国 真《我 喜 欢 出 发》

五、课后练习

1. 按本来的读音给下面的词语注音，读一读。

皲裂（　　）	鞠躬（　　）	勇敢（　　）	隆重（　　）
颂扬（　　）	严峻（　　）	垄陌（　　）	耸立（　　）
臃肿（　　）	几通（　　）	因循（　　）	洪炉（　　）
汹涌（　　）	底蕴（　　）	痛疽（　　）	仲冬（　　）
郡县（　　）	簇拥（　　）	耕耘（　　）	栋梁（　　）
迅速（　　）	龚嫂（　　）	佣金（　　）	纳贡（　　）
播送（　　）	逊色（　　）	捂痛（　　）	壅土（　　）
晕倒（　　）	踊跃（　　）	栽种（　　）	防汛（　　）
陇山（　　）	骏仔（　　）	冷冻（　　）	雇佣（　　）
鸿儒（　　）	咨询（　　）	哄骗（　　）	永志（　　）
弄堂（　　）	完竣（　　）	粽子（　　）	蚕蛹（　　）
崇敬（　　）	驯鹰（　　）	纷纭（　　）	炯亮（　　）
笼络（　　）	恭喜（　　）		

2. 读下面的这首词并注音。

我住长江头，君住长江尾，日日思君不见君，共饮长江水。

此水几时休，此恨何时已，只愿君心似我心，定不负相思意。

——李之仪《卜算子》

3. 读下面的短文，标出每个字的声母。标出读的时候不太有把握的词语。

　　命运如同一个人的影子，有谁能够摆脱自己的影子呢？

　　可是，有一天，一个流浪者对于自己的命运实在不堪忍受，便来到一座神庙，请求神允许他和别人交换命运。神说："如果你能找到一个对自己命运完全满意的人，你就和他交换吧。"

　　按照神的指示，流浪者出发去寻找了。他遍访城市和乡村，竟然找不到一个对自己命运完全满意的人。凡他遇到的人，只要一说起命运，各个摇头叹息，口出怨言。甚至那些王公贵族，达官富豪，名流权威，他们的命运似乎令人羡慕，但他们自己并不满意。事实上，世人所见的确只是他们的命运之河的表面景色，底下许多阴暗曲折唯有他们自己知道。

　　流浪者终于没有找到一个可以和他交换命运的人。直到今天，他仍然拖着他自己的影子到处流浪。

　　　　　　　　　　　　　　　　——节选自周国平《流浪者和他的影子》

　　8月9日上午，国家北斗导航位置服务数据中心河北分中心在河北沧州市揭牌成立。

　　沧州市副市长尹卫江介绍，国家北斗导航位置服务数据中心是北斗导航系统应用发展的重大项目，是依托北斗卫星导航系统资源，汇聚管理包括全国导航及位置服务在内的全要素信息数据资源，是辅助政府及行业决策、服务社会公益的基础平台。

　　国家北斗导航位置服务数据中心河北分中心的建设，将作为国家、省、市三级网络资源建设的重要枢纽，汇集和整合政府、行业、企业及市场数据，为国家北斗数据中心提供数据服务，同时统筹利用北斗技术为河北省各级政府、各行业提供应用服务、数据服务和分析决策服务。

　　据了解，国家北斗导航位置服务数据中心河北分中心将结合河北省北斗产业分布特点及自身基础，着力构建一个基础数据完整、资源调配科学、分析能力强大、标准规范齐备的国家北斗数据中心体系，推进北斗产业化、规模化发展。

　　　　　　　　　　　　　　——节选自 2023 年 8 月 10 日经济日报新闻客户端

4. 朗读下面的作品，可参考后面的拼音，尽量读准确，并给画线词语或你认为难读的词语注音。

作品 36 号

　　乡下人家总爱在屋前搭一瓜架，或种南瓜，或种<u>丝瓜</u>，让那些<u>瓜藤</u>（　　　）攀上棚架，爬上屋檐。当花儿落了的时候，藤上便结出了青的、红的瓜，它们一个个挂在房前，衬着那长长的藤，绿绿的叶。青、红的瓜，碧绿的藤和叶，构成了一道别有风趣的装饰，比那高楼门前蹲着一对石狮子或是竖着两根<u>大旗杆</u>（　　），可爱多了。

　　有些人家，还在门前的场地上种几株花，芍药，凤仙，鸡冠花，大丽菊，它们依着时令，顺序开放，朴素中带着几分华丽，显出一派独特的农家风光。还有些人家，在屋后种<u>几十枝竹</u>（　　　　），绿的叶，青的竿，投下一片浓浓的绿荫。几场春雨过后，到那里走走，你常常会看见许多鲜嫩的笋，成群地从土里探出头来。

　　鸡，乡下人家照例总要养几只的。从他们的房前屋后走过，你肯定会瞧见一只母鸡，率领一群小鸡，在竹林中觅食；或是瞧见<u>耸着尾巴</u>（　　　　）的雄鸡，在场地上<u>大踏步地</u>（　　　）走来走去。

　　他们的屋后倘若有一条小河，那么在石桥旁边，在绿树荫下，你会见到一群鸭子游戏水中，不时地把头扎到水下去觅食。即使附近的石头上有妇女在捣衣，它们也从不吃惊。

　　若是在夏天的傍晚出去散步，你常常会<u>瞧见</u>（　　　）乡下人家吃晚饭//的情景。他们把桌椅饭菜搬到门前，天高地阔地吃起来。天边的红霞，向晚的微风，头上飞过的归巢的鸟儿，都是他们的好友。它们和乡下人家一起，绘成了一幅自然、和谐的田园风景画。

——节选自陈醉云《乡下人家》

Zuòpǐn 36 Hào

　　Xiāngxia rénjiā zǒng ài zài wū qián dā yī guā jià, huò zhòng nán·guā, huò zhòng sīguā, ràng nàxiē guāténg pān·shàng péngjià, pá·shàng wūyán. Dāng huā'ér luòle de shíhou, téng·shàng biàn jiē chūle qīng de, hóng de guā, tāmen yī gègè guà zài fáng qián, chènzhe nà chángcháng de téng, lǜ lǜ de yè. Qīng, hóng de guā, bìlǜ de téng hé yè, gòuchéngle yī dào biéyǒufēngqù de zhuāngshì, bǐ nà gāolóu mén qián dūnzhe yī duì shíshīzi huòshì shùzhe liǎng gēn dàqígān, kě'ài duō le.

　　Yǒuxiē rénjiā, hái zài mén qián de chǎngdì·shàng zhòng jǐ zhū huā, sháoyao, fèngxiān, jīguānhuā, dàlìjú, tāmen yīzhe shílìng, shùnxù kāifàng, pǔsù zhōng dàizhe jǐ fēn huálì, xiǎnchū yī pài dútè de nóngjiā fēngguāng. Hái yǒuxiē rénjiā, zài wū hòu zhòng jǐshí zhī zhú, lǜ de yè, qīng de gān, tóuxià yī piàn nóngnóng de lǜyīn. Jǐ cháng chūnyǔ guòhòu, dào nà·lǐ zǒuzou, nǐ chángcháng huì kàn • jiàn xǔduō xiānnèn de sǔn, chéngqún de cóng tǔ • lǐ tànchū tóu lái.

Jī, xiāngxia rénjiā zhàolì zǒng yào yǎng jǐ zhī de. Cóng tāmen de fáng qián wū hòu zǒuguò, nǐ kěndìng huì qiáo • jiàn yī zhǐ mǔjī, shuàilǐng yī qún xiǎo jī, zài zhúlín zhōng mìshí; huòshì qiáo • jiàn sǒngzhe wěibā de xióngjī, zài chángdì • shàng dàtàbù de zǒuláizǒuqù.

Tāmen de wū hòu tǎngruò yǒu yī tiáo xiǎohé, nàme zài shíqiáo pángbiān, zài lǜshùyīn xià, nǐ huì jiàndào yī qún yāzi yóuxì shuǐ zhōng, bùshí de bǎ tóu zhādào shuǐ xià qù mìshí. jíshǐ fùjìn de shítou • shàng yǒu fùnǚ zài dǎoyī, tāmen yě cóng bù chījīng.

Ruòshì zài xiàtiān de bàngwǎn chū • qù sànbù, nǐ chángcháng huì qiáo • jiàn xiāngxia rénjiā chī wǎnfàn // de qíngjǐng. Tāmen bǎ zhuōyǐ fàncài bāndào mén qián, tiāngāo — dìkuò de chī qǐ • lái. Tiānbiān de hóngxiá, xiàngwǎn de wēifēng, tóu • shàng fēiguò de guīcháo de niǎo'ér, dōu shì tāmen de hǎoyǒu. Tāmen hé xiāngxia rénjiā yìqǐ, huìchéngle yī fú zìrán、héxié de tiányuán fēngjǐnghuà.

——Jiéxuǎn zì Chén Zuìyún 《Xiāngxia Rénjiā》

第十九课 韵母 an ian uan uen üan 的训练

本课主要任务

1. 掌握韵母 an、ian、uan、uen、üan 的发音要领，通过 an、ian、uan、uen、üan 的训练，提高这五个韵母的发音能力，保证发音质量。
2. 熟练掌握所列以 an、ian、uan、uen、üan 为韵母的一组词语的发音，达到字字精确。
3. 以《普通话水平测试实施纲要》37、38 号作品为主，进行一组练习，所列课后练习在一周内完成。

一、发音要点

1. an、ian、uan、uen、üan 的发音分类

an、ian、uan、uen、üan 都属于前鼻尾音韵母，由元音后加前鼻音 n 构成，其结构和发音与前课的 in、en 类似，同属一个类型。

2. an、ian、uan、uen、üan 的发音方法

an 的发音是 a＋n，在 a 的结尾加上舌尖抵上齿龈的动作。

ian 的发音则是 i＋an，也就是在 an 的前面带上轻短的 i。

uan 的发音是 u＋an，也就是在 an 的前面加上一个短促的 u。

uen 的发音是 u＋en，也就是在 en 的前面加上一个轻短的 u。

üan 的发音是 ü＋an，也就是在 an 的前面加上一个轻短的 ü。

二、词语练习

词语按 an、ian、uan、uen、üan 分为五组。也可自由混合进行对比练习。

an 组

河岸 hé àn	企盼 qǐ pàn	犯戒 fàn jiè	耽搁 dān ge
微澜 wēi lán	桥畔 qiáo pàn	白鳗 bái mán	俯瞰 fǔ kàn
案卷 àn juàn	办法 bàn fǎ	摊贩 tān fàn	黄疸 huáng dǎn
侦探 zhēn tàn	埋缆 mái lǎn	赶趟 gǎn tàng	昏暗 hūn' àn
伴侣 bàn lǚ	重担 zhòng dàn	侮慢 wǔ màn	惮烦 dàn fán
蛋糕 dàn gāo	含蓄 hán xù	斩断 zhǎn duàn	惭愧 cán kuì
纠缠 jiū chán	扇风 shān fēng	韩籍 hán jí	喊话 hǎn huà
杯盏 bēi zhǎn	璀璨 cuǐ càn	蟾蜍 chán chú	早膳 zǎo shàn
挤占 jǐ zhàn	赡养 shàn yǎng	旱柳 hàn liǔ	蘸酱 zhàn jiàng
颤栗 zhàn lì			

ian 组

腌制 yān zhì	殷红 yān hóng	筵席 yán xí	俨然 yǎn rán
敷衍 fū yǎn	演绎 yǎn yì	扁舟 piān zhōu	缅怀 miǎn huái
捻线 niǎn xiàn	乡恋 xiāng liàn	佃户 diàn hù	追撵 zhuī niǎn
惦记 diàn·jì	廿日 niàn rì	淀粉 diàn fěn	蔫椰 niān yē
奠都 diàn dū	殿堂 diàn táng	黔西 qián xī	逾限 yú xiàn
柬帖 jiǎn tiě	宪章 xiàn zhāng	剪抠 jiǎn kōu	沉陷 chén xiàn
进谏 jìn jiàn	欠伸 qiàn shēn	健康 jiàn kāng	镶嵌 xiāng qiàn
灼见 zhuó jiàn	贱姓 jiàn xìng	渐快 jiàn kuài	腱鞘 jiàn qiào
钧鉴 jūn jiàn	槛车 jiàn chē		

uan 组

傍晚 bàng wǎn	豫皖 Yù Wǎn	饭碗 fàn wǎn	涣散 huàn sàn
传记 zhuàn jì	焕发 huàn fā	豢养 huàn yǎng	猪圈 zhū juàn
瓜蔓 guā wàn	斡旋 wò xuán		

uen 组

囤积 tún jī	沦为 lún wéi	困难 kùn·nan	缓蹲 huǎn dūn
论语 Lún yǔ	矛盾 máo dùn	混沌 hùn dùn	炖肉 dùn ròu
鲁钝 lǔ dùn	唇膏 chún gāo	乙醇 yǐ chún	

üan 组

织绢 zhī juān	痊愈 quán yù	悬吊 xuán diào	携眷 xié juàn
蜷伏 quán fú	炫耀 xuàn yào	绚烂 xuàn làn	眩晕 xuàn yūn
渲染 xuàn rǎn	源头 yuán tóu	缘由 yuán yóu	远渡 yuǎn dù
称愿 chèn yuàn	道观 dào guàn	衣冠 yī guān	

三、兴趣材料

读一读、练一练下面的绕口令。

俩判官 liǎ pàn guān

县衙门前俩判官，xiàn yá mén qián liǎ pàn guān，

判官姓潘和姓袁，pàn guān xìng Pān hé xìng Yuán，

看见院边人喊冤，kàn jiàn yuàn biān rén hǎn yuān，

潘判全权去问完，Pān pàn quán quán qù wèn wán，

千问万问生埋怨，qián wèn wàn wèn shēng mán yuàn，

袁判见状顿变脸，Yuán pàn jiàn zhuàng dùn biàn liǎn，

不知潘判管袁判，bù zhī Pān pàn guǎn yuán pàn，

还是袁判管潘判。hái shì Yuán pàn guǎn pān pàn.

四、短文朗读

朗读下面的短文，力求读对每一个字音。

Zuò pǐn sānshíqī Hào
作品 37 号

wǒmen de chuán jiàn jiàn de bī jìn róng shù le   wǒ yǒu jī·huì kàn qīng tā de zhēn miàn mù：
我们 的 船 渐 渐 地 逼 近 榕树 了：我 有 机 会 看清 它 的 真 面 目；

shì yī kē dà shù，yǒu shǔ·bù qīng de yā zhī，zhī·shàng yòu shēng gēn，yǒu xǔ duō gēn yī zhí chuí
是 一 棵 大树，有 数 不 清 的 丫枝，枝 上 又 生 根，有 许多 根 一 直 垂

dào dì·shàng，shēn jìn ní tǔ·lǐ·yī bù fēn shù zhī chuí dào shuǐ miàn，cóng yuǎn chù kàn，jiù xiàng
到 地 上 ，伸 进 泥 土 里。一 部分 树枝 垂 到 水 面 ，从 远 处 看，就 像

yī kē dà shù xié tǎng zài shuǐ miàn·shàng yī yàng·
一 棵 大树 斜 躺 在 水面 上 一 样 。

xiàn zài zhèng shì zhī fán·yè mào de shí jié·zhè kē róng shù hǎo xiàng zài bǎ tā de quán bù
现 在 正 是 枝 繁 叶 茂 的 时节。这 棵 榕树 好像 在 把 它 的 全部

shēng mìng lì zhǎn shì gěi wǒ men kàn·nà me duō de lǜ yè, yī cù duī zài lìng yī cù de shàng·
生 命 力 展 示 给 我 们 看。那 么 多 的 绿 叶，一 簇 堆 在 另 一 簇 的 上

miàn, bù liú yī diǎnr fèng xì·cuì lǜ de yán sè míng liàng de zài wǒ men de yǎn qián shǎn yào,
面，不 留 一 点 儿 缝 隙。翠 绿 的 颜 色 明 亮 地 在 我 们 的 眼 前 闪 耀，

sì hū měi yī piàn shù yè·shàng dōu yǒu yī gè xīn de shēng mìng zài chàn dòng, zhè měi lì de nán
似 乎 每 一 片 树 叶 上 都 有 一 个 新 的 生 命 在 颤 动，这 美 丽 的 南

guó de shù!
国 的 树!

chuán zài shù·xià bó le piàn kè, àn·shàng hěn shī, wǒ men méi·yǒu shàng·qù·péng yǒu shuō
船 在 树 下 泊 了 片 刻，岸 上 很 湿，我 们 没 有 上 去。朋 友 说

zhè·lǐ shì "niǎo de tiān táng", yǒu xǔ duō niǎo zài zhè kē shù·shàng zuò wō, nóng mín bù xǔ rén
这 里 是"鸟 的 天 堂"，有 许 多 鸟 在 这 棵 树 上 做 窝，农 民 不 许 人

qù zhuō tā men·wǒ fǎng fú tīng·jiàn jǐ zhī niǎo pū chì de shēng yīn, dàn shì děng dào wǒ de yǎn
去 捉 它 们。我 仿 佛 听 见 几 只 鸟 扑 翅 的 声 音，但 是 等 到 我 的 眼

jing zhù yì de kàn nà·lǐ shí, wǒ què kàn·bù jiàn yī zhī niǎo de yǐng zi, zhǐ yǒu wú shù de shù gēn
睛 注 意 地 看 那 里 时，我 却 看 不 见 一 只 鸟 的 影 子。只 有 无 数 的 树 根

lì zài dì·shàng, xiàng xǔ duō gēn mù zhuāng·dì shì shī de, dà gài zhǎng cháo shí hé shuǐ cháng
立 在 地 上，像 许 多 根 木 桩。地 是 湿 的，大 概 涨 潮 时 河 水 常

cháng chōng·shàng àn·qù·"niǎo de tiān táng"·lǐ méi·yǒu yī zhī niǎo, wǒ zhè yàng xiǎng dào·
常 冲 上 岸 去。"鸟 的 天 堂"里 没 有 一 只 鸟，我 这 样 想 到。

chuán kāi le, yī gè péng yǒu bō zhe chuán, huǎn huǎn de liú dào hé zhōng jiān·qù·
船 开 了，一 个 朋 友 拨 着 船，缓 缓 地 流 到 河 中 间 去。

dì - èr tiān, wǒ men huá zhe chuán dào yī gè péng yǒu de jiā xiāng qù, jiù shì nà gè yǒu shān
第 二 天，我 们 划 着 船 到 一 个 朋 友 的 家 乡 去，就 是 那 个 有 山

yǒu tǎ de dì fang·cóng xué xiào chū fā, wǒ men yòu jīng guò nà "niǎo de tiān táng"·
有 塔 的 地 方。从 学 校 出 发，我 们 又 经 过 那"鸟 的 天 堂"。

zhè yī cì shì zài zǎo·chén, yáng guāng zhào zài shuǐ miàn·shàng, yě zhào zài shù shāo·shàng·
这 一 次 是 在 早 晨，阳 光 照 在 水 面 上，也 照 在 树 梢 上。

yī qiē dōu//xiǎn·de fēi cháng guāng míng·wǒ men de chuán yě zài shù·xià bó le piàn kè·
一 切 都//显 得 非 常 光 明。我 们 的 船 也 在 树 下 泊 了 片 刻。

qǐ chū sì zhōu wéi fēi cháng qīng jìng·hòu lái hū rán qǐ le yī shēng niǎo jiào·wǒ men bǎ shǒu
起 初 四 周 围 非 常 清 静。后 来 忽 然 起 了 一 声 鸟 叫。我 们 把 手

yī pāi, biàn kàn·jiàn yī zhī dà niǎo fēi le qǐ·lái, jiē zhe yòu kàn·jiàn dì - èr zhī, dì - sān zhī·
一 拍，便 看 见 一 只 大 鸟 飞 了 起 来，接 着 又 看 见 第 二 只，第 三 只。

wǒ men jì xù pāi zhǎng, hěn kuài de zhè gè shù lín jiù biàn de hěn rè nao le·dào chù dōu shì niǎo
我 们 继 续 拍 掌，很 快 地 这 个 树 林 就 变 得 很 热 闹 了。到 处 都 是 鸟

shēng, dào chù dōu shì niǎo yǐng·dà de, xiǎo de, huā de, hēi de, yǒu de zhàn zài zhī·shàng jiào,
声，到 处 都 是 鸟 影。大 的，小 的，花 的，黑 的，有 的 站 在 枝 上 叫，

yǒu de fēi qǐ •lái， zài pū chì bǎng•
有 的 飞 起 来， 在 扑 翅 膀 。

      —— Jié xuǎn zì Bā jīn《Niǎo de Tiān táng》
      ——节 选 自 巴 金《鸟 的 天 堂》

五、课后练习

1. 按本来的读音给下面的词语注音，读一读。

逾限（　）	颤栗（　）	赡养（　）	殿堂（　）
斩断（　）	欠伸（　）	追撵（　）	韩籍（　）
贱姓（　）	埋缆（　）	淀粉（　）	案卷（　）
沉陷（　）	腌制（　）	伴侣（　）	俨然（　）
侮慢（　）	宪章（　）	犯戒（　）	槛车（　）
桥畔（　）	捻线（　）	纠缠（　）	扁舟（　）
摊贩（　）	焕发（　）	鲁钝（　）	源头（　）
健康（　）	混沌（　）	俯瞰（　）	传记（　）
携眷（　）	乙醇（　）	惦记（　）	猪圈（　）
眩晕（　）	扇风（　）	涣散（　）	柬帖（　）
蘸酱（　）	困难（　）	筵席（　）	傍晚（　）
早膳（　）	佃户（　）	绚烂（　）	含蓄（　）
衣冠（　）	腱鞘（　）	唇膏（　）	璀璨（　）
论语（　）	演绎（　）	饭碗（　）	企盼（　）
缓蹚（　）	钧鉴（　）	沦为（　）	惭愧（　）
炫耀（　）	杯盏（　）	灼见（　）	远渡（　）
蔫椰（　）	道观（　）	蛋糕（　）	豢养（　）
痊愈（　）	殷红（　）	河岸（　）	悬吊（　）
剪抠（　）	炖肉（　）	乡恋（　）	奠都（　）
喊话（　）	镶嵌（　）	旱柳（　）	豫皖（　）
重担（　）	矛盾（　）	侦探（　）	称愿（　）
渐快（　）	赶趟（　）	进谏（　）	白鳗（　）
敷衍（　）	渲染（　）	办法（　）	黔西（　）
耽搁（　）	囤积（　）	昏暗（　）	廿日（　）
蟾蜍（　）	缘由（　）	黄疸（　）	缅怀（　）

惮烦（   ）   织绢（   ）   挤占（   ）   蜷伏（   ）

微澜（   ）   瓜蔓（   ）   斡旋（   ）

2. 读下面的这首词并注音，看看声母有什么规律。

寒蝉凄切，对长亭晚，骤雨初歇。都门帐饮无绪，留恋处、兰舟催发。执手相看泪眼，竟无语凝噎。念去去千里烟波，暮霭沉沉楚天阔。

多情自古伤离别，更那堪，冷落清秋节！今宵酒醒何处？杨柳岸、晓风残月。此去经年，应是良辰好景虚设，便纵有千种风情，更与何人说？

——柳永《雨霖铃》

3. 读下面的短文，标出每个字的声母。

懒汉碰巧钓到了一条大鱼。他急忙拎回家里，不等洗净就下锅，没有烧熟，就狼吞虎咽地吃起来。一边吃着，一边赞美说："嘿！我敢发誓，鱼是世界上最好的东西！"

突然，有根鱼骨一样的东西卡住了他的喉咙，咽又咽不下去，吐又吐不出来，疼得他满脸流汗。他一边跺脚，一边气愤地说："鱼是世界上最坏的东西！"

这时，一个邻居走来，帮他取出卡在喉头的东西——原来不是鱼骨，而是鱼钩。

——汉语拼音小报《懒汉吃鱼》

今年四月，由中国智慧工程研究会智慧教育专业委员会主办的"十四五"规划教育科研课题"高考志愿及生涯规划研究"专家研讨会在北京大学组织召开。会议出席人员包括了原国家副总督学郭振有、中国智慧工程研究会副会长赵国柱、中国人民大学博导程方平（原中央教育科学研究所学术委员会主任）以及来自国内各大高校的专家。

据悉，此次会议研讨内容主要围绕由北京思学未来教育研究院承接的"十四五"规划教育科研课题"高考志愿及生涯规划研究"的阶段性研究成果展开。在成果汇报上，思学未来研究院院长李春雷，与课题组成员刘英男、张力分别发言，展示了三项主要课题成果，并得到了数位出席专家的专业建议与评价。北京思学未来教育主动担当起课题研究任务，多年来携手国家经济和社会发展的规划大计，每一步都走在具体的实践道路上，同时做到了保持初心、保持创新，是领跑中国智慧教育事业发展的先行者之一。

——节选自 2023 年 8 月 11 日中国网

4. 朗读下面的作品，可参考后面的拼音，尽量读准确，并给画线词语或你认为难读的词语注音。

作品 38 号

两百多年前，科学家做了一次实验。他们在一间屋子里横七竖八地拉了许多绳子，绳子上系着（　　　　）许多铃铛，然后把蝙蝠的眼睛蒙上（　　　　），让它在屋子里飞。蝙蝠飞了几个钟头，铃铛一个也没响，那么多的绳子，它一根也没碰着（　　　　）。

科学家又做了两次实验：一次把蝙蝠的耳朵塞上（　　　　），一次把蝙蝠的嘴封住，让它在屋子里飞。蝙蝠就像没头苍蝇似的到处乱撞，挂在绳子上的铃铛响个不停。

三次实验的结果证明，蝙蝠夜里飞行，靠的不是眼睛，而是靠嘴和耳朵配合起来探路的。

后来，科学家经过反复研究，终于揭开了蝙蝠能在夜里飞行的秘密。它一边飞，一边从嘴里发出超声波（　　　　　　）。而这种声音，人的耳朵是听不见的，蝙蝠的耳朵却能听见。超声波向前传播时，遇到障碍物就反射回来，传到蝙蝠的耳朵里，它就立刻改变飞行的方向。

知道蝙蝠在夜里如何飞行，你猜到飞机夜间飞行的秘密了吗？现代飞机上安装了雷达，雷达的工作原理与蝙蝠探路类似。雷达通过天线发出无线电波，无线电波遇到障碍物就反射回来，被雷达接收到，显示在荧光屏（　　　　）上。从雷达的荧光屏上，驾驶员能够清楚地看到前方有没有障碍物，所//以飞机飞行就更安全了。

——节选自《夜间飞行的秘密》

Zuòpǐn 38 Hào

Liǎng bǎi duō nián qián, kēxuéjiā zuò le yī cì shíyàn. Tāmen zài yī jiān wūzi·lǐ héngqī—shùbā de lā le xǔduō shéngzi, shéngzi·shàng jì zhe xǔduō língdang, ránhòu bǎ biānfú de yǎnjīng méng·shàng, ràng tā zài wūzi·lǐ fēi. Biānfú fēi le jǐ gè zhōng tóu, língdang yī gè yě méi xiǎng, nàme duō de shéngzi, tā yī gè yě méi pèngzháo.

Kēxuéjiā yòu zuò le liǎng cì shíyàn: yīcì ba biānfú de ěrduo sāi·shàng, yīcì bǎ biānfú de zuǐ fēng zhù, ràng tā zài wūzi·lǐ fēi. Biānfú jiù xiàng méitóu—cāngyíng shìde dàochù luàn zhuàng, guà zài shéngzi·shàng de língdang xiǎng gè bùtíng.

Sāncì shíyàn de jiéguǒ zhèngmíng, biānfú yè • lǐ fēixíng, kào de bù shì yǎnjīng, érshì kào zuǐ hé ěrduǒ pèihé qǐ • lái tànlù de.

Hòulái, kēxuéjiā jīngguò fǎnfù yánjiū, zhōngyú jiēkāile biānfú néng zài yè • lǐ fēixíng de mìmì. Tā yībiān fēi, yībiān cóng zuǐ • lǐ fāchū chāoshēngbō. Ér zhè zhǒng shēngyīn, rén de ěrduo shì tīng • bù jiàn de, biānfú de ěrduo què néng tīngjiàn. Chāoshēngbō xiàngqián chuánbō shí, yùdào zhàng'àiwù jiù fǎnshè huí • lái, chuándào biānfú de ěrduo • lǐ, tā jiù lìkè gǎibiàn fēixíng de fāngxiàng.

Zhī • dào biānfú zài yè • lǐ rúhé fēixíng, nǐ cāi dào fēijī yèjiān fēixíng de mìmì le ma? Xiàndài fēijī • shàng ānzhuāng le léidá, léidá de gōngzuò yuánlǐ yǔ biānfú tànlù lèisì. Léidá tōngguò tiānxiàn fāchū wúxiàn diànbō, wúxiàn diànbō yùdào zhàng'àiwù jiù fǎnshè huí • lái, bèi léidá jiēshōu dào, xiǎnshì zài yíngguāngpíng • shàng. Cóng léidá de yíngguāngpíng • shàng, jiàshǐyuán nénggòu qīngchu de kàndào qiánfāng yǒuméiyǒu zhàng'àiwù, suǒ//yǐ fēijī fēixíng jiù gèng ānquán le.

——Jiéxuǎn zì 《Yèjiān Fēixíng De Mìmì》

第二十课　韵母 ang iang uang ueng 的训练

本课主要任务

1. 掌握韵母 ang、iang、uang、ueng 的发音要领，通过 ang、iang、uang、ueng 的训练，提高这四个韵母的发音能力，保证发音质量。

2. 熟练掌握所列以 ang、iang、uang、ueng 为韵母的一组词语的发音，达到字字精确。

3. 以《普通话水平测试实施纲要》39、40 号作品为主，进行一组练习，所列课后练习在一周内完成。

一、发音要点

1. ang 、iang 、uang 、ueng 的发音分类

ang、iang、uang、ueng 是后鼻尾音韵母，由元音或元音组合加上后鼻音 ng 构成。

2. ang 、iang 、uang 、ueng 的发音方法

ang 发音时，是在 a 发音的基础上加后鼻音 ng 的动作，这时的 a 是后元音，即后低不圆唇元音，开口度比单发时要大。

iang 的发音要复杂些，主要是韵头 i 的处理。是 ia＋ng 或者 i＋ang，但不管怎么拼读，i 都要又轻又短，发音到位而不过分。ng 的发音作为尾音处理和其他的后鼻音是一样的。

uang 发音时，u 一定要做到圆唇、轻短，主要是不要突唇，按 u＋ang 或 ua＋ng 的方式读出。

ueng 的发音是 u+eng，和 uang 类似，对于元音 u 的要求和韵尾 ng 的要求是一样的。

二、词语练习

词语按 ang、iang、uang、ueng 分四组。也可自由混合进行对比练习。

ang 组

棒球 bàng qiú	流氓 liú máng	脂肪 zhī fáng	适当 shì dàng
糖丸 táng wán	杠头 gàng tóu	炕桌 kàng zhuō	诽谤 fěi bàng
仿宋 fǎng sòng	晴朗 qíng lǎng	磅秤 bàng chèng	放逐 fàng zhú
涎淌 xián tǎng	浪涛 làng tāo	躺稳 tǎng wěn	肚胀 dù zhàng
何尝 hé cháng	上蔡 shàng cài	抵偿 dǐ cháng	上声 shǎng shēng
常绿 cháng lǜ	尚武 shàng wǔ	煤厂 méi chǎng	恕谅 shù liàng
晾晒 liàng shài	思量 sī·liang	溃疡 kuì yáng	洋葱 yáng cōng

iang 组

僵尸 jiāng shī	强眨 qiǎng zhǎ	揪缰 jiū jiāng	丞相 chéng xiàng
奖掖 jiǎng yè	降低 jiàng dī	绛紫 jiàng zǐ	

uang 组

膀胱 páng guāng	狂妄 kuáng wàng	犷悍 guǎng hàn	旷辽 kuàng liáo
逛街 guàng jiē	辉煌 huī huáng	多幢 duō zhuàng	硫黄 liú huáng
冲撞 chōng zhuàng	撒谎 sā huǎng	幌幔 huǎng màn	

ueng 组

乃翁 nǎi wēng	歪瓮 wāi wèng

三、兴趣材料

读一读、练一练下面的绕口令。

大和尚与小和尚 dà hé·shang yǔ xiǎo hé·shang

大和尚装筐去哪逛？ dà hé·shang zhuāng kuāng qù nǎ guàng?

大和尚往往过长江。 dà hé·shang wǎng wǎng guò cháng jiāng.

慌张过江闯哪庄？ huāng zhāng guò jiāng chuǎng nǎ zhuāng?

过江去访小和尚。 guò jiāng qù fǎng xiǎo hé·shang.

大和尚姓张没说谎。dà hé·shang xìng Zhāng méi shuō huǎng,
小和尚姓蒋真情况。xiǎo hé·shang xìng Jiǎng zhēn qíng kuàng.
床边窗前常商量，chuáng biān chuāng qián cháng shāng liang,
遇事桩桩双不狂。yù shì zhuāng zhuāng shuāng bù kuáng.
大和尚强小和尚棒，dà hé·shang qiáng xiǎo hé·shang bàng,
养蜂嗡嗡把蜜酿。yǎng fēng wēng wēng bǎ mì niàng.

四、短文朗读

朗读下面的短文，力求读对每一个字音。

Zuò pǐn sānshíjiǔ Hào
作品　39　号

Běi Sòng shíhou, yǒu wèi huà jiā jiào Zhāng Zé duān. Tā huà le yī fú míng yáng - zhōng wài de
北 宋 时候，有 位 画家 叫 张 择端。他 画 了 一 幅 名扬　中外 的

huà《Qīngmíng Shàng Hé Tú》. Zhè fú huà cháng wǔ bǎi èr shí bā lí mǐ, gāo èr shí sì diǎn bā lí mǐ,
画《清明　上 河图》。这 幅 画 长 五百 二 十 八 厘米，高 二 十 四 点 八 厘米，

huà de shì Běi Sòng dū chéng Biàn liáng rè nào de chǎng miàn. Zhè fú huà yǐ·jīng yǒu bā bǎi duō
画 的 是 北宋 都城 汴梁 热闹 的 场面。这 幅 画 已 经 有 八百 多

nián de lì shǐ le, xiàn zài hái wán zhěng de bǎo cún zài Běi jīng de Gù gōng Bó wù yuàn·lǐ.
年 的 历史 了，现在 还 完整 地 保存 在 北京 的 故宫 博物院 里。

Zhāng Zé duān huà zhè fú huà de shíhou, xià le hěn dà de gōng fu. Guāng shì huà·shàng de
张 择端 画 这 幅 画 的 时候，下 了 很 大 的 功夫。光 是 画 上 的

rén wù, jiù yǒu wǔ bǎi duō gè: yǒu cóng xiāng xia lái de nóng mín, yǒu chēng chuán de chuán gōng,
人物，就 有 五百 多 个：有 从 乡下 来 的 农民，有 撑 船 的 船工，

yǒu zuò gè zhǒng mǎi mài de shēng yi rén, yǒu liú zhe cháng hú zi de dào shi, yǒu zǒu jiāng hú de
有 做 各 种 买卖 的 生意人，有 留着 长 胡子 的 道士，有 走 江湖 的

yī shēng, yǒu bǎi xiǎo tānr de tān fàn, yǒu guān lì hé dú shū rén, sān bǎi liù shí háng, nǎ yī háng
医生，有 摆 小 摊 的 摊贩，有 官吏 和 读书人，三百 六十 行，哪 一 行

de rén dōu huà zài shàng·miàn le.
的 人 都 画 在 上 面 了。

Huà·shàng de jiē shì kě rè nao le. Jiē·shàng yǒu guà zhe gè zhǒng zhāo pai de diàn pù、zuō fang、jiǔ
画 上 的 街市 可 热闹 了。街 上 有 挂着 各 种 招牌 的 店铺、作坊、酒

lóu、chá guǎnr, zǒu zài jiē·shàng de, shì lái lái wǎng wǎng、xíng tài - gè yì de rén: yǒu de qí zhe
楼、茶馆，走 在 街 上 的，是 来来 往往、形态各异 的 人：有 的 骑着

mǎ, yǒu de tiāo zhe dàn, yǒu de gǎn zhe máo lú, yǒu de tuī zhe dú lún chē, yǒu de yōu xián de
马，有 的 挑着 担，有 的 赶着 毛驴，有 的 推着 独轮车，有 的 悠闲 地

zài jiē·shàng liū da·Huàmiàn·shàng de zhè xiē rén，yǒu de bù dào yī cùn，yǒu de shèn zhì zhǐ yǒu
在 街 上 溜达。画面 上 的 这些 人，有 的 不 到 一 寸，有 的 甚 至 只 有

huáng dòu nà me dà·Bié kàn huà·shàng de rén xiǎo，měi gè rén zài gān shén me，dōu néng kàn de
黄 豆 那么 大。别 看 画 上 的 人 小，每 个 人 在 干 什 么，都 能 看 得

qīng qīng chǔ chǔ·
清 清 楚楚。

　　Zuì yǒu yì si de shì qiáo běi tou de qíng jǐng　yī gè rén qí zhe mǎ，zhèng wǎng qiáo·xià
　　最 有 意思 的 是 桥 北 头 的 情景：一 个 人 骑 着 马，正 往 桥 下

zǒu·Yīn wèi rén tài duō，yǎn kàn jiù yào pèng·shàng duì miàn lái de yī shèng jiào zi·Jiù zài zhè
走。因 为 人 太 多，眼 看 就 要 碰 上 对 面 来 的 一 乘 轿子。就 在 这

gè jǐn jí shí kè，nà gè mù mǎ rén yī xià zi zhuài zhù le mǎ lǒng tou，zhè cái méi pèng·shàng nà
个 紧 急 时 刻，那 个 牧 马 人 一 下子 拽 住 了 马 笼 头，这 才 没 碰 上 那

shèng jiào zi·Bù guò，zhè me yī lái，dào bǎ mǎ yòu·biān de//liǎng tóu xiǎo máo lú xià de yòu tī
乘 轿子。不 过，这 么 一 来，倒 把 马 右 边 的//两 头 小 毛 驴 吓 得 又 踢

yòu tiào·Zhàn zài qiáo lán gān biān xīn shǎng fēng jǐng de rén，bèi xiǎo máo lú jīng rǎo le·lián
又 跳。站 在 桥 栏 杆 边 欣 赏 风 景 的 人，被 小 毛 驴 惊 扰 了，连

máng huí·guò tóu lái gǎn xiǎo máo lú·Nǐ kàn，Zhāng Zé duān huà de huà，shì duō me chuán shén
忙 回 过 头 来 赶 小 毛 驴。你 看，张 择 端 画 的 画，是 多 么 传 神

a！
啊！

　　《Qīng míng Shàng Hé Tú》shǐ wǒ men kàn dào le bā bǎi nián yǐ qián de gǔ dū fēng mào，kàn
　　《清明 上 河 图》使 我 们 看 到 了 八 百 年 以 前 的 古 都 风 貌，看

dào le dāng shí pǔ tōng lǎo bǎi xìng de shēng huó chǎng jǐng·
到 了 当 时 普 通 老 百 姓 的 生 活 场 景。

　　　　　　　—— Jié xuǎn zì TéngMíng dào《 Yī Fú Míng yáng - zhōng wài de Huà》
　　　　　　　——节 选 自 滕 明 道《一 幅 名 扬 中 外 的 画》

五、课后练习

1. 按本来的读音给下面的词语注音，读一读。

抵偿（　　）	奖掖（　　）	常绿（　　）	逛街（　　）
恕谅（　　）	涎淌（　　）	硫黄（　　）	洋葱（　　）
乃翁（　　）	适当（　　）	揪缰（　　）	炕桌（　　）
溃疡（　　）	多幢（　　）	躺稳（　　）	幌幔（　　）
肚胀（　　）	晴朗（　　）	撒谎（　　）	杠头（　　）
绛紫（　　）	流氓（　　）	犷悍（　　）	僵尸（　　）
何尝（　　）	狂妄（　　）	尚武（　　）	辉煌（　　）
仿宋（　　）	思量（　　）	降低（　　）	放逐（　　）
冲撞（　　）	脂肪（　　）	丞相（　　）	煤厂（　　）

强眨（　　）	浪涛（　　）	棒球（　　）	膀胱（　　）
上蔡（　　）	诽谤（　　）	上声（　　）	旷辽（　　）
糖丸（　　）	晾晒（　　）	磅秤（　　）	歪瓮（　　）

2. 读下面的这首诗并注音。

> 回乐烽前沙似雪，
>
> 受降城下月如霜。
>
> 不知何处吹芦管，
>
> 一夜征人尽望乡。
>
> ——李益《夜上受降城闻笛》

3. 读下面的短文，标出每个字的韵母。

我常想，窗可以算房屋的眼睛。刘熙《释名》说："窗，聪也；于内窥外，为聪明也。"正跟凯罗《挽歌》起句所谓："双瞳如小窗，佳景收历历。"同样地只说着一半。眼睛是灵魂的窗户，我们看见外界，同时也让人看到了我们的内心；眼睛往往跟着心在转，所以孟子认为"相认莫良于眸子"，梅特林克戏剧里的情人接吻时不闭眼，可以看见对方有多少吻要从心里上升到嘴边。我们跟戴黑眼镜的人谈话，总觉得捉摸不住他的用意，仿佛他以假面具相对，就是为此。

> ——节选自钱钟书《窗》

文化是民族的精神命脉，文艺是时代的号角。古人说："文者，贯道之器也。"新时代新征程是当代中国文艺的历史方位。广大文艺工作者要深刻把握民族复兴的时代主题，把人生追求、艺术生命同国家前途、民族命运、人民愿望紧密结合起来，以文弘业、以文培元、以文立心、以文铸魂，把文艺创造写到民族复兴的历史上、写在人民奋斗的征程中。广大文艺工作者要树立大历史观、大时代观，眼纳千江水、胸起百万兵，把握历史进程和时代大势，反映中华民族的千年巨变，揭示百年中国的人间正道，弘扬以爱国主义为核心的民族精神和以改革创新为核心的时代精神，弘扬伟大建党精神，唱响昂扬的时代主旋律。源于人民、为了人民、属于人民，是社会主义文艺的根本立场，也是社会主义文艺繁荣发展的动力所在。广大文艺工作者要坚持以人民为中心的创作导向，把人民放在心中最高位置，把人民满意不满意作为检验艺术的最高标准，创作更多满足人民文化需求和增强人民精神力量的优秀作品，让文艺的百花园永远为人民绽放。

> ——节选自"学习强国"学习平台

4. 朗读下面的作品，可参考后面的拼音，尽量读准确，并给画线词语或你认为难读的词语注音。

作品 40 号

二〇〇〇年，中国第一个以科学家名字命名的股票"隆平高科"上市。八年后，名誉董事长（　　　　　　　）袁隆平所持有的股份以市值计算已经过亿。从此，袁隆平又多了个"首富科学家"的名号。而他身边的学生和工作人员，却很难把这位老人和"富翁"联系起来。

"他哪里有富人的样子。"袁隆平的学生们笑着议论。在学生们的印象里，袁老师永远黑黑瘦瘦，穿一件软塌塌的衬衣（　　　　　　　　）。在一次会议上，袁隆平坦言："不错，我身价二〇〇八年就一千零八亿了，可我真的有那么多钱吗？没有。我现在就是靠每个月六千多元的工资生活，已经很满足了。我今天穿的衣服就五十块钱，但我喜欢的还是昨天穿的那件十五块钱的衬衫，穿着很精神（　　　　　　　）。"袁隆平认为，"一个人的时间和精力是有限的，如果老想着享受，哪有心思搞科研？搞科学研究就是要淡泊名利，踏实做人（　　　　　　）"。

在工作人员眼中，袁隆平其实就是一位身板硬朗的"人民农学家"，"老人下田从不要人搀扶，拿起套鞋（　　　　　　），脚一蹬就走"。袁隆平说："我有八十岁的年龄，五十多岁的身体，三十多岁的心态，二十多岁的肌肉弹性。"袁隆平的业余生活非常丰富，钓鱼、打排球、听音乐……他说，就是喜欢这些//不花钱的平民项目。

二〇一〇年九月，袁隆平度过了他的八十岁生日。当时，他许了个愿：到九十岁时，要实现亩产一千公斤！如果全球百分之五十的稻田种植杂交水稻，每年可增产一点五亿吨粮食，可多养活四亿到五亿人口。

——节选自刘畅《一粒种子造福世界》

Zuòpǐn 40 Hào

Èr líng líng líng nián, Zhōngguó dì一yī gè yǐ kēxuéjiā míngzi mìngmíng de gǔpiào "Lóngpíng Gāokē" shàngshì. Bā niánhòu, míngyù dǒngshìzhǎng Yuán Lóngpíng suǒ chí yǒu de gǔfèn yǐ shìzhí jìsuàn yǐ • jīng guò yì. Cóngcǐ, Yuán Lóngpíng yòu duō le gè "shǒufù kēxuéjiā" de mínghào. Ér tā shēnbiān de xuésheng hé gōngzuò rényuán, què hěn nán bǎ zhè wèi lǎorén hé "fùwēng" lián xì qǐ • lái.

"Tā nǎ • lǐ yǒu fùrén de yàngzi." Yuán Lóngpíng de xuéshengmen xiàozhe yìlùn. Zài xuésheng men de yìnxiàng • lǐ, Yuán lǎo shī yǒngyuǎn hēihēishòushòu, chuān yī jiàn ruǎntātā de chènyī. Zài yī cì huìyì·shàng, Yuán Lóngpíng tǎnyán："Bùcuò, wǒ shēnjiā èr líng líng bā nián jiù yīqiān líng bā yì le, kě wǒ zhēn de yǒu nàme duō qián ma? Méi·yǒu. Wǒ xiànzài jiù shì kào měi gè yuè liùqiān duō yuán de gōngzī shēnghuó, yǐ·jīng hěn mǎnzú le. Wǒ jīntiān chuān de yīfu jiù wǔ shí kuài qián, dàn wǒ xǐhuān de hái shì zuótiān chuān de nà jiàn shíwǔ kuàiqián de chènshān, chuān zhe hěn jīngshen." Yuán Lóngpíng rènwéi, "yī gè rén de shíjiān hé jīnglì shì yǒuxiàn de, rúguǒ lǎo xiǎng zhe xiǎngshòu, nǎ yǒu xīnsi gǎo kēyán? Gǎo kēxué yánjiū jiù shì yào dànbó—mínglì, tàshi zuòrén".

Zài gōngzuò rényuán yǎnzhōng, Yuán Lóngpíng qíshí jiù shì yī wèi shēnbǎnr yìnglang de "rénmín nóngxué jiā", "lǎorén xià tián cóng bù yào rén chānfú, ná qǐ tàoxié, jiǎo yī dèng jiù zǒu". Yuán Lóngpíng shuō: "Wǒ yǒu bāshí suì de niánlíng, wǔshí duō suì de shēntǐ, sānshí duō suì de xīntài, èrshí duō suì de jīròu tánxìng." Yuán Lóngpíng de yèyú shēnghuó fēicháng fēngfù, diàoyú、dǎpáiqiú、tīng yīnyuè……Tā shuō, jiù shì xǐhuān zhè xiē//bù huā qián de píngmín xiàngmù.

Èr líng yī líng nián jiǔyuè, Yuán Lóngpíng dùguòle tā de bāshí suì shēngrì. Dāngshí, tā xǔ le gè yuàn: dàojiǔ shí suì shí, yào shíxiàn mǔchǎn yīqiān gōngjīn! Rúguǒ quánqiú bǎi fēn zhī wǔshí de dàotián zhòngzhí zájiāo shuǐdào, měi nián kě zēngchǎn yī diǎn wǔ yì dūn liángshí, kě duō yǎnghuó sì yì dào wǔ yì rénkǒu.

——Jiéxuǎn zì Liú Chàng《Yī Lì Zhòngzi Zàofú Shìjiè》

第二十一课　阴平调的训练

本课主要任务

1. 掌握阴平调的发音要领，通过阴平调的训练，提高阴平调的发音能力，保证发音质量。
2. 熟练掌握所列的一组阴平调词语的发音，达到字字精确。
3. 以《普通话水平测试实施纲要》41、42 号作品为主，进行一组练习，所列课后练习在一周内完成。

一、发音要点

1. 阴平调的发音分类

阴平调属于第一声，也就是平时所说的一声，其调值是 55（见附录 2）。

2. 阴平调的发音方法

阴平调发音时又高又平。也就是说在 5 度的高度上发音，在发音的过程中始终保持 5 的高度不变化，没有高低抑扬的不同。

二、词语练习

这组阴平调的词语可起到各声调、各声母和韵母对比练习的目的。

踏实 tā·shi	庵堂 ān táng	晶状 jīng zhuàng	鹦鹉 yīng wǔ
挨个 āi gè	颁布 bān bù	糟粕 zāo pò	崎岖 qí qū
巅峰 diān fēng	甘霖 gān lín	熏呛 xūn qiàng	干燥 gān zào
凄楚 qī chǔ	穿梭 chuān suō	羁押 jī yā	柯妹 kē mèi

殷勤 yīn qín	昆曲 kūn qǔ	担架 dān jià	抗争 kàng zhēng
瓢泼 piáo pō	摔跤 shuāi jiāo	科室 kē shì	他弟 tā dì
绦带 tāo dài	医疗 yī liáo	外藩 wài fān	兜售 dōu shòu
柑橘 gān jú	樟脑 zhāng nǎo	答应 dā·ying	青稞 qīng kē
喧嚣 xuān xiāo	湮没 yān mò	挥篙 huī gāo	摞砖 luò zhuān
节子 jiē·zi	唐突 táng tū	背枪 bēi qiāng	兼课 jiān kè
宫阙 gōng què	硫酸 liú suān	丧事 sāng shì	创伤 chuāng shāng
咖啡 kā fēi	激励 jī lì	监狱 jiān yù	生擒 shēng qín
胭脂 yān·zhi	掏淤 tāo yū	泪汪 lèi wāng	更迭 gēng dié
供求 gōng qiú	梳妆 shū zhuāng	坩埚 gān guō	颅腔 lú qiāng
骨碌 gū·lu	规模 guī mó	京津 jīng jīn	揩去 kāi qù
失败 shī bài	杜鹃 dù juān	溪涧 xī jiàn	腮腺 sāi xiàn
添哨 tiān shào	莺噪 yīng zào	凉羹 liáng gēng	

三、兴趣材料

读一读、练一练下面的绕口令。

黄毛猫偷吃灌汤包 huáng máo māo tōu chī guàn tāng bāo

王家有只黄毛猫，Wáng·jia yǒu zhī huáng máo māo，
偷吃汪家灌汤包，tōu chī Wāng·jiā guàn tāng bāo，
汪家打死王家的黄毛猫。Wāng·jia dǎ sǐ Wáng·jia de huáng máo māo.
王家要汪家赔王家的黄毛猫，Wáng·jia yào Wāng·jia péi Wáng·jia de huáng máo māo，
汪家要王家赔汪家的灌汤包。Wāng·jia yào Wáng·jia péi Wāng·jia de guàn tāng bāo.

四、短文朗读

朗读下面的短文，力求读对每一个字音。

Zuò pǐn sìshíyī Hào
作 品 41 号

běijīng de Yí hé yuán shì gè měi lì de dà gōngyuán.
北京 的 颐 和 园 是 个 美 丽 的 大 公 园。

jìn le Yí hé yuán de dà mén，rào guò dà diàn，jiù lái dào yǒu míng de cháng láng.lǜ qī de
进 了 颐 和 园 的 大 门，绕 过 大 殿，就 来 到 有 名 的 长 廊。绿 漆 的

zhù zi，hóng qī de lán gān，yī yǎn wàng·bù dào tóu.zhè tiáo cháng láng yǒu qī bǎi duō mǐ cháng，
柱 子，红 漆 的 栏 杆，一 眼 望 不 到 头。这 条 长 廊 有 七 百 多 米 长，

fēnchéng èr bǎi qī shísān jiān·měi yī jiān de héngjiàn·shàng dōu yǒu wǔcǎi de huà, huàzhe rénwù、
分成 二百七十三 间。每一 间的 横槛 上 都 有 五彩 的 画,画着 人物、

huācǎo、fēngjǐng, jǐ qiān fú huà méi·yǒu nǎ liǎng fú shì xiāngtóng de·chángláng liǎngpáng zāi
花草、风景,几千 幅 画 没 有 哪 两 幅 是 相同 的。长廊 两 旁 栽

mǎn le huāmù, zhè yī zhǒng huā hái méi xiè, nà yī zhǒng huā yòu kāi le·wēifēng cóng zuǒ·biān
满了 花木,这一 种 花 还 没 谢,那一 种 花 又 开了。微风 从 左 边

de Kūnmíng hú ·shàng chuī·lái, shǐ rén shénqīng-qì shuǎng·
的 昆明湖 上 吹来,使人 神清气爽 。

zǒu wán chángláng, jiù lái dào le Wànshòushān jiǎo·xià. tái tóu yī kàn, yī zuò bā jiǎo bǎo tǎ
走完 长廊,就 来 到 了 万寿山 脚下。抬头 一看,一座 八角 宝塔

xíng de sāncéng jiànzhù sǒng lì zài bànshān yāo·shàng, huáng sè de liú·lí wǎ shǎnshǎn fā guāng·nà
形 的 三层 建筑 耸立 在 半山 腰上 ,黄色 的 琉璃瓦 闪闪 发 光。那

jiù shì Fó xiāng gé·xià·miàn de yī páipái jīn bì-huīhuáng de gōngdiàn, jiù shì Páiyúndiàn·
就是 佛香阁。下 面 的 一排排 金碧 辉煌 的 宫殿,就是 排云殿。

dēng·shàng Wànshòushān, zhàn zài Fó xiāng gé de qián·miàn xiàng xià wàng, Yí hé yuán de
登 上 万寿山,站 在 佛香阁 的 前 面 向 下 望,颐和园 的

jǐng sè dà bàn shōu zài yǎn dǐ·cōng yù de shù cóng, yǎnyìng-zhe huáng de lǜ de liú·lí wǎ wū
景色 大半 收 在 眼底。葱郁 的 树丛,掩映 着 黄 的 绿 的 琉璃瓦 屋

dǐng hé zhū hóng de gōng qiáng·zhèng qián·miàn, Kūnmíng hú jìng de xiàng yī miàn jìng zi, lǜ
顶 和 朱红 的 宫 墙。正 前 面,昆明湖 静 得 像 一 面 镜子,绿

de xiàng yī kuài bì yù·yóu chuán、huà fǎng zài hú miàn mànmàn de huá guò, jī hū bù liú yī
得 像 一 块 碧玉。游船、画舫 在 湖面 慢慢 地 滑过,几乎 不 留 一

diǎnr hén jì·xiàng dōng yuǎn tiào, yǐn yǐn yuē yuē kě yǐ wàng·jiàn jǐ zuò gǔ lǎo de chéng lóu hé
点儿 痕迹。向 东 远眺,隐隐约约 可 以 望见 几 座 古老 的 城楼 和

chéng·lǐ de bái tǎ·
城 里 的 白塔。

cóng Wànshòushān xià·lái, jiù shì Kūnmíng hú·Kūnmíng hú wéizhe chángcháng de dī'àn, dī
从 万寿山 下来,就 是 昆明湖。昆明湖 围着 长 长 的 堤岸,堤

·shàng yǒu hǎo jǐ zuò shìyàng bù tóng de shí qiáo, liǎng àn zāi zhe shù·bù qīng de chuí liǔ·hú
上 有 好几 座 式样 不 同 的 石桥,两岸 栽着 数不清 的 垂柳。湖

zhōngxīn yǒu gè xiǎodǎo, yuǎn yuǎn wàng qù, dǎo·shàng yī piàn cōng lǜ, shù cóng zhōng lù chū
中心 有 个 小岛,远 远 望 去,岛 上 一 片 葱绿,树 丛 中 露出

gōngdiàn de yī jiǎo. // yóurén zǒu guò chángcháng de shí qiáo, jiù kě yǐ qù xiǎodǎo·shàng wánr·
宫殿 的 一 角。//游人 走 过 长 长 的 石桥,就 可 以 去 小岛 上 玩。

zhè zuò shí qiáo yǒu shí qī gè qiáodòng, jiào Shí qī kǒng qiáo·qiáo lángān·shàng yǒu shàng bǎi gēn
这 座 石桥 有 十七 个 桥洞,叫 十七孔 桥。桥 栏杆 上 有 上 百 根

shí zhù, zhù zǐ·shàng dōu diāo kè zhe xiǎo shī zi·zhè me duō de shī zi, zī tài bù yī, méi yǒu nǎ
石柱,柱子 上 都 雕刻着 小 狮子。这么 多 的 狮子,姿态 不一,没有 哪

liǎng zhǐ shì xiāng tóng de·
两 只 是 相 同 的。

　　Yí hé yuán dào chù yǒu měi lì de jǐng sè，shuō yě shuō·bù jìn，xī wàng nǐ yǒu jī·huì qù
　　颐和园 到处 有 美丽 的 景色，说 也 说 不 尽，希望 你 有 机会 去

xì xì yóu shǎng·
细细 游 赏 。

—— Jié xuǎn zì Yuán Yīng《 Yí hé yuán 》
——节 选 自 袁 鹰《颐 和 园 》

五、课后练习

1. 按本来的读音给下面的词语注音，读一读。

凉羹（　　）	踏实（　　）	失败（　　）	硫酸（　　）
梳妆（　　）	掏淤（　　）	生擒（　　）	殷勤（　　）
挨个（　　）	巅峰（　　）	兼课（　　）	摔跤（　　）
摞砖（　　）	腮腺（　　）	激励（　　）	羁押（　　）
更迭（　　）	颅腔（　　）	京津（　　）	兜售（　　）
干燥（　　）	穿梭（　　）	创伤（　　）	绦带（　　）
唐突（　　）	抗争（　　）	湮没（　　）	鹦鹉（　　）
答应（　　）	杜鹃（　　）	莺噪（　　）	挥篙（　　）
糟粕（　　）	熏呛（　　）	外藩（　　）	咖啡（　　）
骨碌（　　）	科室（　　）	坩埚（　　）	节子（　　）
颁布（　　）	昆曲（　　）	晶状（　　）	胭脂（　　）
庵堂（　　）	柯妹（　　）	溪涧（　　）	供求（　　）
他弟（　　）	崎岖（　　）	规模（　　）	凄楚（　　）
柑橘（　　）	揩去（　　）	瓢泼（　　）	喧嚣（　　）
樟脑（　　）	监狱（　　）	青稞（　　）	添哨（　　）
担架（　　）	背枪（　　）	医疗（　　）	丧事（　　）
宫阙（　　）	甘霖（　　）	泪汪（　　）	

2. 读下面的这首词并注音，请注意声调的调值。

　　寻寻觅觅，冷冷清清，凄凄惨惨戚戚。乍暖还寒时，最难将息。三杯两盏淡酒，怎敌他，晚来风急！雁过也，正伤心，却是旧时相识。

　　满地黄花堆积，憔悴损，如今有谁堪摘！守着窗儿，独自怎生得黑？梧桐更兼细雨，到黄昏，点点滴滴。这次第，怎一个愁字了得！

——李清照《声声慢》

3. 读下面的短文，标出每个字的拼音。

老驴推磨，一圈又一圈地转着。

他觉得自己走了不少的路，他对自己的成绩感到分外地满意。

"一里、二里……十里……百里、千里……真了不起，我已走了这么长的路。"

老驴把眼镜推到额上，眯上双眼，对自己的事业越来越满意地欣赏起来，频频点头微笑着。

旁边的黄牛对他说："老兄，不要把自己估计太高了，你不过是在原地打转，一步也没有前进呀！"

老驴马上发火了："什么，胡说！我的腿天天在走路，这难道不是铁一般的事实吗？哼！现在我知道为什么有这样不负责的批评，原来庸人都是妒忌天才的！"

——金江《老驴推磨》

"中国实施精准扶贫方略，走出一条中国特色减贫道路，重要内容之一就是将教育作为阻断贫困代际传递、实现脱贫致富的根本之策。"教育部副部长田学军在教育扶贫国际研讨会开幕式致辞中指出，贫困是人类社会面临的共同挑战，消除贫困是联合国 2030 年可持续发展议程的首要目标，普及有质量的教育是消除贫困的关键基础。

"中国教育扶贫有 4 个重点目标，一是教育公平和教育质量，以及能够保证全民受到教育；二是加强高等教育区域发展能力建设；三是加强职业教育，提高就业驱动型就业能力；四是推进继续教育培训，提高劳动力市场竞争力。"王力指出，基于这样的目标，中国从包容、公平、平等、精准和全面等五方面入手，制定了教育扶贫的政策框架。

中国联合国教科文组织全国委员会秘书长秦昌威指出，中国的巨大成功和世界各地的共同努力让我们看到：只要有坚定决心、不懈努力和科学策略，就能够普及教育，消灭贫困。"中国愿深化国际合作与交流，不断加大对非洲等发展中国家的支持力度，携手推进实现联合国 2030 年可持续发展目标。"秦昌威说。

——节选自 2021 年 4 月 30 日环球网

4. 朗读下面的作品，可参考后面的拼音，尽量读准确，并给画线词语或你认为难读的词语注音。

作品 42 号

一谈到读书，我的话就多了！

我自从会认字后不到几年，就开始读书。<u>倒不是</u>（　　　　）四岁时读母亲给我的商务印书馆出版的国文教科书第一册的"天、地、日、月、山、水、土、木"以后的那几册，而是七岁时开始自己读的"话说天下大势，分久必合，合久必分……"的《三国演义》。

那时，我的舅父杨子敬先生每天晚饭后必给我们几个表兄妹讲一段《三国演义》，我听得<u>津津有味</u>（　　　　　　），什么"宴桃园豪杰三结义，斩黄巾<u>英雄</u>（　　　）首立功"，真是好听极了。但是他讲了半个钟头，就停下去干他的公事了。我只好带着对于故事下文的无限悬念，在母亲的催促下，含泪上床。

此后，我决定咬了牙，拿起一本《三国演义》来，自己<u>一知半解</u>（　　　　　）地读了下去，居然越看越懂，虽然字音都读得不对，比如把"凯"念作"岂"，把"诸"念作"者"之类，因为我只学过那个字一半部分。

谈到《三国演义》，我第一次读到关羽死了，哭了一场，把书丢下了。第二次再读到诸葛亮死了，又哭了一场，又把书丢下了，最后忘了是什么时候才把全书读到"分久必合"的结局。

这时我同时还看了母亲<u>针线笸箩</u>（　　　　　　）里常放着的那几本《聊斋志异》，聊斋故事是短篇的，可以随时拿起放下，又是文言的，这对于我的//作文课很有帮助，因为老师曾在我的作文本上批着"柳州风骨，长吉清才"的句子，其实我那时还没有读过柳宗元和李贺的文章，只因那时的作文，都是用文言写的。

书看多了，从中也得到一个体会，物怕比，人怕比，书也怕比，"不比不知道，一比吓一跳"。

因此，某年的六一国际儿童节，有个儿童刊物要我给儿童写几句指导读书的话，我只写了九个字，就是：

读书好，多读书，读好书。

——节选自冰心《忆读书》

Zuòpǐn 42 Hào

Yī tándào dúshū, wǒ de huà jiù duō le!

Wǒ zìcóng huì rèn zì hòu bù dào jǐ nián, jiù kāishǐ dúshū. Dào bù shì sì suì shí dú mǔ · qīn gěi wǒ de Shāngwù Yìnshūguǎn chūbǎn de guówén jiàokēshū dì—yī cè de "tiān、 dì、 rì、 yuè、 shān、 shuǐ、 tǔ、 mù" yǐhòu de nà jǐ cè, ér shì qī suì shí kāishǐ zìjǐ dú de "Huà shuō tiānxià dàshì, fēn jiǔ bì hé, hé jiǔ bì fēn……" de 《Sān Guó Yǎnyì》.

Nàshí, wǒ de jiùfù Yáng Zǐjìng xiānsheng měi tiān wǎnfàn hòu bì gěi wǒmen jǐ gè biǎoxiōngmèi jiǎng yī duàn 《Sān Guó Yǎnyì》, wǒ tīng de jīnjīn — yǒuwèi, shénme "Yàn táoyuán háojié sān jiéyì, zhǎn Huángjīn yīngxióng shǒu lìgōng", zhēnshi hǎotīng jí le. Dànshì tā jiǎngle bàn gè zhōngtóu, jiù tíng • xià qù gàn tā de gōngshì le. Wǒ zhǐhǎo dàizhe duìyú gùshi xiàwén de wúxiàn xuánniàn, zài mǔ • qīn de cuīcù • xià, hán lèi shàng chuáng.

Cǐhòu, wǒ juédìng yǎole yá, náqǐ yī běn 《Sān Guó Yǎnyì》 lái, zìjǐ yīzhī — bànjiě de dúle xià • qù, jūrán yuè kàn yuè dǒng, suīrán zìyīn dōu dú de bù duì, bǐrú bǎ "kǎi" niànzuò "qǐ", bǎ "zhū" niànzuò "zhě" zhīlèi, yīn • wèi wǒ zhǐ xuéguo nàgè zì yībàn bùfen.

Tándào 《Sān Guó Yǎnyì》, wǒ dì—yī cì dúdào Guān Yǔ sǐ le, kūle yī cháng, bǎ shū diū • xià le. Dì—èr cì zài dúdào Zhūgě Liàng sǐ le, yòu kūle yī cháng, yòu bǎ shū diū • xià le, zuìhòu wàngle shì shénme shíhou cái bǎ quán shū dúdào "fēn jiǔ bì hé" de jiéjú.

Zhèshí wǒ tóngshí hái kànle mǔ • qīn zhēnxiàn pǒluo • lǐ cháng fàngzhe de nà jǐ běn 《Liáozhāi Zhì Yì》, Liáozhāi gùshi shì duǎnpiān de, kěyǐ suíshí náqǐ fàng • xià, yòu shì wényán de, zhè duìyú wǒ de//zuòwénkè hěn yǒu bāngzhù, yīn • wèi lǎoshī céng zài wǒ de zuòwénběn • shàng pīzhe "Liǔzhōu fēnggǔ, Chángjí qīngcái" de jùzi, qíshí wǒ nàshí hái méi • yǒu dúguo Liǔ Zōngyuán hé Lǐ Hè de wénzhāng, zhǐ yīn nàshí de zuòwén, dōu shì yòng wényán xiě de.

Shū kàn duō le, cóngzhōng yě dédào yī gè tǐhuì, wù pà bǐ, rén pà bǐ, shū yě pà bǐ, "Bù bǐ bù zhī • dào, yī bǐ xià yī tiào".

Yīncǐ, mǒu nián de Liù—Yī Guójì Értóng Jié, yǒu gè értóng kānwù yào wǒ gěi értóng xiě jǐ jù zhǐdǎo dú shū de huà, wǒ zhǐ xiěle jiǔ gè zì, jiù shì:

Dú shū hǎo, duō dú shū, dú hǎo shū.

——Jiéxuǎn zì Bīngxīn 《Yì Dú Shū》

第二十二课　阳平调的训练

本课主要任务

1. 掌握阳平调的发音要领，通过阳平调词语训练，提高阳平调的发音能力，保证发音质量。
2. 熟练掌握所列声调为阳平调的一组词语的发音，达到字字精确。
3. 以《普通话水平测试实施纲要》43、44号作品为主，进行一组练习，所列课后练习在一周内完成。

一、发音要点

1. 阳平调的发音分类

阳平调是普通话声调里的第二声，其调值是 35（见附录 2）。

2. 阳平调的发音方法

按 5 度来计算声调的高低幅度，阳平调是从中间 3 的位置起音，升起到 5 度，也称为中起阳平。

二、词语练习

词语按阳平调分组，兼顾其他声调，可进行声韵调混合对比练习。

咯咳 kǎ ké	琵琶 pí·pa	扛筏 káng fá	青苔 qīng tái
麦啤 mài pí	廊檐 láng yán	谭兄 Tán xiōng	嫌慢 xián màn
叛降 pàn xiáng	凯旋 kǎi xuán	淘汰 táo tài	还阳 huán yáng
琳琅 lín láng	牢骚 láo·sāo	遨游 áo yóu	时髦 shí máo

核稿 hé gǎo	裴家 péi jiā	梅蚜 méi yá	冥思 míng sī
分歧 fēn qí	任县 rén xiàn	填鸭 tián yā	长啸 cháng xiào
舒徐 shū xú	觉悟 jué wù	汲取 jí qǔ	葡萄 pú·tao
浓郁 nóng yù	白皙 bái xī	玄学 xuán xué	悚然 sǒng rán
即将 jí jiāng	拂过 fú guò	疑阵 yí zhèn	乘幂 chéng mì
屏障 píng zhàng	评聘 píng pìn	罗列 luó liè	瘠薄 jí bó
空暇 kòng xiá	湖泊 hú pō	由衷 yóu zhōng	俞允 yú yǔn
淳朴 chún pǔ	含氟 hán fú	伦巴 lún bā	踱回 duó huí
驮运 tuó yùn	巡逻 xún luó	陀螺 tuó luó	锡箔 xī bó
虔诚 qián chéng	翔实 xiáng shí	薪酬 xīn chóu	炒股 chǎo gǔ
隔阂 gé hé	辄止 zhé zhǐ	蛆蠕 qū rú	竹凳 zhú dèng
豪爽 háo shuǎng	垂帘 chuí lián	荷花 hé huā	韦氏 Wéi shì
扒房 bā fáng	寻觅 xún mì	凌锥 líng zhuī	畦田 qí tián
佯攻 yáng gōng	葛根 gé gēn	贪婪 tān lán	蜻蜓 qīng tíng

三、兴趣材料

读一读、练一练下面的绕口令。

七夕 qī xī

莲漏难流连，lián lòu nán liú lián,
南楼辇路凉。nán lóu niǎn lù liáng.
年年来会汝，nián nián lái huì rǔ,
两泪落牛郎。liǎng lèi lòu niú láng.

四、短文朗读

朗读下面的短文，力求读对每一个字音。

Zuò pǐn sìshísān Hào
作 品 43 号

Xú Xiá kè shì Míngcháo mònián de yī wèi qí rén. Tā yòng shuāng jiǎo, yī bù yī bù de zǒu
徐 霞 客 是 明 朝 末 年 的 一 位 奇 人。他 用 双 脚，一 步 一 步 地 走

biàn le bàn gè Zhōngguó dà lù, yóu lǎnguo xǔ duō míng shān - dà chuān, jīng lì guo xǔ duō qí rén -
遍 了 半 个 中 国 大 陆，游 览 过 许 多 名 山 大 川，经 历 过 许 多 奇 人

yì shì. Tā bǎ yóu lì de guān chá hé yán jiū jì lù xià·lái, xiě chéng le《Xú Xiá kè Yóu jì》zhè běn
异 事。他 把 游 历 的 观 察 和 研 究 记 录 下 来，写 成 了《徐 霞 客 游 记》这 本

qiān gǔ qí shū.
千 古 奇 书。

Dāng shí de dú shū rén, dōu máng zhe zhuī qiú kē jǔ gōng míng, bào zhe "Shí nián hán chuāng
当时的读书人，都 忙 着 追求 科举 功名，抱着"十年 寒窗

wú rén wèn, yī jǔ chéng míng tiān xià zhī" de guān niàn, mái tóu yú jīng shū zhī zhōng. Xú Xiá kè
无人问，一举 成名 天下知"的 观念，埋头于经书之中。徐霞客

què zhuó ěr - bù qún, zuì xīn yú gǔ jīn shǐ jí jí dì zhì, shān hǎi tú jīng de shōu jí hé yán dú. Tā
却 卓尔不群，醉心于古今史籍及地志、山 海图经的 收集和研读。他

fā xiàn cǐ lèi shū jí hěn shǎo, jì shù jiǎn lüè qiě duō yǒu xiāng hù máo dùn zhī chù, yú shì tā lì
发现 此类书籍很 少，记述简略且多有 相互矛盾之处，于是他立

xià xióng xīn - zhuàng zhì, yào zǒu biàn tiān xià, qīn zì kǎo chá.
下 雄心 壮志，要 走遍 天下，亲自考察。

Cǐ hòu sān shí duō nián, tā yǔ cháng fēng wèi wǔ, yún wù wèi bàn, xíng chéng jiǔ wàn lǐ, lì
此后 三十多年，他与 长风为伍，云雾为伴，行程 九万里，历

jìn qiān xīn - wàn kǔ, huò dé le dà liàng dì - yī shǒu kǎo chá zī liào. Xú Xiá kè rì jiān pān xiǎn fēng,
尽 千辛 万苦，获得了大量 第一手 考察资料。徐霞客日间攀 险峰，

shè wēi jiàn, wǎn shang jiù shì zài pí láo, yě yī dìng lù xià dāng rì jiàn wén. Jí shǐ huāng yě lù sù,
涉危涧，晚上 就是 再疲劳，也一定录下 当日见闻。即使 荒野露宿，

qī shēn dòng xué, yě yào "Rán sōng shí suì, zǒu bǐ wéi jì".
栖身 洞穴，也要"燃 松拾穗，走笔为记"。

Xú Xiá kè de shí dài, méi yǒu huǒ chē, méi yǒu qì chē, méi yǒu fēi jī, tā suǒ qù de xǔ duō
徐霞客的 时代，没有 火车，没有汽车，没有飞机，他所去的许多

dì fang lián dào lù dōu méi yǒu, jiā shàng Míng cháo mò nián zhì 'ān bù hǎo, dào fěi héng xíng, cháng
地方 连道路都 没有，加上 明朝 末年治安不好，盗匪 横行，长

tú lǚ xíng shì fēi cháng jiān kǔ yòu fēi cháng wēi xiǎn de shì.
途旅行是非常 艰苦又非常 危险的事。

Yǒu yī cì, tā hé sān gè tóng bàn dào xī nán dì qū, yán lù kǎo chá shí huī yán dì xíng hé
有一次，他和三个同伴到 西南地区，沿路考察石灰岩地形和

Cháng Jiāng yuán liú. Zǒu le èr shí tiān, yī gè tóng bàn nán nài lǚ tú láo dùn, bù cí ér bié. Dào
长 江 源流。走了二十天，一个 同伴 难耐旅途劳顿，不辞而别。到

le Héng yáng fù jìn yòu zāo yù tǔ fěi qiǎng jié, cái wù jìn shī, hái xiǎn // xiē bèi shā hài. Hǎo bù róng
了 衡 阳附近又 遭遇 土匪 抢劫，财物尽失，还险//些被杀害。好不容

yì dào le Nán níng, lìng yí gè tóng bàn bù xìng bìng sǐ, Xú Xiá kè rěn tòng jì xù xī xíng. Dào le
易到了南宁，另一个同伴不幸 病死，徐霞客忍痛 继续西行。到了

Dà lǐ, zuì hòu yī gè tóng bàn yě yīn wèi chī bù liǎo kǔ, tōu tōu de zǒu le, hái dài zǒu le tā jǐn
大理，最后一个同伴也因为吃不了苦，偷偷地走了，还带走了他仅

cún de xíng náng. Dàn shì, tā hái shì jiān chí mù biāo, jì xù tā de yán jiū gōng zuò, zuì hòu zhǎo dào
存的 行囊。但是，他还是 坚持目标，继续他的 研究 工作，最后 找到

le dá àn, tuī fān lì shǐ shàng de cuò wù, zhèng míng Cháng Jiāng de yuán liú bù shì Mín Jiāng ér
了答案，推翻历史 上的 错误，证明 长 江的 源流不是岷江而

shì Jīnshā Jiāng.
是 金沙　江 。

—— Jiéxuǎn zì《Yuè dú Dà dì de Xú Xiá kè》
——节 选 自《阅 读 大 地 的 徐 霞 客》

五、课后练习

1. 按本来的读音给下面的词语注音，读一读。

疑阵（　）	翔实（　）	凯旋（　）	窈窕（　）
蛆蠕（　）	豪爽（　）	廊檐（　）	拂过（　）
咯咳（　）	伦巴（　）	扒房（　）	冥思（　）
嫌慢（　）	琳琅（　）	遨游（　）	白皙（　）
含氟（　）	俞允（　）	空暇（　）	汲取（　）
舒徐（　）	瘠薄（　）	薪酬（　）	屏障（　）
扛筏（　）	凌锥（　）	隔阂（　）	还阳（　）
时髦（　）	任县（　）	裴家（　）	踱回（　）
核稿（　）	巡逻（　）	虔诚（　）	谭兄（　）
淘汰（　）	浓郁（　）	悚然（　）	玄学（　）
辄止（　）	乘幂（　）	青苔（　）	寻觅（　）
琵琶（　）	韦氏（　）	麦啤（　）	荷花（　）
长啸（　）	湖泊（　）	垂帘（　）	牢骚（　）
叛降（　）	竹凳（　）	觉悟（　）	淳朴（　）
炒股（　）	评聘（　）	由衷（　）	填鸭（　）
梅蚜（　）	锡箔（　）	分歧（　）	劈柴（　）
葡萄（　）	罗列（　）	畦田（　）	陀螺（　）
即将（　）	驮运（　）	佯攻（　）	葛根（　）
贪婪（　）	蜻蜓（　）		

2. 读下面的这首词并注音。

纤云弄巧，飞星传恨，银汉迢迢暗度。金风玉露一相逢，便胜却人间无数。

柔情似水，佳期如梦，忍顾鹊桥归路。两情若是久长时，又岂在朝朝暮暮！

——秦观《鹊桥仙》

3. 读下面的短文，标出每个字的声调，注意对调值的把握。

狐狸钻进羊群，抱起一只正在吃奶的羊羔，假意抚爱他。狗见了，问道："你这是干什么呀？"狐狸说："我照料他，逗他玩。"狗说："你不立刻放下这羊羔，我就叫你尝尝狗的抚爱。"

这故事适用于对付恶棍和窃贼。

——伊索《狐狸和狗》

为介绍共建"一带一路"10年来取得的成果，进一步增进国际社会的认识理解，推进共建"一带一路"高质量发展，让"一带一路"惠及更多国家和人民，国务院新闻办公室10日发布《共建"一带一路"：构建人类命运共同体的重大实践》白皮书。

白皮书说，2013年3月，习近平主席提出构建人类命运共同体理念；9月和10月，先后提出共建"丝绸之路经济带"和"21世纪海上丝绸之路"。共建"一带一路"倡议，创造性地传承弘扬古丝绸之路这一人类历史文明发展成果，并赋予其新的时代精神和人文内涵，为构建人类命运共同体提供了实践平台。

白皮书指出，10年来，在各方的共同努力下，共建"一带一路"从中国倡议走向国际实践，从理念转化为行动，从愿景转变为现实，从谋篇布局的"大写意"到精耕细作的"工笔画"，取得实打实、沉甸甸的成就，成为深受欢迎的国际公共产品和国际合作平台。

白皮书说，10年来，共建"一带一路"不仅给相关国家带来实实在在的利益，也为推进经济全球化健康发展、破解全球发展难题和完善全球治理体系作出积极贡献，开辟了人类共同实现现代化的新路径，推动构建人类命运共同体落地生根。

白皮书指出，中国愿与各国一道，坚定不移推动高质量共建"一带一路"，落实全球发展倡议、全球安全倡议、全球文明倡议，建设一个持久和平、普遍安全、共同繁荣、开放包容、清洁美丽的世界，让和平的薪火代代相传，让发展的动力源源不断，让文明的光芒熠熠生辉，共同绘制人类命运共同体的美好画卷！

——节选自2023年10月10日新华网

4. 朗读下面的作品，可参考后面的拼音，尽量读准确，并给画线词语或你认为难读的词语注音。

作品 44 号

造纸术（　　　　）的发明，是中国对世界文明的伟大贡献之一。

早在几千年前，我们的祖先就创造了文字。可那时候还没有纸，要记录一件事情，就用刀把文字刻在龟甲和兽骨（　　　　　）上，或者把文字铸刻在青铜器上。后来，人们又把文字写在竹片和木片上。这些竹片、木片用绳子穿起来，就成了一册书。但是，这种书很笨重，阅读、携带、保存都很不方便。古时候用"学富五车"形容一个人学问高，是因为书多的时候需要用车来拉。再后来，有了蚕丝织成的帛（　　　　　），就可以在帛上写字了。帛比竹片、木片轻便，但是价钱太贵，只有少数人能用，不能普及。

人们用蚕茧制作丝绵时发现，盛放蚕茧的篾席（　　　）上，会留下一层薄片，可用于书写。考古学家发现，在两千多年前的西汉时代，人们已经懂得了用麻来造纸。但麻纸比较粗糙，不便书写。

大约在一千九百年前的东汉时代，有个叫蔡伦的人，吸收了人们长期积累的经验，改进了造纸术。他把树皮、麻头、稻草、破布等原料剪碎或切断，浸在水里捣烂成浆；再把浆捞出来（　　　　　）晒干，就成了一种既轻便又好用的纸。用这种方法造的纸，原料容易得到，可以大量制造，价格又便宜，能满足多数人的需要，所//以这种造纸方法就传承下来了。

我国的造纸术首先传到邻近的朝鲜半岛和日本，后来又传到阿拉伯世界和欧洲，极大地促进了人类社会的进步和文化的发展，影响了全世界。

——节选自《纸的发明》

Zuòpǐn 44 Hào

Zàozhǐshù de fāmíng, shì Zhōngguó duì shìjiè wénmíng de wěidà gòngxiàn zhī yī.

Zǎo zài jǐqiān nián qián, wǒmen de zǔxiān jiù chuàngzàole wénzì. Kě nà shíhou hái méi·yǒu zhǐ, yào jìlù yī jiàn shìqíng, jiù yòng dāo bǎ wénzì kè zài guījiǎ hé shòugǔ·shàng, huòzhě bǎ wénzì zhùkè zài qīngtóngqì·shàng. Hòulái, rénmen yòu bǎ wénzì xiě zài zhúpiàn hé mùpiàn·shàng. Zhèxiē zhúpiàn、mùpiàn yòng shéngzi chuān qǐ·lái, jiù chéngle yī cè shū. Dànshì, zhè zhǒng shū hěn bènzhòng, yuèdú、xiédài、bǎocún dōu hěn bù fāngbiàn. Gǔshíhòu yòng "xuéfùwǔchē" xíngróng yī gè rén xuéwèn gāo, shì yīn·wéi shū duō de shíhou xūyào yòng chē lái lā. Zài hòulái, yǒule cánsī zhīchéng de bó, jiù kěyǐ zài bó·shàng xiě zì le. Bó bǐ zhúpiàn、mùpiàn qīngbiàn, dànshì jià·qián tài guì, zhǐyǒu shǎoshù rén néng yòng, bù néng pǔjí.

Rénmen yòng cánjiǎn zhìzuò sīmián shí fāxiàn, chéngfàng cánjiǎn de mièxí • shàng, huì liú • xià yī céng báopiàn, kě yòng yú shūxiě. Kǎogǔxuéjiā fāxiàn, zài liǎngqiān duō nián qián de Xī Hàn shídài, rénmen yǐ • jīng dǒng • déle yòng má lái zào zhǐ. Dàn mázhǐ bǐjiào cūcāo, bù biàn shūxiě.

Dàyuē zài yìqiān jiǔbǎi nián qián de Dōng Hàn shídài, yǒu gè jiào Cài Lún de rén, xīshōule rénmen chángqī jīlěi de jīngyàn, gǎijìnle zàozhǐ shù. Tā bǎ shùpí、mátóu、dàocǎo、pòbù děng yuánliào jiǎnsuì huò qiēduàn, jìn zài shuǐ • lǐ dǎolàn chéng jiāng; zài bǎ jiāng lāo chū • lái shàigān, jiù chéngle yī zhǒng jì qīngbiàn yòu hǎoyòng de zhǐ. Yòng zhè zhǒng fāngfǎ zào de zhǐ, yuánliào róngyì dédào, kěyǐ dàliàng zhìzào, jiàgé yòu piányi, néng mǎnzú duōshù rén de xūyào, suǒ//yǐ zhè zhǒng zào zhǐ fāngfǎ jiù chuánchéng xià • lái le.

Wǒguó de zàozhǐshù shǒuxiān chuándào línjìn de CháoXiǎn Bàndǎo hé Rìběn, hòulái yòu chuándào Ālābó shìjiè hé Ōuzhōu, jí dà de cùjìnle rénlèi shèhuì de jìnbù hé wénhuà de fāzhǎn, yǐngxiǎngle quánshìjiè.

——Jiéxuǎn zì 《Zhǐ de Fāmíng》

第二十三课 上声调及其变调的训练

本课主要任务

1. 掌握上声调及其变调的发音要领，通过上声调及其变调的训练，提高上声调的发音能力，保证发音质量。
2. 熟练掌握所列上声调及其变调的一组词语的发音，达到字字精确。
3. 以《普通话水平测试实施纲要》45、46 号作品为主，进行一组练习，所列课后练习在一周内完成。

一、发音要点

1. 上声的发音分类

上声是普通话的声调之一，一般称为第三声，其调值是 214，是普通话声调里唯一一个有曲折的声调，先降后升。

2. 上声的发音方法

一个单独的、完整的上声调分两个部分，先从 2 度降到 1 度，发音平稳，力度较轻，尔后上扬至 4 度，力度较强。这两个部分在发音时是两个直接过程的连接，中间不能有弯曲。也就是 2—1—4 的连续发音，但不能出现 2—1—1—4 的过程。

3. 上声的变调

上声在实际的表达中很少有上述的曲折，在多数情况下被发成了低平调，或是一个近似阳平的调值，直接从低处上扬。这样，就有了上声变调的几种情况：

第一，被强调时（含单念和词语中）读作本调即 214 调值，有降有升。

第二，大多数不被强调时（含单念和词语中）读作低平调，即 211 调值，只降不升。

第三，两个上声相连时，前面一个读作近似的阳平调，即 24 调值（比阳平调的调值 35 低一度），直接上扬不降低。后面的一个上声若强调则读 214 值，实际上多数只读作低平调的 211 值，这样既方便表达又省力气，不会造成理解困难就行。

第四，上声字后面跟非上声字（一、二、四声）时读作低平调 211 值，只降不升。

第五，两字以上的上声相连时，按语义停顿两两相拼，按上述规则进行；特殊情况如三字上声相连，中心词在后则前两个均读作 24 调值。

二、词语练习

词语按上声及其变调分布的各种环境分组。也可自由混合进行对比练习。

上 + 上

蚂蚁 mǎ yǐ	橄榄 gǎn lǎn	坎坷 kǎn kě	靶场 bǎ chǎng
倘使 tǎng shǐ	敏感 mǐn gǎn	捣鬼 dǎo guǐ	堡垒 bǎo lěi
诋毁 dǐ huǐ	委靡 wěi mǐ	点卯 diǎn mǎo	玛瑙 mǎ nǎo
拱手 gǒng shǒu	舍己 shě jǐ	啃指 kěn zhǐ	简谱 jiǎn pǔ
矫枉 jiǎo wǎng	绞索 jiǎo suǒ	仅只 jǐn zhǐ	反省 fǎn xǐng
辗转 zhǎn zhuǎn	委婉 wěi wǎn	老郝 lǎo hǎo	怂恿 sǒng yǒng
晃眼 huǎng yǎn	骨髓 gǔ suǐ	秒表 miǎo biǎo	久矣 jiǔ yǐ
吵嚷 chǎo rǎng	窈窕 yǎo tiǎo		

上 + 阴

黝黑 yǒu hēi	友邦 yǒu bāng	卤虾 lǔ xiā	浅滩 qiǎn tān
讲究 jiǎng jiū	尽先 jǐn xiān	井坑 jǐng kēng	恍惚 huǎng hū
数星 shǔ xīng	暑瘟 shǔ wēn	吮吸 shǔn xī	逮捉 dǎi zhuō
阻击 zǔ jī	哪些 nǎ xiē	"左"倾 zuǒ qīng	酒盅 jiǔ zhōng
冶金 yě jīn			

上 + 扬

撵平 gǎn píng	揽犁 lǎn lí	螨虫 mǎn chóng	苇塘 wěi táng
骨骼 gǔ gé	匪夷 fěi yí	启迪 qǐ dí	裹挟 guǒ xié
酉时 yǒu shí	与其 yǔ qí	虏囚 lǔ qiú	抚摩 fǔ mó
忖度 cǔn duó	济南 Jǐ nán	谴责 qiǎn zé	皎洁 jiǎo jié
蟒蛇 mǎng shé	处刑 chǔ xíng	眼馋 yǎn chán	冗员 rǒng yuán
麂牙 jǐ yá	劈柴 pǐ chái		

上＋去

坦率 tǎn shuài	胆怯 dǎn qiè	搅拌 jiǎo bàn	仰赖 yǎng lài
友谊 yǒu yì	锂电 lǐ diàn	里巷 lǐ xiàng	癖好 pǐ hào
舞弊 wǔ bì	了账 liǎo zhàng	隐蔽 yǐn bì	甬道 yǒng dào
踊跃 yǒng yuè	汞柱 gǒng zhù	巩固 gǒng gù	禹帝 yǔ dì
宇宙 yǔ zhòu	辅件 fǔ jiàn	哺育 bǔ yù	羽饰 yǔ shì
举荐 jǔ jiàn	碱库 jiǎn kù	剿寇 jiǎo kòu	迫炮 pǎi pào
踩踏 cǎi tà	奶酪 nǎi lào	乞丐 qǐ gài	氖气 nǎi qì
掳掠 lǔ lüè	五卅 wǔ sà	砍价 kǎn jià	党派 dǎng pài
等候 děng hòu	闽粤 Mǐn Yuè	禀赋 bǐng fù	鼎沸 dǐng fèi
屡试 lǚ shì	狠踱 hěn duò	挽救 wǎn jiù	赏阅 shǎng yuè
扫兴 sǎo xìng	统摄 tǒng shè	诅咒 zǔ zhòu	拄棍 zhǔ gùn
闪烁 shǎn shuò			

上＋轻

好嘛 hǎo • ma	软和 ruǎn • huo

非上＋上

癞癣 lài xuǎn	门槛 mén kǎn	狍角 páo jiǎo	姨姥 yí lǎo
革履 gé lǚ	媲美 pì měi	调遣 diào qiǎn	干瘪 gān biě
渔港 yú gǎng	商贾 shāng gǔ	苹果 píng guǒ	谁傻 shéi shǎ
遐想 xiá xiǎng	娴雅 xián yǎ	翘首 qiáo shǒu	偕老 xié lǎo
酋长 qiú zhǎng	蚕茧 cán jiǎn	钩吻 gōu wěn	摧垮 cuī kuǎ
靠拢 kào lǒng	遍野 biàn yě	怅惘 chàng wǎng	多少 duō shǎo
曾祖 zēng zǔ	军饷 jūn xiǎng	前晌 qián shǎng	基础 jī chǔ
憧憬 chōng jǐng	而已 ér yǐ		

三、兴趣材料

读一读、练一练下面的绕口令。

堵油篓 dǔ yóu lǒu

刘六妞赶着六头牛，Liú Liù niū gǎn zhe liù tóu niú,

六头牛驮着六篓油。liù tóu niú tuó zhe liù lǒu yóu.

看见篓漏喊老柳，kàn jiàn lǒu lòu hǎn Lǎo Liǔ,

六妞放柳忙动手。Liù niū fàng liǔ máng dòng shǒu.

有篓破漏缓漏油，yǒu lǒu pò lòu huǎn lòu yóu,
油从篓漏满路有。yóu cóng lǒu lòu mǎn lù yǒu.
刘六妞找来一捆柳，Liú Liù niū zhǎo lai yī kǔn liǔ,
帮助老柳堵油篓。bāng zhù Lǎo Liǔ dǔ yóu lǒu.
老柳感谢握两手，Lǎo Liǔ gǎn xiè wò liǎng shǒu,
满口称赞刘六妞。mǎn kǒu chēng zàn Liú Liù niū.

四、短文朗读

朗读下面的短文，力求读对每一个字音。

Zuò pǐn sìshíwǔ Hào
作 品 45 号

Zhōng guó de dì-yī dà dǎo、Tái wān Shěng de zhǔ dǎo Tái wān，wèi yú Zhōng guó dà lù jià de
中国的第一大岛、台湾省的主岛台湾，位于中国大陆架的

dōng nán fāng，dì chǔ Dōng Hǎi hé Nán Hǎi zhī jiān，gé zhe Tái wān Hǎi xiá hé Dà lù xiāng wàng。tiān
东南方，地处东海和南海之间，隔着台湾海峡和大陆相望。天

qì qíng lǎng de shí hou，zhàn zài Fú jiàn yán hǎi jiào gāo de dì fang，jiù kě yǐ yǐn yǐn yuē yuē de
气晴朗的时候，站在福建沿海较高的地方，就可以隐隐约约地

wàng·jiàn dǎo·shàng de gāo shān hé yún duǒ。
望见岛上的高山和云朵。

Tái wān Dǎo xíng zhuàng xiá cháng，cóng dōng dào xī，zuì kuān chù zhǐ yǒu yī bǎi sì shí duō
台湾岛形状狭长，从东到西，最宽处只有一百四十多

gōng lǐ yóu nán zhì běi，zuì cháng de dì fang yuē yǒu sān bǎi jiǔ shí duō gōng lǐ。dì xíng xiàng
公里；由南至北，最长的地方约有三百九十多公里。地形像

yī gè fǎng zhī yòng de suō zi。
一个纺织用的梭子。

Tái wān Dǎo·shàng de shān mài zòng guàn nán běi，zhōng jiān de Zhōng yāng Shān mài yóu rú quán
台湾岛上的山脉纵贯南北，中间的中央山脉犹如全

dǎo de jǐ·liang。xī bù wéi hǎi bá jìn sì qiān mǐ de Yù Shān Shān mài，shì Zhōng guó dōng bù de
岛的脊梁。西部为海拔近四千米的玉山山脉，是中国东部的

zuì gāo fēng。quán dǎo yuē yǒu sān fēn zhī yī de dì fang shì píng dì，qí yú wéi shān dì。dǎo nèi
最高峰。全岛约有三分之一的地方是平地，其余为山地。岛内

yǒu duàn dài bān de pù bù，lán bǎo shí shì de hú pō，sì jì cháng qīng de sēn lín hé guǒ yuán，zì
有缎带般的瀑布，蓝宝石似的湖泊，四季常青的森林和果园，自

rán jǐng sè shí fēn yōu měi。xī nán bù de Ā lǐ Shān hé Rì yuè Tán，Tái běi shì jiāo de Dà tún Shān
然景色十分优美。西南部的阿里山和日月潭，台北市郊的大屯山

fēng jǐng qū, dōu shì wén míng shì jiè de yóu lǎn shèng dì.
风景区，都是闻名世界的游览胜地。

　　Tái wān Dǎo dì chù rè dài hé wēn dài zhī jiān, sì miàn huán hǎi, yǔ shuǐ chōng zú, qì wēn shòu
　　台湾岛地处热带和温带之间，四面环海，雨水充足，气温受

dào hǎi yáng de tiáo jì, dōng nuǎn xià liáng, sì jì rú chūn, zhè gěi shuǐ dào hé guǒ mù shēng
到海洋的调剂，冬暖夏凉，四季如春，这给水稻和果木生

zhǎng tí gòng le yōu yuè de tiáo jiàn. shuǐ dào、gān zhe、zhāng nǎo shì Tái wān de "sān bǎo". dǎo·
长提供了优越的条件。水稻、甘蔗、樟脑是台湾的"三宝"。岛

shàng hái shèng chǎn xiān guǒ hé yú xiā.
上还盛产鲜果和鱼虾。

　　Tái wān Dǎo hái shì yī gè wén míng shì jiè de "hú dié wáng guó". dǎo·shàng de hú dié gòng
　　台湾岛还是一个闻名世界的"蝴蝶王国"。岛上的蝴蝶共

yǒu sì bǎi duō gè pǐn zhǒng, qí zhōng yǒu bù shǎo shì shì jiè xī yǒu de zhēn guì pǐn zhǒng. dǎo·shàng
有四百多个品种，其中有不少是世界稀有的珍贵品种。岛上

hái yǒu bù shǎo niǎo yǔ - huā xiāng de hú//dié gǔ, dǎo·shàng jū mín lì yòng hú dié zhì zuò de biāo
还有不少鸟语花香的蝴//蝶谷，岛上居民利用蝴蝶制作的标

běn hé yì shù pǐn, yuǎn xiāo xǔ duō guó jiā.
本和艺术品，远销许多国家。

　　—— Jié xuǎn　zì《Zhōng guó de Bǎo dǎo —— Tái wān》
　　——节选自《中国的宝岛——台湾》

五、课后练习

1. 按本来的读音给下面的词语注音，读一读。

裹挟（　　）　　恍惚（　　）　　橄榄（　　）　　处刑（　　）

黝黑（　　）　　敏感（　　）　　矫枉（　　）　　讲究（　　）

匪夷（　　）　　怂恿（　　）　　逮捉（　　）　　简谱（　　）

济南（　　）　　暑瘟（　　）　　而已（　　）　　哪些（　　）

坎坷（　　）　　苇塘（　　）　　獠牙（　　）　　玛瑙（　　）

仅只（　　）　　诋毁（　　）　　井坑（　　）　　拱手（　　）

与其（　　）　　软和（　　）　　啃指（　　）　　友邦（　　）

久矣（　　）　　阻击（　　）　　撵平（　　）　　冗员（　　）

谴责（　　）　　吮吸（　　）　　抚摩（　　）　　委婉（　　）

酒盅（　　）　　冶金（　　）　　螨虫（　　）　　橄榄（　　）

卤虾（　　）　　堡垒（　　）　　尽先（　　）　　启迪（　　）

蟒蛇（　　）　　秒表（　　）　　靶场（　　）　　数星（　　）

点卯（　　）　　奶酪（　　）　　老郝（　　）　　虏囚（　　）

浅滩（　）	眼馋（　）	骨骼（　）	左倾（　）
蚂蚁（　）	辗转（　）	酉时（　）	骨髓（　）
忖度（　）	舍己（　）	反省（　）	干瘪（　）
曾祖（　）	揽犁（　）	绞索（　）	晃眼（　）
皎洁（　）	倘使（　）	委靡（　）	吵嚷（　）
捣鬼（　）	宇宙（　）	好嘛（　）	前晌（　）
迫炮（　）	舞弊（　）	禀赋（　）	渔港（　）
摧垮（　）	诅咒（　）	仰赖（　）	狠踩（　）
军饷（　）	党派（　）	革履（　）	哺育（　）
掳掠（　）	蚕茧（　）	甬道（　）	赏阅（　）
娴雅（　）	汞柱（　）	踩踏（　）	胆怯（　）
统摄（　）	狍角（　）	遍野（　）	闽粤（　）
禹帝（　）	砍价（　）	锂电（　）	调遣（　）
多少（　）	屡试（　）	隐蔽（　）	苹果（　）
闪烁（　）	友谊（　）	癫癣（　）	扫兴（　）
姨姥（　）	氛气（　）	怅惘（　）	癖好（　）
谁傻（　）	碱库（　）	偕老（　）	剿寇（　）
挽救（　）	憧憬（　）	辅件（　）	羽饰（　）
拄棍（　）	靠拢（　）	等候（　）	坦率（　）
门槛（　）	乞丐（　）	钩吻（　）	鼎沸（　）
遐想（　）	了账（　）	翘首（　）	巩固（　）
踊跃（　）	酋长（　）	五卅（　）	商贾（　）
里巷（　）	基础（　）	搅拌（　）	媲美（　）
举荐（　）	劈柴（　）	窈窕（　）	

2. 读下面的这首诗并注音，请读准声调。

城阙辅三秦，风烟望五津。

与君离别意，同是宦游人。

海内存知己，天涯若比邻。

无为在歧路，儿女共沾巾。

——王勃《送杜少府之任蜀州》

3. 读下面的句子，注出每个字的声调。

我很了解你。

冷水洗澡很好。

请你给我买几把小雨伞。

柳厂长手里有两把小铁锁。

十月的三江平原，田野间已是一片金黄，但在位于黑龙江省富锦市境内的北大荒建三江国家农业科技园区里，依旧是绿意盎然，百香果、香蕉、莲雾等热带水果都可以在这里找到。

"茄子上树真新鲜，这是第一次见。"在智能温室里，一棵山茄树吸引了参观者的目光。北大荒建三江国家农业科技园区政工干事于新恬介绍，山茄树也叫多宝茄树，这一根根茄子是在树上嫁接生长的，这种树寿命在 20 年以上，除了茄子，还可以同时嫁接西红柿、枸杞、人参果等百余种茄科植物。

"利用它嫁接果蔬可以实现多年生产，四季结果，大大提高了果蔬生产效率。"于新恬说，经检测，与普通茄子相比，山茄树上结的茄子中维生素含量更高。

在园区里，一株株绿叶蔬菜翠绿欲滴，它们有的长在立体式培育箱中，有的长在盘旋的白色管道中。据了解，园区里可以实现蔬菜的工厂化生产，全年水培蔬菜生产 20 茬以上，培育蔬菜 36 个品种，4 万余株，亩产超过 2 万斤，提高了单位面积的复种指数。

——节选自 2023 年 10 月 8 日新华网

4. 朗读下面的作品，可参考后面的拼音，尽量读准确，并给画线词语或你认为难读的词语注音。

作品 46 号

对于中国的牛，我有着一种特别尊敬（　　　　　）的感情。

留给我印象最深的，要算在田垄上的一次"相遇"。

一群朋友郊游，我领头在狭窄的阡陌（　　　　　）上走，怎料迎面来了几头耕牛，狭道容不下人和牛，终有一方要让路。它们还没有走近，我们已经预计斗不过畜生（　　　　　），恐怕难免踩到田地泥水（　　　　　）里，弄得鞋袜又泥又湿了。正踟蹰的时候，带头的一头牛，在离我们不远的地方停下来，抬起头看看，稍迟疑一下，就自动走下田去。一队耕牛，全跟着它离开阡陌，从我们身边经过。

我们都呆了，回过头来，看着深褐色的牛队，在路的尽头消失，忽然觉得自己受了很大的恩惠。

中国的牛，永远沉默地为人做着沉重的工作。在大地上，在晨光或烈日下，它拖着沉重的犁，低头一步又一步，拖出了身后一列又一列松土，好让人们下种。等到满地金黄或农闲时候，它可能还得担当搬运负重（   ）的工作；或终日绕着石磨（   ），朝同一方向，走不计程的路。

在它沉默的劳动中，人便得到应得的收成。

那时候，也许，它可以松一肩重担，站在树下，吃几口嫩草。偶尔摇摇尾巴，摆摆耳朵，赶走飞附身上的苍蝇，已经算是它最闲适的生活了。

中国的牛，没有成群奔跑的习//惯，永远沉沉实实的，默默地工作，平心静气。这就是中国的牛！

——节选自（香港）小思《中国的牛》

Zuòpǐn 46 Hào

Duìyú Zhōngguó de niú, wǒ yǒu zhe yī zhǒng tèbié zūnjìng de gǎnqíng.

Liú gěi wǒ yìnxiàng zuì shēn de, yào suàn zài tiánlǒng • shàng de yī cì "xiāngyù".

Yī qún péngyou jiāoyóu, wǒ lǐngtóu zài xiázhǎi de qiānmò • shàng zǒu, zěnliào yíngmiàn láile jǐ tóu gēngniú, xiádào róng • bù xià rén hé niú, zhōng yǒu yīfāng yào rànglù. Tāmen hái méi • yǒu zǒujìn, wǒmen yǐ • jīng yùyì dòu • bù • guò chùsheng, kǒngpà nánmiǎn cǎidào tiándì níshuǐ • lǐ, nòng de xiéwà yòu ní yòu shī le. Zhèng chíchú de shíhou, dàitóu de yī tóu niú, zài lí wǒmen bùyuǎn de dìfang tíng xià • lái, táiqǐ tóu kànkan, shāo chíyí yīxià, jiù zìdòng zǒu • xià tián qù. Yī duì gēngniú, quán gēnzhe tā líkāi qiānmò, cóng wǒmen shēnbiān jīngguò.

Wǒmen dōu dāi le, huí • guo tóulái, kànzhe shēnhèsè de niúduì, zài lù de jìntóu xiāoshī, hūrán jué • dé zìjǐ shòule hěn dà de ēnhuì.

Zhōngguó de niú, yǒngyuǎn chénmò de wèi rén zuòzhe chénzhòng de gōngzuò. Zài dàdì • shàng, zài chéngguāng huò lièrì • xià, tā tuōzhe chénzhòng de lí, dītóu yī bù yòu yī bù, tuōchūle shēnhòu yī liè yòu yī liè sōngtǔ, hǎo ràng rénmen xià zhǒng. Děngdào mǎndì jīnhuáng huò nóngxián shíhou, tā kěnéng háiděi dāndāng bānyùn fùzhòng de gōngzuò; huò zhōngrì ràozhe shímò, cháo tóng yī fāngxiàng, zǒu bù jìchéng de lù.

Zài tā chénmò de láodòng zhōng, rén biàn dédào yīng dé de shōucheng.

Nà shíhou, yě xǔ, tā kěyǐ sōng yī jiān zhòngdàn, zhàn zài shù • xià, chī jǐ kǒu nèn cǎo. Óu'ěr yáoyao wěiba, bǎibai ěrduo, gǎnzǒu fēifù shēn • shàng de cāngying, yǐ • jīng suàn shì tā zuì xiánshì de shēnghuó le.

Zhōngguó de niú, méi • yǒu chéngqún bēnpǎo de xí//guàn, yǒngyuǎn chén—chénshíshí de, mòmò de gōng zuò, píngxīn—jìngqì. Zhè jiùshì Zhōngguó de niú!

——Jiéxuǎn zì（Xiānggǎng）Xiǎo Sī《Zhōngguó de Niú》

第二十四课　去声调的训练

本课主要任务

1. 掌握去声调的发音要领，通过去声调的训练，提高去声调的发音质量和发音能力。
2. 熟练掌握所列去声调的一组词语的发音，达到字字精确。
3. 以《普通话水平测试实施纲要》47、48号作品为主，进行一组练习，所列课后练习在一周内完成。

一、发音要点

1. 去声调的发音类别

去声调就是普通话声调中的第四声，其调值是51（见附录2），也叫全降调。

2. 去声调的发音方法

去声调是从5度直降到1度，声调下落的幅度是最大。

二、词语练习

词语按去声调分组，也能进行声、韵调对比练习。

大夫 dài·fu	钙药 gài yào	晤谈 wù tán	责难 zé nàn
拦住 lán zhù	繁茂 fán mào	蚌壳 bàng ké	妨害 fáng hài
荡漾 dàng yàng	创业 chuàng yè	愣住 lèng zhù	碧湾 bì wān
涕泪 tì lèi	峭壁 qiào bì	密闭 mì bì	及第 jí dì
嚏喷 tì·pen	避讳 bì huì	吏治 lì zhì	嘹亮 liáo liàng

眺望 tiào wàng	啮合 niè hé	杂念 zá niàn	蓦然 mò rán
着墨 zhuó mò	痘苗 dòu miáo	购物 gòu wù	犹太 Yóu tài
喂兔 wèi tù	待遇 dài yù	沐浴 mù yù	绿林 lù lín
故技 gù jì	墓葬 mù zàng	讪笑 shàn xiào	愉悦 yú yuè
惯例 guàn lì	圆锉 yuán cuò	帽盔 mào kuī	窥伺 kuī sì
稻茬 dào chá	痢疾 lì·ji	棋圣 qí shèng	蜥蜴 xī yì
断弦 duàn xián	浆糊 jiàng hú	翘尾 qiào wěi	惬意 qiè yì
铜臭 tóng xiù	亢奋 kàng fèn	扫帚 sào·zhou	号令 hào lìng
诏书 zhào shū	赦免 shè miǎn	覆辙 fù zhé	论丛 lùn cóng
筹措 chóu cuò	菊瓣 jú bàn	倒叙 dào xù	傈僳 lì sù
上溯 shàng sù	攥紧 zuàn jǐn	隶篆 lì zhuàn	攒动 cuán dòng
戏谑 xì xuè	游说 yóu shuì	舜帝 Shùn dì	铐链 kào liàn
校正 jiào zhèng			

三、兴趣材料

读一读、练一练下面的绕口令。

醉汉魏老六 zuì hàn Wèi Lǎo liù

醉汉魏老六，zuì hàn Wèi Lǎo liù，

喝酒没个够，hē jiǔ méi ge gòu，

一杯又一杯，yī bēi yòu yī bēi，

最后对瓶吹。zuì hòu duì píng chuī.

喝完往家走，hē wán wǎng jiā zǒu，

怀揣一瓶酒。huái chuāi yī píng jiǔ。

拐绕走得快，guǎi rào zǒu de kuài，

踹上大石块，chuài shàng dà shí kuài，

酒瓶没摔坏，jiǔ píng méi shuāi huài，

站立要双拐。zhàn lì yào shuāng guǎi.

四、短文朗读

请朗读下面的短文，力求读对每一个字音。

Zuò pǐn sìshíqī Hào
作 品 47 号

shí gǒng qiáo de qiáo dòng chéng hú xíng，jiù xiàng hóng·gǔ dài shén huà·lǐ shuō，yǔ hòu cǎi

石拱桥的桥洞 成 弧形，就 像 虹。古代神话里说，雨后彩

hóng shì "rén jiān tiān·shàng de qiáo", tōng guò cǎi hóng jiù néng shàng tiān·wǒ guó de shī rén ài
虹 是 "人 间 天 上 的 桥", 通 过 彩 虹 就 能 上 天。我 国 的 诗 人 爱

bǎ gǒng qiáo bǐ zuò hóng, shuō gǒng qiáo shì "wò hóng" "fēi hóng", bǎ shuǐ·shàng gǒng qiáo xíng
把 拱 桥 比 作 虹, 说 拱 桥 是 "卧 虹" "飞 虹", 把 水 上 拱 桥 形

róng wéi "cháng hóng - wò bō"·
容 为 "长 虹 卧 波"。

wǒ guó de shí gǒng qiáo yǒu yōu jiǔ de lì shǐ·《Shuǐ jīng zhù》·lǐ tí dào de "Lǚ rén qiáo", dà yuē
我 国 的 石 拱 桥 有 悠 久 的 历 史。《水 经 注》里 提 到 的 "旅 人 桥", 大 约

jiàn chéng yú gōng yuán èr bā èr nián, kě néng shì yǒu jì zǎi de zuì zǎo de shí gǒng qiáo le·wǒ guó
建 成 于 公 元 二 八 二 年, 可 能 是 有 记 载 的 最 早 的 石 拱 桥 了。我 国

de shí gǒng qiáo jī hū dào chù dōu yǒu·zhè xiē qiáo dà xiǎo bù yī, xíng shì duō yàng, yǒu xǔ duō shì
的 石 拱 桥 几 乎 到 处 都 有。这 些 桥 大 小 不 一, 形 式 多 样, 有 许 多 是

jīng rén de jié zuò·qí zhōng zuì zhù míng de dāng tuī Hé běi Shěng Zhào Xiàn de Zhào zhōu qiáo·
惊 人 的 杰 作。其 中 最 著 名 的 当 推 河 北 省 赵 县 的 赵 州 桥。

Zhào zhōu qiáo fēi cháng xióng wěi, quán cháng wǔ shí diǎn bā èr mǐ·qiáo de shè jì wán quán
赵 州 桥 非 常 雄 伟, 全 长 五 十 点 八 二 米。桥 的 设 计 完 全

hé hū kē xué yuán lǐ, shī gōng jì shù gèng shì qiǎo miào jué lún·quán qiáo zhǐ yǒu yī gè dà gǒng,
合 乎 科 学 原 理, 施 工 技 术 更 是 巧 妙 绝 伦。全 桥 只 有 一 个 大 拱,

cháng dá sān shí qī diǎn sì mǐ, zài dāng shí kě suàn shì shì jiè·shàng zuì cháng de shí gǒng·qiáo
长 达 三 十 七 点 四 米, 在 当 时 可 算 是 世 界 上 最 长 的 石 拱。桥

dòng bú shì pǔ tōng bàn yuán xíng, ér shì xiàng yī zhāng gōng, yīn'ér dà gǒng shàng·miàn de dào
洞 不 是 普 通 半 圆 形, 而 是 像 一 张 弓, 因 而 大 拱 上 面 的 道

lù méi·yǒu dǒu pō, biàn yú chē mǎ shàng xià·dà gǒng de liǎng jiān·shàng, gè yǒu liǎng gè xiǎo
路 没 有 陡 坡, 便 于 车 马 上 下。大 拱 的 两 肩 上, 各 有 两 个 小

gǒng·zhè gè chuàng zào xìng de shè jì, bù dàn jié yuē le shí liào, jiǎn qīng le qiáo shēn de zhòng
拱。这 个 创 造 性 的 设 计, 不 但 节 约 了 石 料, 减 轻 了 桥 身 的 重

liàng, ér qiě zài hé shuǐ bào zhǎng de shí hou, hái kě yǐ zēng jiā qiáo dòng de guò shuǐ liàng, jiǎn
量, 而 且 在 河 水 暴 涨 的 时 候, 还 可 以 增 加 桥 洞 的 过 水 量, 减

qīng hóng shuǐ duì qiáo shēn de chōng jī·tóng shí, gǒng·shàng jiā gǒng, qiáo shēn yě gèng měi guān·
轻 洪 水 对 桥 身 的 冲 击。同 时, 拱 上 加 拱, 桥 身 也 更 美 观。

dà gǒng yóu èr shí bā dào gǒng quān pīn chéng, jiù xiàng zhè me duō tóng yàng xíng zhuàng de gōng
大 拱 由 二 十 八 道 拱 圈 拼 成, 就 像 这 么 多 同 样 形 状 的 弓

hé lǒng zài yī qǐ, zuò chéng yī gè hú xíng de qiáo dòng·měi dào gǒng quān dōu néng dú lì zhī
合 拢 在 一 起, 做 成 一 个 弧 形 的 桥 洞。每 道 拱 圈 都 能 独 立 支

chēng shàng·miàn de zhòng liàng, yī dào huài le, qí//tā gè dào bù zhì shòu dào yǐng xiǎng·quán
撑 上 面 的 重 量, 一 道 坏 了, 其//他 各 道 不 致 受 到 影 响。全

qiáo jié gòu yún chèng, hé sì zhōu jǐng sè pèi hé de shí fēn hé xié qiáo·shàng de shí lán shí bǎn yě
桥 结 构 匀 称, 和 四 周 景 色 配 合 得 十 分 和 谐; 桥 上 的 石 栏 石 板 也

diāo kè de gǔ pǔ měi guān · Zhào zhōu qiáo gāo dù de jì shù shuǐ píng hé bù xiǔ de yì shù jià zhí,

雕 刻 得 古 朴 美 观 。赵 州 桥 高 度 的 技 术 水 平 和 不 朽 的 艺 术 价 值,

chōng fèn xiǎn shì le wǒ guó láo dòng rén mín de zhì huì hé lì ·liàng·

充 分 显 示 了 我 国 劳 动 人 民 的 智 慧 和 力 量 。

—— Jié xuǎn zì Máo Yǐ shēng《Zhōng guó Shí gǒng qiáo》

—— 节 选 自 茅 以 升《中 国 石 拱 桥》

五、课后练习

1. 按本来的读音给下面的词语注音，读一读。

攒动（　　）	眺望（　　）	菊瓣（　　）	愣住（　　）
隶篆（　　）	大夫（　　）	沐浴（　　）	断弦（　　）
诏书（　　）	避讳（　　）	亢奋（　　）	绿林（　　）
窥伺（　　）	涕泪（　　）	覆辙（　　）	妨害（　　）
舜帝（　　）	拦住（　　）	购物（　　）	圆锉（　　）
晤谈（　　）	愉悦（　　）	着墨（　　）	密闭（　　）
浆糊（　　）	创业（　　）	繁茂（　　）	墓葬（　　）
赦免（　　）	棋圣（　　）	稻茬（　　）	屁兜（　　）
蜥蜴（　　）	筹措（　　）	杂念（　　）	吏治（　　）
号令（　　）	故技（　　）	蚌壳（　　）	痘苗（　　）
扫帚（　　）	游说（　　）	钙药（　　）	荡漾（　　）
喂兔（　　）	傈僳（　　）	论丛（　　）	及第（　　）
铜臭（　　）	嘹亮（　　）	戏谑（　　）	责难（　　）
蓦然（　　）	待遇（　　）	碧湾（　　）	翘尾（　　）
峭壁（　　）	攥紧（　　）	痢疾（　　）	啮合（　　）
惬意（　　）	讪笑（　　）	嚏喷（　　）	帽盔（　　）
惯例（　　）	犹太（　　）	上溯（　　）	铐链（　　）
倒叙（　　）	校正（　　）		

2. 读下面的这首词并注音，请读准声调。

　　春花秋月何时了，往事知多少？小楼昨夜又东风，故国不堪回首月明中！

　　雕栏玉砌应犹在，只是朱颜改。问君能有几多愁，恰似一江春水向东流。

—— 李煜《虞美人》

3. 读下面的短文，标出每个字的声母。（"挈"读作qiè，"淄"读作zī。这两字不在普通话测试的用字范围）

　　在一个深夜里，我站在客栈的院子中，周围是堆着的破烂的什物；人们都睡觉

了，连我的女人和孩子。我沉重的感到我失掉了很好的朋友，中国失掉了很好的青年，我在悲愤中沉静下去了，然而积习却从沉静中抬起头来，凑成了这样的几句：

"惯于长夜过春时，挈妇将雏鬓有丝。梦里依稀慈母泪，城头变换大王旗。忍看朋辈成新鬼，怒向刀丛觅小诗。吟罢低眉无写处，月光如水照淄衣。"

——节选自鲁迅《为了忘却的记念》

连接黔川渝、对接东南亚的江习古高速公路赤水河红军大桥，大桥一侧在贵州省习水县习酒镇境内，另一端在四川省古蔺县郎酒镇境内。它犹如一道长虹横跨赤水河，连通川黔两省。

这里不仅是习酒、郎酒产地，还是著名的四渡赤水渡口之一——1935 年 3 月，长征中的中央红军，在大桥上游约数百米的二郎滩渡口，第四次渡过赤水河。

凭借 1 200 米的主跨，高 243.5 米的主塔，轮廓线世界第一的隧道锚，赤水河红军大桥被誉为"超级工程"，是世界上山区第一高塔、第二大跨的峡谷大桥。

走近赤水河红军大桥，只见桥索塔直插云端，塔顶"赤水河红军大桥"七个红色大字熠熠生辉；桥体横跨两岸，一排排粗壮的悬索刚劲有力地拉住桥体；桥面两侧的鲜艳红旗迎风招展，与远处的青山绿水和白墙灰瓦相映成景。

立于桥头，诵读赤水河红军大桥赋，仿佛又看到了当年征战赤水河的红军。这片英雄血战过的红色土地，在红色精神的指引下，不断书写着新的传奇。

——节选自 2023 年 8 月 15 日中国新闻网

4. **朗读下面的作品，可参考后面的拼音，尽量读准确，并给画线词语或你认为难读的词语注音。**

作品 48 号

不管我的梦想能否<u>成为事实</u>（　　　　　），说出来总是好玩儿的：

春天，我将要住在杭州。二十年前，旧历的<u>二月初</u>（　　　　　），在西湖我看见了嫩柳与菜花，碧浪与<u>翠竹</u>（　　　　　）。由我看到的那点儿春光，已经可以断定，杭州的春天必定会教人整天生活在诗与图画之中。所以，春天我的家<u>应当</u>（　　　　　）是在杭州。

夏天，我想<u>青城山</u>（　　　　　）应当算作最理想的地方。在那里，我虽然只住过十天，可是它的幽静已拴住了我的心灵。在我所看见过的<u>山水中</u>（　　　　　），只有这里没有使我失望。到处都是绿，目之所及，那片淡而光润的绿色都在轻轻地颤动，仿佛要流入空中与心中似的。这个绿色会像音乐，<u>涤清</u>（　　　　　）了心中的万虑。

秋天一定要住北平。天堂是什么样子，我不知道，但是从我的<u>生活经验</u>（　　　　　）去判断，北平之秋便是天堂。论天气，不冷不热。论吃的，苹果、梨、柿子、枣儿、葡萄，每样都有若干种。论花草，菊花种类之多，花式之奇，可以甲天下。西山有红叶可见，北海可以划船——虽然荷花已残，荷叶可还有一片清香。<u>衣食住行</u>（　　　　），在北平的秋天，是没有一项不使人满意的。

冬天，我还没有打好主意，成都或者相当得合适，虽然并不怎样和暖，可是为了水仙，素心腊梅，各色的茶花，仿佛就受一点儿寒//冷，也颇值得去了。昆明的花也多，而且天气比成都好，可是旧书铺与精美而便宜的小吃远不及成都那么多。好吧，就暂这么规定：冬天不住成都便住昆明吧。

——节选自老舍《"住"的梦》

zuò pǐn 48 hào

Bùguǎn wǒ de mèngxiǎng néngfǒu chéngwéi shìshí, shuō chū · lái zǒngshì hǎowánr de:

Chūntiān, wǒ jiāng yào zhù zài Hángzhōu. Èrshí nián qián, jiùlì de èryuè chū, zài Xī · hú wǒ kànjiànle nènliǔ yǔ càihuā, bìlàng yǔ cuìzhú. Yóu wǒ kàndào de nà diǎnr chūnguāng, yǐ · jīng kěyǐ duàndìng, Hángzhōu de chūntiān bìdìng huì jiào rén zhěngtiān shēnghuó zài shī yǔ túhuà zhīzhōng. Suǒ yǐ, chūntiān wǒ de jiā yīngdāng shì zài Hángzhōu.

Xiàtiān, wǒ xiǎng Qīngchéng Shān yīngdāng suànzuò zuì lǐxiǎng de dìfang. Zài nà · lǐ, wǒ suīrán zhǐ zhùguo shí tiān, kěshì tā de yōujìng yǐ shuānzhùle wǒ de xīnlíng. Zài wǒ suǒ kàn · jiànguò de shānshuǐ zhōng, zhǐyǒu zhè · lǐ méi · yǒu shǐ wǒ shīwàng. Dàochù dōu shì lǜ, mù zhī suǒ jí, nà piàn dàn ér guāngrùn de lǜsè dōu zài qīngqīng de chàndòng, fǎngfú yào liúrù kōngzhōng yǔ xīnzhōng shìde. Zhège lǜsè huì xiàng yīnyuè, díqīngle xīnzhōng de wàn lǜ.

Qiūtiān yīdìng yào zhù Běipíng. Tiāntáng shì shénme yàngzi, wǒ bù zhī · dào, dànshì cóng wǒ de shēnghuó jīngyàn qù pànduàn, Běipíng zhī qiū biàn shì tiāntáng. Lùn tiān qì, bù lěng bù rè. Lùn chīde, píngguǒ、lí、shìzi、zǎor、pú · tao, měi yàng dōu yǒu ruògān zhǒng. Lùn huācǎo, júhuā zhǒnglèi zhī duō, huā shì zhī qí, kěyǐ jiǎ tiānxià. Xī shān yǒu hóngyè kě jiàn, Běi Hǎi kěyǐ huáchuán——suīrán héhuā yǐ cán, héyè kě hái yǒu yī piàn qīngxiāng. Yī—shí—zhù—xíng, zài Běipíng de qiūtiān, shì méi · yǒu yī xiàng bù shǐ rén mǎnyì de.

Dōng tiān, wǒ hái méi · yǒu dǎhǎo zhǔyi, Chéngdū huòzhě xiāngdāng de hé shì, suīrán bìng bù zěnyang hénuǎn, kěshì wèile shuǐxiān, sù xīn làméi, gè sè de cháhuā, fǎngfú jiù shòu yīdiǎn hán//lěng, yě pō zhí · de qù le. Kūnmíng dé huā yě duō, érqiě tiānqì bǐ Chéngdū hǎo, kěshì jiù shūpù yǔ jīngměi ér piányì de xiǎochī yuǎnbù jí Chéngdū nàme duō. Hǎo ba, jiù zàn zhème guīdìng: dōngtiān bù zhù Chéngdū biàn zhù Kūnmíng ba.

——Jiéxuǎn zì Lǎoshě《"Zhù" de Mèng》

第二十五课 "一""不"变调的训练

本课主要任务

1. 掌握"一""不"变调的发音要领，通过"一""不"变调的训练，提高"一""不"的发音质量和发音能力。
2. 熟练掌握所列含"一""不"变调的一组词语的发音，达到字字精确。
3. 以《普通话水平测试实施纲要》49、50 号作品为主，进行一组练习，所列课后练习在一周内完成。

一、发音要点

1. "一""不"变调的发音类别

"一""不"变调是规律性的变调，属必变类型，也就是说在一定的条件下，一定要按变调的规律去读，不然就是错误。在普通话的变调里，"一""不"变调具有相似的性质。

2. "一""不"变调的条件

"一""不"变调的条件主要有：是否去声前、夹在相同的两个词语中间（含"不"在可能补语中）、单念或词句末尾以及"一"表序数。

第一，"一""不"单念或用在词句末尾，以及"一"作序数时，声调不变，"一"读第一声，"不"读第四声。

第二，在去声前，"一""不"都变为阳平调，读作 35 调值。

第三，在非去声前（含轻声），"一""不"都读去声，也就是说"一"变调了，由 55 调值变成了 51 调值，"不"不变调。

第四，"一""不"夹在相同的两个词语中间一般读轻声，"不"在可能补语中也读轻声（也就是说这时的"不"夹在词词中间，但前后两个字词不一样）。在"一""不"被强调时还是按第三条规律去读。

与"一""不"变调相关的还有"七""八"变调，主要是在去声前变阳平，读作35调值。但一般来说，不需要变调。在多数语言学讨论中已经将"七""八"变调取消了。我们只要按原调第一声读"七""八"就行，不提倡变调。

二、词语练习

这组词语中的"一""不"均按原调注音，请注意辨认，养成快速识别能力。普通话测试作品中的"一""不"变调词语经逐一挑选，都在所列词语范围。

词语按"一""不"变调分为若干组，涵盖各种变调条件。也可自由混合进行对比练习。

"一"在非去声（阴平、阳平、上声）前读去声：

一株 yīzhū	一生 yīshēng	一些 yīxiē	这么一说 zhèmeyīshuō
一颗 yīkē	一圈 yīquān	一出 yīchū	一千六百 yīqiānliùbǎi
一瞥 yīpiē	一尊 yīzūn	一篇 yīpiān	一车两卒 yīchēliǎngzú
一番 yīfān	一天 yītiān	一根 yīgēn	一肩重担 yījiānzhòngdàn
一边 yībiān	一家 yījiā	一方 yīfāng	一知半解 yīzhībànjiě
一般 yībān		脚一蹬 jiǎoyīdēng	一千九百 yīqiānjiǔbǎi
一根绳 yīgēnshéng		搭一瓜架 dāyīguājià	天一擦黑儿 tiānyīcāhēir
一张弓 yīzhānggōng	一方面 yīfāngmiàn		另一方面 lìngyīfāngmiàn
同一方向 tóngyīfāngxiàng			

一头 yītóu	一年 yīnián	一排排 yīpáipái	
一直 yīzhí	一齐 yīqí	一抬头 yītáitóu	
一行 yīháng	这么一来 zhèmeyīlái	一层一层 yīcéngyīcéng	
一条 yītiáo	一年一度 yīniányīdù	一泓深潭 yīhóngshēntán	
一群 yīqún	一模一样 yīmúyīyàng	一进山门 yījìnshānmén	
一叠 yīdié	一谈到读书 yītándǎodúshū	用石板一迎 yòngshíbǎnyīyíng	

一种 yīzhǒng	一本 yīběn	一点 yīdiǎn	一堵水墙 yīdǔshuǐqiáng
一把 yībǎ	一朵 yīduǒ	一角 yījiǎo	一盏明灯 yīzhǎnmíngdēng
一首 yīshǒu	一笔 yībǐ	一米 yīmǐ	一举成名 yījǔchéngmíng
一起 yīqǐ	一百 yībǎi	一股烟 yīgǔyān	一点点 yīdiǎndiǎn
一口气 yīkǒuqì	两千一百 liǎngqiānyībǎi		
哭了一场 kūleyīchǎng	一小小的蘑菇 yīxiǎoxiǎodemógu		
一百四十多 yībǎisìshíduō	一眼望不到头 yīyǎnwàngbùdàotóu		

"一"在去声前读阳平：

一次 yīcì	一切 yīqiè	一大片 yīdàpiàn	一路上 yīlùshàng
一遍 yībiàn	一队 yīduì	一系列 yīxìliè	一列列 yīlièliè
一片 yīpiàn	一日 yīrì	一刹那 yīchànà	一万年 yīwànnián
一旦 yīdàn	一个 yīgè	一簇簇 yīcùcù	一部分 yībùfèn

一看 yīkàn	一座 yīzuò	每一步 měiyībù	一下子 yīxiàzi
一样 yīyàng	一份 yīfèn	一瞬间 yīshùnjiān	讲一段 jiǎngyīduàn
一派 yīpài	一定 yīdìng	一句 yījù	午后一会儿 wǔhòuyīhuìr
一项 yīxiàng	一阵 yīzhèn	一串 yīchuàn	一个劲儿 yīgèjìngr
一位 yīwèi	一粒 yīlì	一度 yīdù	一笑一颦 yīxiàoyīpín
一夜 yīyè	一半 yībàn	一类 yīlèi	情况一变 qíngkuàngyībiàn
一部 yībù	一道 yīdào	一面 yīmiàn	一道后门 yīdàohòumén
一路 yīlù	一步一步 yībùyībù		一觉醒来 yījiàoxǐnglái
一寸 yīcùn	一乘轿子 yīshèngjiàozi		一去不复返 yīqùbùfùfǎn

"一"表基数、序数时读本调（阴平）：

初一 chūyī	大小不一 dàxiǎobùyī	十分之一 shífēnzhīyī
十一个 shíyīgè	话题之一 huàtízhīyī	其中之一 qízhōngzhīyī
第一个 dìyīgè	三分之一 sānfēnzhīyī	不一而足 bùyīérzú
第一次 dìyīcì	第一大岛 dìyīdàdǎo	整齐划一 zhěngqíhuàyī
第一册 dìyīcè	一一配以语音 yīyīpèiyǐyǔyīn	
第一件 dìyījiàn	第一手考察资料 dìyīshǒukǎochāzīliào	

"一"用在词语中间往往读轻声：

另一方面 lìngyīfāngmiàn	这么一来 zhèmeyīlái	哭了一场 kūleyīchǎng
着了魔一样 zháolemóyīyàng	每一步 měiyībù	讲一段 jiǎngyīduàn

"不"在非去声（阴平、阳平、上声）前去声：

不禁 bùjīn	不知 bùzhī	不应该 bùyīnggāi	殊不知 shūbùzhī
不说 bùshuō	不珍惜 bùzhēnxī	不安分 bùānfèn	延续不衰 yánxùbùshuāi

不能 bùnéng	不妨 bùfáng	不影响 bùyǐngxiǎng	不得不 bùdébù
不同 bùtóng	不离 bùlí	不服气 bùfúqì	不觉得 bùjuéde
不曾 bùcéng	不绝 bùjué	不由得 bùyóude	不绝于耳 bùjuéyúěr
不留 bùliú	卓尔不群 zhuóérbùqún	吹面不寒 chuīmiànbùhán	

不仅 bùjǐn　　不老 bùlǎo　　有不少 yǒubùshǎo　　仰慕不已 yǎngmùbùyǐ
不远 bùyuǎn　　不久 bùjiǔ　　不可能 bùkěnéng　　不可补偿 bùkěbǔcháng
不怎样 bùzěnyàng　　不讲究 bùjiǎngjiū　　无不显出 wúbùxiǎnchū
不假思索 bùjiǎsīsuǒ　　不好意思 bùhǎoyìsi　　无不体现 wúbùtǐxiàn
目不转睛 mùbùzhuǎnjīng

"不"在去声前读阳平：

不是 bùshì　　不错 bùcuò　　不会 bùhuì　　纹丝不动 wénsībùdòng
不爱 bùài　　不烂 bùlàn　　不见 bùjiàn　　毫不费力 háobùfèilì
不用 bùyòng　　不作 bùzuò　　不到 bùdào　　不自量力 bùzìliànglì
不过 bùguò　　不让 bùràng　　不但 bùdàn　　不冷不热 bùlěngbùrè
不要紧 bùyàojǐn　　不降解 bùjiàngjiě　　不愿意 bùyuànyì
不正确 bùzhèngquè　　不太久 bùtàijiǔ　　百年不变 bǎiniánbùbiàn

"不"用在词语中间往往读轻声：

对不起 duìbùqǐ　　差不多 chàbùduō　　只不过 zhǐbùguò　　来不及 láibùjí
看不清 kànbùqīng　　叫不出 jiàobùchū　　斗不过 dòubùguò　　学不会 xuébùhuì
看不到 kànbùdào　　容不下 róngbùxià　　听不见 tīngbùjiàn

三、兴趣材料

读一读、练一练下面的绕口令。

咚咚打碎一个花瓶 dōng dong dǎ suì yī·ge huā píng

咚咚打碎一个花瓶，dōng·dong dǎ suì yī·ge huā píng,
妈妈见了不慌不忙，mā·ma jiàn·le bù huāng bù máng,
爸爸见了不言不语，bà·ba jiàn·le bù yán bù yǔ,
咚咚心里一落一起，dōng·dong xīn·lǐ yī luò yī qǐ,
花瓶打碎不是故意。huā píng dǎ suì bù shì gù yì.
妈说："所以不批评你"，mā shuō："suǒ yǐ bù pī píng nǐ",
爸说："不过以后注意"，bà shuō："bù guò yǐ hòu zhù yì",
妈说："旧的不去新的不来"，mā shuō："jiù de bù qù xīn de bù lái",
咚咚心里的一块石头才算落地。dōng·dong xīn·lǐ de yī kuài shí·tou cái suàn luò dì.
他说："以后再不粗心大意"，tā shuō："yǐ hòu zài bù cū xīn dà yì",
爸说："要从不管不顾改起"。bà shuō："yào cóng bù guǎn bù gù gǎi qǐ".
全家一说一笑，quán jiā yī shuō yī xiào,
解决咚咚一个大问题。jiě jué dōng·dong yī·ge dà wèn tí.

四、短文朗读

请朗读下面的短文，力求读对每一个字音。

Zuò pǐn sìshíjiǔ Hào
作品 49 号

Zài Běijīng shì Dōng chéng Qū zhù míng de Tiān tán Gōng yuán dōng cè，yǒu yī piàn zhàn dì
在北京市东城区著名的天坛公园东侧，有一片占地

miàn jī jìn èr shí wàn píng fāng mǐ de jiàn zhù qū yù，dà dà xiǎo xiǎo de shí yú dòng xùn liàn guǎn
面积近二十万平方米的建筑区域，大大小小的十余栋训练馆

zuò luò qí jiān。zhè·lǐ jiù shì Guó jiā Tǐ yù Zǒng jú Xùn liàn jú。xǔ duō wǒ men ěr shóu-néng xiáng de
坐落其间。这里就是国家体育总局训练局。许多我们耳熟能详的

Zhōng guó tǐ yù míng xīng dōu céng zài zhè·lǐ huī hàn-rú yǔ，kè kǔ liàn xí。
中国体育明星都曾在这里挥汗如雨，刻苦练习。

Zhōng guó nǚ pái de yī tiān jiù shì zài zhè lǐ·kāi shǐ de·
中国女排的一天就是在这里开始的。

qīng chén bā diǎn zhōng，nǚ pái duì yuán men zǎo yǐ jí hé wán bì，zhǔn bèi kāi shǐ yī tiān de
清晨八点钟，女排队员们早已集合完毕，准备开始一天的

xùn liàn。zhǔ jiào liàn Láng Píng zuò zài chǎng wài cháng yǐ·shàng，mù bù zhuǎn jīng de zhù shì zhe gēn suí
训练。主教练郎平坐在场外长椅上，目不转睛地注视着跟随

zhù lǐ jiào liàn men zuò rè shēn yùn dòng de duì yuán men，tā shēn biān de zuò wèi·shàng zé héng qī-
助理教练们做热身运动的队员们，她身边的座位上则横七

shù bā de duī fàng zhe nǚ pái gū niáng men de gè shì yòng pǐn　shuǐ、hù jù、bēi bāo，yǐ jí gè zhǒng
竖八地堆放着女排姑娘们的各式用品：水、护具、背包，以及各种

wài háng rén jiào·bù chū míng zi de dōng xi。bù yuǎn de qiáng·shàng xuán guà zhuó yī miàn xiān yàn
外行人叫不出名字的东西。不远的墙上悬挂着一面鲜艳

de guó qí，guó qí liǎng cè shì "Wán qiáng pīn bó" hé "Wèi guó zhēng guāng" liǎng tiáo hóng dǐ-
的国旗，国旗两侧是"顽强拼搏"和"为国争光"两条红底

huáng zì de héng fú，gé wài xǐng mù·
黄字的横幅，格外醒目。

"zǒu·xià lǐng jiǎng tái，yí qiè cóng líng kāi shǐ" shí yī gè dà zì，hé guó qí yáo yáo-xiāng wàng，
"走下领奖台，一切从零开始"十一个大字，和国旗遥遥相望，

gū niáng men xùn liàn zhī yú ǒu·ěr yì piē jiù néng kàn dào·zhǐ yào jìn rù zhè ge xùn liàn guǎn，guò
姑娘们训练之余偶尔一瞥就能看到。只要进入这个训练馆，过

qù de xiān huā、zhǎng shēng yǔ róng yào jiē chéng wéi lì shǐ，suǒ yǒu rén dōu zhǐ shì zuì pǔ tōng de
去的鲜花、掌声与荣耀皆成为历史，所有人都只是最普通的

nǚ pái duì yuán。céng jīng de huī huáng、jiāo'ào、shèng lì，zài tà rù zhè jiān chǎng guǎn de shùn jiān
女排队员。曾经的辉煌、骄傲、胜利，在踏入这间场馆的瞬间

quán bù guī líng
全 部 归 零。

tī qiú pǎo、diàn qiú pǎo、jiā qiú pǎo　　zhèxiē duì pǔ tōng rén ér yán hé zá jì chà·bù duō
踢 球 跑、垫 球 跑、夹 球 跑……这些 对 普 通 人 而 言 和 杂 技 差 不 多

de xiàng mù shì nǚ pái duì yuán men bì xū shóu liàn zhǎng wò de jī běn jì néng·jiē xià·lái//de rèn·
的 项 目 是 女 排 队 员 们 必 须 熟练 掌 握 的 基 本 技 能。接 下来//的 任

wù shì xiǎo bǐ sài·Láng Píng jiāng duì yuán men fēn wéi jǐ zǔ·měi yī zǔ yóu yī míng jiào liàn jiān
务 是 小 比 赛。郎 平 将 队 员 们 分 为 几组，每 一 组 由 一 名 教 练 监

dū、zuì kuài wán chéng rèn·wù de xiǎo zǔ huì dé dào yī miàn xiǎo hóng qí·
督，最 快 完 成 任 务 的 小 组 会 得 到 一 面 小 红 旗。

kàn zhe zhèxiē nián qīng de gū niáng men zài zì jǐ de yǎn qián lái lái qù qù·Láng Píng de sī
看 着 这些 年 轻 的 姑 娘 们 在 自 己 的 眼 前 来 来 去 去，郎 平 的 思

xù cháng piāo huí dào sān shí duō nián qián·nà shí fēng huá- zhèng mào de tā shì Zhōng guó nǚ pái de
绪 常 飘 回 到 三 十 多 年 前。那时 风 华 正 茂 的 她 是 中 国 女 排 的

zhǔ gōng shǒu·tā hé duì yǒu men yě céng zài zhè jiān xùn liàn guǎn·lǐ yè yǐ jì rì de bìng jiān bèi
主 攻 手，她 和 队 友 们 也 曾 在 这 间 训 练 馆 里 夜 以 继 日 地 并 肩 备

zhàn·sān shí duō nián lái·zhè jiān xùn liàn guǎn cóng nèi dào wài dōu fā shēng le hěn dà de biàn
战。三 十 多 年 来，这 间 训 练 馆 从 内 到 外 都 发 生 了 很 大 的 变

huà　 yuán běn cū cāo de dì miàn biàn chéng le guāng huá de dì bǎn·xùn liàn yòng de yí qì yuè
化：原 本 粗 糙 的 地 面 变 成 了 光 滑 的 地 板，训 练 用 的 仪 器 越

lái yuè xiān jìn·Zhōng guó nǚ pái de tuán duì zhōng shèn zhì hái chū xiàn le jǐ zhāng mò shēng de wài
来 越 先 进，中 国 女 排 的 团 队 中 甚 至 还 出 现 了 几 张 陌 生 的 外

guó miàn kǒng　　dàn shí guāng rěn rǎn·bù biàn de shì zhè zhī duì wǔ duì pái qiú de rè 'ài hé "
国 面 孔……但 时 光 荏 苒，不 变 的 是 这 支 队 伍 对 排 球 的 热 爱 和 "

Wán qiáng pīn bó·wèi guó zhēng guāng " de chū xīn·
顽 强 拼 搏，为 国 争 光 " 的 初 心。

Jié xuǎn zì Sòng Yuán míng《Zǒu·Xià Lǐng jiǎng tái· Yī qiē Cóng Líng Kāi shǐ》
—— 节 选 自 宋 元 明《走 下 领 奖 台，一 切 从 零 开 始》

五、课后练习

1. 给下面词语中的"一""不"注上声调，读一读。

一株	一生	一些	一颗	一圈	一瞥	一尊	一篇
一出	一番	一天	一根	一边	一家	一方	一行
一群	一条	一头	一直	一齐	一叠	一年	一种
一本	一点	一把	一起	一朵	一角	一首	一笔
一米	一百	一次	一切	一遍	一队	一片	一日
一旦	一个	一看	一座	一样	一份	一派	一夜
一定	一句	一串	一位	一项	一般	一阵	一粒

| 一半 | 一类 | 一部 | 一道 | 一面 | 一路 | 一寸 | 初一 |

一根绳	一方面	脚一蹬	一张弓	一排排	一抬头	一点点
一口气	一股烟	一大片	一路上	一系列	一列列	一刹那
一簇簇	一部分	一万年	一瞬间	每一步	一下子	讲一段
十一个	第一个	第一次	第一册	第一件

这么一说	一千六百	另一方面	一车两卒	一知半解	一千九百
一肩重担	搭一瓜架	同一方向	这么一来	一层一层	一年一度
一泓深潭	一模一样	一门进山	一堵水墙	一盏明灯	一举成名
哭了一场	两千一百	一觉醒来	一乘轿子	一道后门	一个劲儿
一笑一颦	情况一变	一步一步	大小不一	话题之一	其中之一
十分之一	第一大岛	三分之一	不一而足	整齐划一

| 天一擦黑儿 | 用石板一迎 | 一谈到读书 | 一百四十多 | 一小小的蘑菇 |
| 一去不复返 | 午后一会儿 | 着了魔一样 | 一眼望不到头 | 一一配以语音 |
| 第一手考察资料 |

不说	不禁	不知	不妨	不能	不同	不曾	不绝
不留	不仅	不老	不久	不远	不是	不错	不会
不用	不过	不让	不爱	不烂	不见	不但	不作
不到

不应该	殊不知	不珍惜	不安分	不影响	不得不	不服气
不觉得	不由得	有不少	不可能	不讲究	不怎样	不要紧
不正确	不降解	不愿意	不太久	对不起	差不多	只不过
来不及	看不清	叫不出	听不见	学不会	看不到	容不下
斗不过

延续不衰	不绝于耳	卓尔不群	吹面不寒	仰慕不已	不可补偿
无不显出	不假思索	不好意思	无不体现	目不转睛	不冷不热
百年不变	毫不费力	不自量力	纹丝不乱

2. 读下面的这首诗并注音，做到字字精确。

碧玉妆成一树高，

万条垂下绿丝绦。

不知细叶谁裁出，

二月春风似剪刀。

——贺知章《咏柳》

3. 读下面的短文，标出每个字的声母。

近日，2023 年宋庆龄少年儿童未来科学日暨第十八届宋庆龄少年儿童发明奖颁奖活动在安徽合肥举行。共有 483 件作品获奖，其中发明作品奖 285 件、人工智能（编程）作品奖 111 件、创意作品奖 42 件、科技绘画作品奖 45 件。

活动现场，来自航空航天、地球科学、机械与运载工程等领域的院士专家与现场的青少年"发明家""美术家"等亲切交流。源于生活又颇具创意的发明作品，"脑洞大开"的太空基地、太空飞行器等创意绘画，让在安徽创新馆中巡馆观看获奖作品的院士们纷纷点赞。在与现场同学交流时，中国工程院院士、深空探测实验室主任兼首席科学家吴伟仁等院士专家还发出邀请，欢迎对航空航天、地球科学、机械与运载工程等学科领域感兴趣的孩子们去自己的实验室参观，并勉励大家心怀报国理想，学好基础知识，实现科学梦想。

"宋庆龄少年儿童发明奖"举办 18 届以来，参赛作品数量和参赛人数逐年递增，社会影响力日益扩大，作品质量不断提升，累计参与中小学生超过 100 万人次。

——节选自 2023 年 8 月 23 日《光明日报》

4. 朗读下面的作品，可参考后面的拼音，尽量读准确，并给画线词语或你认为难读的词语注音。

作品 50 号

在一次名人访问中，被问及上个世纪（　　　　　）最重要的发明是什么时，有人说是电脑，有人说是汽车，等等。但新加坡（　　　　　）的一位知名人士却说是冷气机。他解释，如果没有冷气，热带地区如东南亚国家，就不可能有很高的生产力（　　　　　），就不可能达到今天的生活水准（　　　　　）。他的回答实事求是（　　　　　），有理有据（　　　　　）。

看了上述报道，我突发奇想：为什么没有记者问："二十世纪最糟糕的发明（　　　　　）是什么？"其实二〇〇二年（　　　　　）十月中旬，英国的一家报纸就评出了"人类最糟糕的发明"。获此"殊荣"的，就是人们每天大量使用的塑料袋。

诞生于上个世纪三十年代的塑料袋，其家族包括用塑料制成的快餐饭盒、包装纸、餐用杯盘、饮料瓶、酸奶杯、雪糕杯等。这些废弃物形成的垃圾，数量多、体积大、重量轻、不降解（　　　　　），给治理工作带来很多技术难题和社会问题。

比如，散落在田间、路边及草丛中的塑料餐盒，一旦被牲畜吞食，就会危及健康甚至导致死亡（　　　　　）。填埋废弃塑料袋、塑料餐盒的土地，不能生长庄稼和树木，造成土地板结，而焚烧（　　　　　）处理这些塑料垃圾，则会释放出多种化学有毒气体，其中一种称为二噁英（　　　　　）的化合物，毒性极大。

此外，在生产塑料袋、塑料餐盒的过//程中使用的氟利昂，对人体免疫系统和生态环境造成的破坏也极为严重。

——节选自林光如《最糟糕的发明》

Zuòpǐn 50 Hào

Zài yī cì míngrén fǎngwèn zhōng, bèi wèn jí shàng gè shìjì zuì zhòngyào de fāmíng shì shénme shí, yǒu rén shuō shì diànnǎo, yǒu rén shuō shì qìchē, děngděng. Dàn Xīnjiāpō de yī wèi zhīmíng rénshì què shuō shì lěngqìjī. Tā jiěshì, rúguǒ méi‧yǒu lěngqì, rèdài dìqū rú Dōngnán Yà guójiā, jiù bù kěnéng yǒu hěn gāo de shēngchǎnlì, jiù bù kěnéng dádào jīntiān de shēnghuó shuǐzhǔn. Tā de huídá shíshì—qiúshì, yǒulǐ—yǒujù.

Kànle shàngshù bàodào, wǒ tūfā qíxiǎng: wèi shénme méi‧yǒu jìzhě wèn: "Èrshí shìjì zuì zāogāo de fāmíng shì shénme?" Qíshí èr líng líng èr nián shíyuè zhōngxún, Yīngguó de yī jiā bàozhǐ jiù píngchūle "rénlèi zuì zāogāo de fāmíng". Huò cǐ "shūróng" de, jiùshì rénmen měi tiān dàliàng shǐyòng de sùliàodài.

Dànshēng yú shàng gè shìjì sānshí niándài de sùliàodài, qí jiāzú bāokuò yòng sùliào zhìchéng de kuàicān fànhé, bāozhuāngzhǐ, cān yòng bēi pán, yǐnliàopíng, suānnǎibēi, xuěgāobēi děng. Zhèxiē fèiqìwù xíngchéng de lājī, shùliàng duō, tǐjī dà, zhòngliàng qīng, bù jiàngjiě, gěi zhìlǐ gōngzuò dàilái hěn duō jìshù nántí hé shèhuì wèntí.

Bǐrú, sànluò zài tiánjiān, lùbiān jí cǎocóng zhōng de sùliào cānhé, yīdàn bèi shēngchù tūnshí, jiù huì wēi jí jiànkāng shènzhì dǎozhì sǐwáng. Tiánmái fèiqì sùliàodài, sùliào cānhé de tǔdì, bù néng shēngzhǎng zhuāngjia hé shùmù, zàochéng tǔdì bǎnjié, ér fénshāo chǔlǐ zhèxiē sùliāo lājī, zé huì shìfàng chū duō zhǒng huàxué yǒudú qìtǐ, qízhōng yī zhǒng chēngwéi èr'èyīng de huàhéwù, dúxìng jí dà.

Cǐwài, zài shēngchǎn sùliàodài, sùliào cānhé de guò//chéng zhōng shǐyòng de fúlì'áng, duì réntǐ miǎnyì xìtǒng hé shēngtài huánjìng zàochéng de pòhuài yě jíwéi yánzhòng.

——Jiéxuǎn zì Lín Guāngrú《Zuì Zāogāo de Fāmíng》

第二十六课　轻声的训练

本课主要任务

> 1. 掌握轻声音节的发音要领，通过轻声音节训练，提高音节的发音能力。
> 2. 熟练掌握所列轻声音节的一组词语的发音，达到字字精确。
> 3. 以《普通话水平测试实施纲要》51、52 号作品为主，进行一组练习，所列课后练习在一周内完成。

一、发音要点

1. 轻声的发音分类

轻声在其发音分类上也是普通话的声调之一，其特点是失去原有的声调，变得又轻又短。

2. 轻声的发音方法

轻声音节出现在另一音节后面，轻声音节也有高度，这个"轻"或"短"是和前面的这个音节的声调比较而来的。那就有四种不同：

我们沿用声调的标记方法，那么阴平后的轻声是约 2 度，为半低调；阳平后的轻声约 3 度，为中调；上声后的轻声约 4 度，为半高调；去声后的轻声约 1 度，为低调。

归纳起来说，阴平、去声后面的轻声字读下降调，分别是 2 度和 1 度，阳平调后面的轻声字是略高的降调，约在 2 度、3 度的样子，上声调后面的轻声字读上升调，约是 4 度。

二、词语练习

普通话测试所用必读轻声词在本书的各课中全部涉及。一部分在其他课里结合当课的任务进行，本课所列轻声是其中的一部分。本组词语也可自由混合，达到声、韵、调对比练习的目的。

张罗 zhāng luo	知识 zhī shi	帮手 bāng shou	包涵 bāo·hán
拨弄 bō·nòng	机灵 jī ling	交情 jiāo qing	街坊 jiē fang
清楚 qīng chu	收成 shōu cheng	挖苦 wā ku	白净 bái jing
财主 cái zhu	柴火 chái huo	膏药 gāo yao	红火 hóng huo
牌楼 pái lou	盘算 pán suan	铺盖 pū gai	人家 rén jia
学生 xué·shēng	学问 xué wen	打点 dǎ dian	打量 dǎ liang
寡妇 guǎ fu	火候 huǒ hou	脊梁 jǐ·liáng	码头 mǎ·tóu
使唤 shǐ huan	妥当 tuǒ·dàng	委屈 wěi qu	养活 yǎng huo
指头 zhǐ tou	主意 zhǔ yi	祖宗 zǔ zong	畜生 chù sheng
道士 dào shi	地道 dì dao	地方 dì fang	动静 dòng jing
干事 gàn shi	故事 gù shi	告诉 gào su	怪物 guài wu
厚道 hòu dao	记号 jì hao	架势 jià shi	浪头 làng tou
冒失 mào shi	热闹 rè nao	认识 rèn shi	世故 shì gu
算计 suàn·jì	字号 zì hao		

三、兴趣材料

读一读、练一练下面的绕口令。

胡虎虎 Hú Hǔ hu

葫芦胡同胡虎虎，hú lu hú tòng Hú Hǔ hu,
晚上睡觉打呼噜。wǎn·shang shuì jiào dǎ hū·lu.
睡到半夜一糊涂，shuì dao bàn yè yī hú·tu,
隔着窗户掉外头。gé·zhe chuāng·hu diào wài·tou.
护着屁股不护头，hù·zhe pì·gu bù hù tóu,
胡噜块砖头当枕头。hú·lu kuài zhuān·tou dāng zhěn·tou.
呼噜呼噜接着睡，hū·lu hū·lu jiē·zhe shuì,
一觉糊弄到正晌午。yī jiào hù·nong dào zhèng shǎng·wǔ.

四、短文朗读

朗读下面的短文，力求读对每一个字音。

Zuò pǐn wǔshíyī Hào
作品 51 号

Nà shì lì zhēng shàng yóu de yī zhǒng shù, bǐ zhí de gàn, bǐ zhí de zhī. Tā de gàn ne, tōng
那是力争 上游的一种 树,笔直的干,笔直的枝。它的干呢,通

cháng shì zhàng bǎ gāo, xiàng shì jiā yǐ rén gōng shì de, yī zhàng yǐ nèi, jué wú páng zhī; tā suǒ yǒu
常是丈把高,像是加以人工似的,一丈以内,绝无旁枝;它所有

de yā zhī ne, yī lǜ xiàng shàng, ér qiě jǐn jǐn kào lǒng, yě xiàng shì jiā yǐ rén gōng shì de, chéng
的桠枝呢,一律向上,而且紧紧靠拢,也像是加以人工似的,成

wéi yī shù, jué wú héng xié yì chū; tā de kuān dà de yè zi yě shì piàn piàn xiàng shàng, jī hū
为一束,绝无横斜逸出;它的宽大的叶子也是片片向上,几乎

méi·yǒu xié shēng de, gèng bù yòng shuō dào chuí le; tā de pí, guāng huá ér yǒu yín sè de yùn
没有斜生的,更不用说倒垂了;它的皮,光滑而有银色的晕

quān, wēi wēi fàn chū dàn qīng sè. Zhè shì suī zài běi fāng de fēng xuě de yā pò xià què bǎo chí zhe
圈,微微泛出淡青色。这是虽在北方的风雪的压迫下却保持着

jué jiàng tǐng lì de yī zhǒng shù! Nǎ pà zhǐ yǒu wǎn lái cū xì ba, tā què nǔ lì xiàng shàng fā zhǎn,
倔强 挺立的一种 树!哪怕只有碗来粗细罢,它却努力向上发展,

gāo dào zhàng xǔ, liǎng zhàng, cān tiān sǒng lì, bùzhé—bùnáo, duì kàng zhe xī běi fēng.
高到丈许,两丈,参天耸立,不折不挠,对抗着西北风。

Zhè jiù shì bái yáng shù, xī běi jí pǔ tōng de yī zhǒng shù, rán'ér jué bù shì píng fán de shù!
这就是白杨树,西北极普通的一种 树,然而绝不是平凡的树!

Tā méi·yǒu pó suō de zī tài, méi·yǒu qū qū pán xuán de qiú zhī, yě xǔ nǐ yào shuō tā bù
它没有婆娑的姿态,没有屈曲盘旋的虬枝,也许你要说它不

měi lì, —— rú guǒ měi shì zhuān zhǐ "pó suō" huò "héng xié yì chū" zhī lèi ér yán, nà me, bái
美丽,——如果美是专指"婆娑"或"横斜逸出"之类而言,那么,白

yáng shù suàn·bu·de shù zhōng de hǎo nǚ zǐ; dàn shì tā què shì wěi'àn, zhèng zhí, pǔ zhì, yán sù,
杨树算不得树中的好女子;但是它却是伟岸,正直,朴质,严肃,

yě bù quē fá wēn hé, gèng bù yòng tí tā de jiān qiáng bù qū yǔ tǐng bá, tā shì shù zhōng de wěi
也不缺乏温和,更不用提它的坚强 不屈与挺拔,它是树 中的伟

zhàng fū! Dāng nǐ zài jī xuě chū róng de gāo yuán·shàng zǒu guò, kàn//jiàn píng tǎn de tǔ dì·shàng
丈夫!当你在积雪初融的高原 上 走过,看//见平坦的土地上

ào rán tǐng lì zhè me yī zhū huò yī pái bái yáng shù, nán dào nǐ jiù zhǐ jué·de shù zhǐ shì shù, nán dào
傲然挺立这么一株或一排白杨 树,难道你就只觉得树只是树,难道

nǐ jiù bù xiǎng dào tā de pǔ zhì, yán sù, jiān qiáng bù qū, zhì shǎo yě xiàng zhēng le běi fāng de
你就不想到它的朴质,严肃,坚强 不屈,至少也象征了北方的

nóng mín; nán dào nǐ jìng yī diǎnr yě bù lián xiǎng dào, zài dí hòu de guǎng dà tǔ//dì·shàng, dào
农民;难道你竟一点儿也不联想到,在敌后的广大土//地 上,到

chù yǒu jiān qiáng bù qū, jiù xiàng zhè bái yáng shù yī yàng ào rán tǐng lì de shǒu wèi tā men jiā
处有坚强 不屈,就像这白杨 树一样傲然挺立的守卫他们家

xiāng de shào bīng! Nán dào nǐ yòu bù gèng yuǎn yī diǎnr xiǎng dào zhè yàng zhī zhī—yè yè kào jǐn
乡 的 哨 兵！难 道 你 又 不 更 远 一 点 儿 想 到 这 样 枝 枝 叶 叶 靠 紧

tuán jié, lì qiú shàng jìn de bái yáng shù, wǎn rán xiàng zhēng le jīn tiān zài Huá běi píng yuán zòng
团 结，力求 上 进 的 白 杨 树，宛 然 象 征 了 今 天 在 华 北 平 原 纵

héng jué dàng yòng xuè xiě chū xīn zhōng guó lì shǐ de nà zhǒng jīng shén hé yì zhì.
横 决 荡 用 血 写 出 新 中 国 历 史 的 那 种 精 神 和 意 志。

—— Jié xuǎn zì Máo Dùn《Bái yáng Lǐ Zàn》
——节 选 自 茅 盾《白 杨 礼 赞》

五、课后练习

1. **按本来的读音给下面的词语注音，读一读。**

冒失（ ） 热闹（ ） 认识（ ） 世故（ ）
使唤（ ） 妥当（ ） 委屈（ ） 养活（ ）
牌楼（ ） 盘算（ ） 铺盖（ ） 人家（ ）
拨弄（ ） 机灵（ ） 交情（ ） 街坊（ ）
干事（ ） 故事（ ） 告诉（ ） 怪物（ ）
算计（ ） 字号（ ） 道士（ ） 地道（ ）
地方（ ） 动静（ ） 财主（ ） 柴火（ ）
膏药（ ） 红火（ ） 厚道（ ） 记号（ ）
架势（ ） 浪头（ ） 张罗（ ） 知识（ ）
帮手（ ） 包涵（ ） 寡妇（ ） 火候（ ）
脊梁（ ） 码头（ ） 清楚（ ） 收成（ ）
挖苦（ ） 白净（ ） 学生（ ） 学问（ ）
打点（ ） 打量（ ） 指头（ ） 主意（ ）
祖宗（ ） 畜生（ ）

2. **读下面的这首诗并注音。**

花褪残红青杏小，燕子飞时，绿水人家绕。枝上柳绵吹又少。天涯何处无芳草。

墙里秋千墙外道，墙外行人，墙里佳人笑。笑声不闻声渐消。多情却被无情恼。

——苏轼《蝶恋花》

3. **读下面的短文，标出每个字的声母。**

夜，有人说是个黑影。可是地的圆影，在月亮上，或是在云上，或是远远的投射在别的星球上。夜，是跟着那影子的一团大黑阴。黑阴的四周，渗进了光，幻出半透明的朝暮。在白天，光和影包裹着每件东西。靠那影子，都悄悄地怀着一团阴。在日夜交接的微光里，一切阴模糊了，渗入了夜的阴，加上一层神秘。渐渐儿，树阴，草

阴，墙阴，屋阴，山的阴，云的阴，都无从分辨了。叶消融了所有的阴，像树木都烂成了泥，像河流归入了大海。

——节选自杨绛《阴》

10月7日，由中国文化艺术发展促进会新丝路艺术工作委员会和中东欧文化经贸交流协会共同主办的"一带一路"国际艺术巡展在匈牙利首都布达佩斯的提托克画廊举行，巡展内容包括中国艺术家的41幅书法、国画、油画和漆雕作品以及匈牙利艺术家的作品。

出席开幕式的匈中经济商会主席派特·艾尔诺说，"今年是匈中建交74周年和共建'一带一路'倡议提出十周年，'一带一路'不仅促进了两国经济贸易，同时也促进了两国人文交流，让我们可以看到更加立体和全面的中国，希望未来共建'一带一路'更加成功，祝愿两国民众交流更加丰富和多元化"。

欧洲"一带一路"合作发展促进会会长李震表示，共建"一带一路"倡议提出十年来，中国文化"出海"形式多样。同时，包括匈牙利在内越来越多的外国优秀文化产品通过"一带一路"进入中国，成为推动中外人文交流和民心相通的重要力量。

来自中国的7位艺术家现场讲解作品并同中匈艺术爱好者交流。据悉，今年还将在保加利亚和罗马尼亚举办中国艺术家作品巡展。

——节选自2023年10月8日经济日报新闻客户端

4. 朗读下面的作品，可参考后面的拼音，尽量读准确，并给画线词语或你认为难读的词语注音。

作品52号

读小学的时候，我的<u>外祖母</u>（　　　　　　）去世了。外祖母生前最<u>疼爱</u>（　　　　）我，我无法排除（　　　　）自己的忧伤，每天在学校的操场上一圈儿又一圈儿地跑着，跑得累倒在地上，扑在草坪上痛哭。

那哀痛的日子，断断续续地持续（　　　　）了很久，爸爸妈妈也不知道如何安慰我。他们知道与其骗我说外祖母睡着了，还不如对我说实话：外祖母永远不会回来了。

"什么是永远不会回来呢？"我问着。

"所有时间（　　　　）里的事物，都永远不会回来。你的昨天过去，它就永远变成昨天，你不能再回到昨天。爸爸以前也和你一样小，现在也不能回到你这么小的童年了；有一天你会长大，你会像外祖母一样老；有一天你度过了你的时间，就永远不会回来了。"爸爸说。

爸爸等于给我一个谜语，这谜语比课本上的"日历挂在墙壁，一天撕去一页，使我心里着急"和"一寸光阴一寸金，寸金难买寸光阴"还让我感到可怕；也比作文本上的"光阴似箭，日月如梭（　　　　　）"更让我觉得有一种说不出的滋味。

时间过得那么飞快，使我的小心眼儿里不只是着急（　　　　　），还有悲伤。有一天我放学回家，看到太阳快落山了，就下决心说："我要比太阳更快地回家。"我狂奔回去，站在庭院（　　　　　）前喘气的时候，看到太阳//还露着半边脸，我高兴地跳跃起来，那一天我跑赢了太阳。以后我就时常做那样的游戏，有时和太阳赛跑，有时和西北风比快，有时一个暑假才能做完的作业，我十天就做完了；那时我三年级，常常把哥哥五年级的作业拿来做。每一次比赛胜过时间，我就快乐得不知道怎么形容。

如果将来我有什么要教给我的孩子，我会告诉他：假若你一直和时间比赛，你就可以成功！

——节选自林清玄《和时间赛跑》

Zuòpǐn 52 Hào

Dú xiǎoxué de shíhou, wǒ de wàizǔmǔ qùshì le. Wàizǔmǔ shēngqián zuì téng'ài wǒ, wǒ wúfǎ páichú zìjǐ de yōushāng, měi tiān zài xuéxiào de cāochǎng • shàng yīquānr yòu yīquānr de pǎozhe, pǎo de lèidǎo zài dì • shàng, pūzài cǎopíng • shàng tòngkū.

Nà āitòng de rìzi, duànduàn — xùxù de chíxùle hěn jiǔ, bàba māma yě bù zhī • dào rúhé ānwèi wǒ. Tāmen zhī • dào yǔqí piàn wǒ shuō wàizǔmǔ shuìzháole, hái bùrú duì wǒ shuō shíhuà: Wàizǔmǔ yǒng yuǎn bù huì huí • lái le.

"Shénme shì yǒngyuǎn bù huì huí • lái ne?" wǒ wènzhe.

"Suǒyǒu shíjiān • lǐ de shìwù, dōu yǒngyuǎn bù huì huí • lái. Nǐ de zuótiān guò • qù, tā jiù yǒngyuǎn biàn chéng zuótiān, nǐ bùnéng zài huídào zuótiān. Bàba yǐqián yě hé nǐ yīyàng xiǎo, xiànzài yě bùnéng huídào nǐ zhème xiǎo de tóngnián le; yǒu yī tiān nǐ huì zhǎngdà, nǐ huì xiàng wàizǔmǔ yīyàng lǎo; yǒu yī tiān nǐ dùguole nǐ de shíjiān, jiù yǒngyuǎn bù huì huí • lái le." Bàba shuō.

Bàba děngyú gěi wǒ yī gè míyǔ, zhè míyǔ bǐ kèběn • shàng de "Rìlì guà zài qiángbì, yī tiān sī • qù yī yè, shǐ wǒ xīn • lǐ zháojí" hé "Yīcùn guāngyīn yī cùn jīn, cùn jīn nán mǎi cùn guāngyīn" hái ràng wǒ gǎndào kěpà; yě bǐ zuòwénběn • shàng de "Guāngyīn sì jiàn, rìyuè rú suō" gèng ràng wǒ jué • de yǒu yī zhǒng shuō • bùchū de zīwèi.

Shíjiān guò de nàme fēikuài, shǐ wǒ de xiǎo xīnyǎnr • lǐ bù zhǐshì zháojí, háiyǒu bēishāng. Yǒu yī tiān wǒ fàngxué huíjiā, kàndào tài • yáng kuài luò shān le，jiù xià juéxīn shuō： "Wǒ yào bǐ tài • yáng gèng kuài de huíjiā." Wǒ kuángbēn huíqù，zhànzài tíngyuàn qián chuǎnqì de shíhou，kàndào tài • yáng // hái lòuzhe bànbiān liǎn，wǒ gāoxìng de tiàoyuè qǐ • lái，nà yī tiān wǒ pǎoyíngle tài • yáng. Yǐhòu wǒ jiù shícháng zuò nàyàng de yóuxì，yǒushí hé tài • yáng sàipǎo，yǒu shí hé xīběifēng bǐ kuài，yǒushí yī gè shǔjià cái néng zuòwán de zuòyè，wǒ shí tiān jiù zuòwánle；nà shí wǒ sān niánjí，chángcháng bǎ gēge wǔ niánjí de zuòyè ná • lái zuò. Měi yī cì bǐsài shèngguo shíjiān，wǒ jiù kuàilè de bù zhī • dào zěnme xíngróng.

Rúguǒ jiānglái wǒ yǒu shénme yào jiāogěi wǒ de háizi，wǒ huì gàosù tā：jiǎruò nǐ yīzhí hé shíjiān bǐsài，nǐ jiù kěyǐ chénggōng!

——Jiéxuǎn zì Lín Qīngxuán《Hé Shíjiān Sàipǎo》

187

第二十七课　儿化的训练

本课主要任务

1. 掌握儿化的发音要领，通过儿化音的训练，提高发音质量和发音能力。
2. 熟练掌握所列的一组儿化韵词语的发音，达到字字精确。
3. 以《普通话水平测试实施纲要》53、54号作品为主，进行一组练习，所列课后练习在一周内完成。

一、发音要点

1. 儿化的发音类别

儿化属于语流音变现象的一种，其产生的根源在于词语后面附带的卷舌产生的儿化动作。

2. 儿化的发音方法

儿化就是附加卷舌动作。所谓的卷舌，和卷舌元音的发音动作可以看作是基本一样的，也就是将舌尖抬起至上颚中部的位置，但后面不必跟着发元音 e。

儿化的发音动作过程是：先发出其前面的音节，然后顺势加上卷舌的动作，要自然、流畅，中间不能有停顿。韵母和卷舌的动作是一个整体，也可以把卷舌的动作看作是韵母后面的类似韵尾的部分，卷舌动作的发音也和韵尾一样要求轻短、精准。

二、词语练习

词语按韵母结构状况分组，涵盖儿化出现的各种韵母条件。这部分词语是为训练而设计的，实际表达中是否儿化需视情况而定。也可自由混合进行声、韵、调对比练习。

a	勺把儿 sháo bàr	页码儿 yè mǎr	枝丫儿 zhī yār
	手帕儿 shǒu pàr	掉渣儿 diào zhār	想法儿 xiǎng fǎr
	在那儿 zài nàr		
ai	裤袋儿 kù dàir	壶盖儿 hú gàir	掉色儿 diào//shǎir
an	蒜瓣儿 suàn bànr	藤蔓儿 téng wànr	荷秆儿 hé gǎnr
	埂堰儿 gěng yànr	雏燕儿 chú yànr	汗衫儿 hàn shānr
	杉板儿 shān bǎnr	锅铲儿 guō chǎnr	
ang	插秧儿 chā//yāngr	横杠儿 héng gàngr	赶趟儿 gǎn//tàngr
	香肠儿 xiāng chángr		
ao	小棉袄儿 xiǎo mián ǎor	笔帽儿 bǐ màor	脆枣儿 cuì zǎor
	蜂巢儿 fēng cháor		
e	贝壳儿 bèi kér	草棵儿 cǎo kēr	饭盒儿 fàn hér
	扑蛾儿 pūér		
ei	姐妹儿 jiě mèir	小翠儿 Xiǎo Cuìr	滋味儿 zī wèir
en	澡盆儿 zǎo pénr	后门儿 hòu ménr	
eng	脖颈儿 bó gěngr	甜橙儿 tián chéngr	板凳儿 bǎn dèngr
i	小米儿 xiǎo mǐr	瓜蒂儿 guā dìr	茶几儿 chá jīr
	发髻儿 fà jìr	颗粒儿 kē lìr	
ia	一下儿 yī xiàr	两颊儿 liǎng jiár	
ian	弯镰儿 wān liánr	小白脸儿 xiǎo bái liǎnr	
	眼睑儿 yǎn jiǎnr	榆钱儿 yú qiánr	剁馅儿 duò xiànr
iang	乘凉儿 chéng liángr	听响儿 tīng xiǎngr	照亮儿 zhào liàngr
iao	玩儿票儿 wánr piàor	材料儿 cái liàor	辣椒儿 là jiāor
	菱角儿 líng·jiǎor		
ie	蝴蝶儿 hú diér	碑帖儿 bēi tièr	
in	树荫儿 shù yīnr	使劲儿 shǐ jìnr	
ing	拧瓶儿 nǐng píngr	蓝晴儿 lán jīngr	按铃儿 àn língr
iu	石榴儿 shí·liur	泥鳅儿 ní·qiur	小酒儿 xiǎo jiǔr
ong	古董儿 gǔ dǒngr	胡同儿 hú tòngr	烟囱儿 yān cōngr
o	胳膊儿 gē·bor	拐脖儿 guǎi bór	
ou	蝌蚪儿 kē dǒur	纽扣儿 niǔ kòur	压轴儿 yā zhòur
	纺绸儿 fǎng chóur		
u	牛犊儿 niú dúr	白兔儿 bái tùr	桃核儿 táo húr
ü	鲍鱼儿 bào yúr	良驹儿 liáng jūr	问句儿 wèn jùr
ua	马褂儿 mǎ guàr	接花儿 jiē huār	漫画儿 màn huàr
uai	撂筷儿 liào kuàir		

üe	满月儿 mǎn yuèr	毡靴儿 zhān xuēr	
uan	闷罐儿 mèn guànr	后院儿 hòu yuànr	烟卷儿 yān juǎnr
	塑圈儿 sù quānr		
uang	蛋黄儿 dàn huángr		
ui	撬柜儿 qiào guìr	麦穗儿 mài suìr	灶灰儿 zào huīr
un	胖墩儿 pàng dūnr	眯盹儿 mī//dǔnr	打捆儿 dǎ kǔnr
uo	云朵儿 yún duǒr	敲锣儿 qiāo luór	大伙儿 dà huǒr
	让座儿 ràng zuòr	雀窝儿 què wōr	
i—	识字儿 shí zìr		
—i	剪纸儿 jiǎn zhǐr		

三、兴趣材料

读一读、练一练下面的绕口令。

练字音儿 liàn zì yīnr

进了门儿，倒杯水儿，jìn·le ménr, dào bēi shuǐr,
喝了两口儿运运气儿，hē·le liǎng kǒur yùn·yun qìr,
顺手拿起小唱本儿，shùn shǒu ná qǐ xiǎo chàng běnr,
唱一曲儿，又一曲儿，chàng yī qǔr, yòu yī qǔr,
练完了嗓子我练嘴皮儿。liàn wán·le sǎng·zi wǒ liàn zuǐ pír.
绕口令儿，练字音儿，rào kǒu lìngr, liàn zì yīnr,
还有单弦儿牌子曲儿，hái yǒu dān xiánr pái·zi qǔr,
小快板儿，大鼓词儿，xiǎo kuài bǎnr, dà gǔ cír,
越说越唱我越带劲儿。yuè shuō yuè chàng wǒ yuè dài jìnr.

四、短文朗读

朗读下面的短文，力求读对每一个字音。

Zuò pǐn wǔshísān Hào
作 品 53 号

Duì yú yī gè zài Běipíng zhùguàn de rén, xiàng wǒ, dōngtiān yào shì bù guā fēng, biàn jué·de
对于一个在北平住惯的人，像我，冬天要是不刮风，便觉得

shì qí jì; Jǐnán de dōngtiān shì méi·yǒu fēng shēng de. Duì yú yī gè gāng yóu Lúndūn huí·lái de
是奇迹；济南的冬天是没有风声的。对于一个刚由伦敦回来的

rén, xiàng wǒ, dōngtiān yào néng kàn de jiàn rì guāng, biàn jué·de shì guài shì. Jǐnán de dōng
人，像我，冬天要能看得见日光，便觉得是怪事；济南的冬

tiān shì xiǎng qíng de · Zì rán, zài rè dài de dì fang, rì guāng yǒng yuǎn shì nà me dú, xiǎng liàng de
天 是 响 晴 的。自 然,在 热 带 的 地 方,日 光 永 远 是 那 么 毒,响 亮 的

tiān qì, fǎn yǒu diǎnr jiào rén hài pà。Kě shì, zài běi fāng de dōng tiān, ér néng yǒu wēn qíng de tiān
天 气,反 有 点儿 叫 人 害 怕。可 是,在 北 方 的 冬 天,而 能 有 温 晴 的 天

qì, Jǐ nán zhēn děi suàn gè bǎo dì。
气,济 南 真 得 算 个 宝 地。

Shè ruò dān dān shì yǒu yáng guāng, nà yě suàn · bù liǎo chū qí。Qǐng bì · shàng yǎn jing xiǎng:
设 若 单 单 是 有 阳 光,那 也 算 不 了 出 奇。请 闭 上 眼 睛 想:

Yī gè lǎo chéng, yǒu shān yǒu shuǐ, quán zài tiān dǐ · xià shài zhe yáng guāng, nuǎn huo ān shì de shuì
一 个 老 城,有 山 有 水,全 在 天 底 下 晒 着 阳 光,暖 和 安 适 地 睡

zhe, zhǐ děng chūn fēng lái bǎ tā men huàn xǐng, zhè shì · bù shì lǐ xiǎng de jìng jiè? Xiǎo shān zhěng
着,只 等 春 风 来 把 它 们 唤 醒,这 是 不 是 理 想 的 境 界?小 山 整

bǎ Jǐ nán wéi le gè quānr, zhǐ yǒu běi · biān quē zhe diǎnr kǒur。Zhè yī quān xiǎo shān zài dōng tiān
把 济 南 围 了 个 圈儿,只 有 北 边 缺 着 点儿 口儿。这 一 圈 小 山 在 冬 天

tè bié kě · ài, hǎo xiàng shì bǎ Jǐ nán fàng zài yī gè xiǎo yáo lán · lǐ, tā men ān jìng bù dòng de
特 别 可 爱,好 像 是 把 济 南 放 在 一 个 小 摇 篮 里,它 们 安 静 不 动 地

dī shēng de shuō:"Nǐ men fàng // xīn ba, zhèr zhǔn bǎo nuǎn huo。"zhēn de, Jǐ nán de rén men zài
低 声 地 说:"你 们 放 // 心 吧,这儿 准 保 暖 和。"真 的,济 南 的 人 们 在

dōng tiān shì miàn · shàng hán xiào de。Tā men yī kàn nà xiē xiǎo shān, xīn zhōng biàn jué · de yǒu le zhuó
冬 天 是 面 上 含 笑 的。他 们 一 看 那 些 小 山,心 中 便 觉 得 有 了 着

luò, yǒu le yī kào。Tā men yóu tiān · shàng kàn dào shān · shàng, biàn bù zhī - bù jué de xiǎng qǐ:"Míng
落,有 了 依 靠。他 们 由 天 上 看 到 山 上,便 不 知 一 不 觉 地 想 起:"明

tiān yě xǔ jiù shì chūn tiān le ba?Zhè yàng de wēn nuǎn, jīn tiān yè · lǐ shān cǎo yě xǔ jiù lǜ qǐ ·
天 也 许 就 是 春 天 了 吧?这 样 的 温 暖,今 天 夜 里 山 草 也 许 就 绿 起

lái le ba?"Jiù shì zhè diǎnr huàn xiǎng bù néng yī shí shí xiàn, tā men yě bìng bù zháo jí, yīn wèi
来 了 吧?"就 是 这 点儿 幻 想 不 能 一 时 实 现,他 们 也 并 不 着 急,因 为

zhè yàng cí shàn de dōng tiān, gàn shén me hái xī wàng bié de ne!
这 样 慈 善 的 冬 天,干 什 么 还 希 望 别 的 呢!

Zuì miào de shì xià diǎnr xiǎo xuě ya。Kàn ba, shān · shàng de ǎi sōng yuè fā de qīng hēi·
最 妙 的 是 下 点儿 小 雪 呀。看 吧,山 上 的 矮 松 越 发 的 青 黑,

shù jiānr · shàng dǐng // zhe yī jìr bái huā, hǎo xiàng Rì běn kān hù fù。Shān jiānr quán bái le, gěi
树 尖儿 上 顶 // 着 一 髻儿 白 花,好 像 日 本 看 护 妇。山 尖儿 全 白 了,给

lán tiān xiāng · shàng yī dào yín biān。Shān pō · shàng, yǒu de dì fang xuě hòu diǎnr, yǒu de dì fang
蓝 天 镶 上 一 道 银 边。山 坡 上,有 的 地 方 雪 厚 点儿,有 的 地 方

cǎo sè hái lòu zhe; zhè yàng, yī dàor bái, yī dàor àn huáng, gěi shān men chuān · shàng yī jiàn dài
草 色 还 露 着;这 样,一 道儿 白,一 道儿 暗 黄,给 山 们 穿 上 一 件 带

shuǐ wénr de huā yī; kàn zhe kàn zhe, zhè jiàn huā yī hǎo xiàng bèi fēng 'ér chuī dòng, jiào nǐ xī wàng
水 纹儿 的 花 衣;看 着 看 着,这 件 花 衣 好 像 被 风儿 吹 动,叫 你 希 望

kàn ·jiàn yī diǎnr gèng měi de shān de jī fū·Děng dào kuài rì luò de shíhou，wēi huáng de yáng
看 见 一 点儿 更 美 的 山 的 肌肤。等 到 快 日 落 的 时候，微 黄 的 阳

guāng xié shè zài shānyāo ·shàng，nà diǎnr báo xuě hǎoxiàng hū rán hài xiū，wēi wēi lòuchū diǎnr fěn
光 斜 射 在 山腰 上，那 点儿 薄 雪 好像 忽 然 害羞，微 微 露出 点儿 粉

sè。Jiùshì xià xiǎoxuě ba，Jǐ nán shì shòu ·bù zhù dà xuě de，nà xiē xiǎoshān tài xiù qì。
色。就是 下 小雪 吧，济 南 是 受 不 住 大雪 的，那 些 小 山 太 秀气。

— Jiéxuǎn zì Lǎo Shě《Jǐ nán de Dōngtiān》
——节 选 自 老 舍《济 南 的 冬 天》

五、课后练习

1. **按本来的读音给下面的词语注音，读一读。**

瓜蒂儿（ ）	草棵儿（ ）	蒜瓣儿（ ）	在那儿（ ）
弯镰儿（ ）	姐妹儿（ ）	横杠儿（ ）	勺把儿（ ）
滋味儿（ ）	小棉袄儿（ ）	枝丫儿（ ）	小米儿（ ）
页码儿（ ）	剪纸儿（ ）	榆钱儿（ ）	想法儿（ ）
赶趟儿（ ）	壶盖儿（ ）	蜂巢儿（ ）	手帕儿（ ）
掉渣儿（ ）	掉色儿（ ）	饭盒儿（ ）	眯盹儿（ ）
裤袋儿（ ）	甜橙儿（ ）	荷秆儿（ ）	颗粒儿（ ）
藤蔓儿（ ）	眼睑儿（ ）	埂堰儿（ ）	使劲儿（ ）
汗衫儿（ ）	碑帖儿（ ）	锅铲儿（ ）	茶几儿（ ）
雏燕儿（ ）	板凳儿（ ）	杉板儿（ ）	香肠儿（ ）
泥鳅儿（ ）	玩儿票儿（ ）	扑蛾儿（ ）	辣椒儿（ ）
插秧儿（ ）	白兔儿（ ）	脆枣儿（ ）	听响儿（ ）
纺绸儿（ ）	笔帽儿（ ）	蝌蚪儿（ ）	贝壳儿（ ）
后院儿（ ）	接花儿（ ）	烟囱儿（ ）	小翠儿（ ）
菱角儿（ ）	后门儿（ ）	塑圈儿（ ）	澡盆儿（ ）
拧瓶儿（ ）	发髻儿（ ）	剁馅儿（ ）	脖颈儿（ ）
压轴儿（ ）	蓝睛儿（ ）	小白脸儿（ ）	两颊儿（ ）
一下儿（ ）	蛋黄儿（ ）	烟卷儿（ ）	小酒儿（ ）
照亮儿（ ）	古董儿（ ）	材料儿（ ）	纽扣儿（ ）
乘凉儿（ ）	鲍鱼儿（ ）	敲锣儿（ ）	闷罐儿（ ）
摺筷儿（ ）	胡同儿（ ）	蝴蝶儿（ ）	海鸥儿（ ）
树荫儿（ ）	漫画儿（ ）	桃核儿（ ）	石榴儿（ ）
撬柜儿（ ）	让座儿（ ）	胳膊儿（ ）	良驹儿（ ）
打捆儿（ ）	识字儿（ ）	胖墩儿（ ）	问句儿（ ）
毡靴儿（ ）	大伙儿（ ）	牛犊儿（ ）	满月儿（ ）
雀窝儿（ ）	灶灰儿（ ）	按铃儿（ ）	马褂儿（ ）

　　云朵儿（　　　）　　麦穗儿（　　　　）

2. 读下面的这首诗并注音（诗词朗读一般不要使用儿化）。

　　　　　　飒飒西风满院栽，

　　　　　　蕊寒香冷蝶难来。

　　　　　　他年我若为青帝，

　　　　　　报与桃花一处开。

　　　　　　　　　　　　——黄巢《题菊花》

3. 读下面的短文，在你认为合适的地方使用儿化音。

　　下雨阴天，煮上些小花生，放点盐；来四两玫瑰露；够作好几首诗的。瓜子可给诗的灵感？冬夜，早早地躺在被窝里，看着《水浒》，枕旁放这些花生米；花生米的香味，在舌上，在鼻尖；被窝里的暖气，武松打虎……这便是天国！冬天在路上，刮着冷风，或下着雪，袋里有些花生使你心中有了主儿；掏出一个来，剥了，慌忙往口中送，闭着嘴嚼，风或雪立刻不那么厉害了。况且，一个二十岁以上的人肯神仙似的，无忧无虑的，随随便便的，在街上一边走一边吃花生，这个人将来要是作了宰相或度支部尚书，他是不会有官僚气与贪财的。他若是作了皇上，必是朴俭温和直爽天真的一位皇上，没错。

　　　　　　　　　　　　——节选自老舍《落花生》

　　为了让旁人尊重您，首先是您必须自己尊重自己。如果您表现得贪婪、任性、刻薄、骄纵、矫揉造作……还如果例如您什么破广告片都拍，只要给高价什么场合都唱都演都去，如果您把自我彻底地商品化了，如果您自以为自己的声带、身段、举手投足、一颦一笑都奇货可居，都能卖个好价钱；您的形象本身说明您压根就没有把自己与旧社会的玩物、与如今的宠物划分清楚，您太对不起明星、艺术家、演员，更不要说什么灵魂工程师的称号了，您丢了整个这一行的人。您必须讲艺德，讲品质，讲表现，讲群众影响。而这里最根本的是讲人格——拿自己当一个高雅的、文明的、有觉悟、有道德、有所不为的人看。莫忘：人必自侮而后人侮之！

　　　　　　　　　　　　——节选自王蒙《你赢得尊敬了么》

12 日，备受世人瞩目的"爱达·魔都号"在多艘拖轮的牵引下，稳稳地靠泊于中国船舶集团有限公司旗下上海外高桥造船有限公司 4 号码头。中国船舶集团宣告，经过六天五夜 1 630 海里的海上航行，中国首制大型邮轮完工试航的所有验证项目全部达标，胜利凯旋。

9 月 7 日 11 时 30 分，"爱达·魔都号"解缆驶离外高桥造船码头，执行海上完工试航任务。9 月 8 日凌晨两点，关键测试项目之一的主发动机"轻油—重油转换"试验通过验收，成功开启此次海试序幕。

试验结果表明，中国首制大型邮轮"爱达·魔都号"各项性能指标符合相关法规和规范的规定，满足合同和技术规格书要求，全部通过船东和船级社的确认，完工试航取得圆满成功。这意味着"爱达·魔都号"已具备航行条件，为年底命名交付运营奠定了坚实的基础。

长期以来，大型邮轮研发、设计、建造技术及供应链体系被少数国家所垄断。如今，中国船舶集团坚持走引进消化吸收再创新之路，着力构建高质量、高水平的本土邮轮产业生态，实现了零的突破。

——节选自 2023 年 9 月 13 日《科技日报》

4. 朗读下面的作品，可参考后面的拼音，尽量读准确，并给画线词语或你认为难读的词语注音。

作品 54 号

我们家的后园有半亩空地，母亲说："让它荒着怪可惜的，你们那么爱吃花生（　　　　），就开辟出来种花生吧。"我们姐弟几个都很高兴，买种，翻地，播种，浇水，没过几个月，居然（　　　　）收获了。

母亲说："今晚我们过一个收获节，请你们父亲也来尝尝我们的新花生，好不好？"我们都说好。母亲把花生做成了好几样食品，还吩咐就在后园的茅亭（　　　　）里过这个节。

晚上天色不太好，可是父亲也来了，实在很难得。

父亲说："你们爱吃花生吗？"

我们争着答应："爱！"

"谁能把花生的好处说出来？"

姐姐说："花生的味美。"

哥哥说："花生可以榨油（　　　　）。"

我说："花生的价钱便宜，谁都可以买来吃，都喜欢吃。这就是它的好处。"

父亲说："花生的好处很多，有一样最可贵：它的果实埋在地里，不像桃子、石榴、苹果那样，把鲜红嫩绿（　　　　）的果实（　　　　）高高地挂在枝头上（　　　　），使人一见就生爱慕之心。你们看它矮矮地长在地上，等到成熟了，也不能立刻分辨出来它有没有果实，必须挖出来才知道。"

我们都说是，母亲也点头。

父亲接下去说："所以你们要像花生，它虽然不好看，可是很有用，不是外表好看而没有实用的东西。"

我说："那么，人要做有用的人，不要做只讲体面，而对别人没有好处的人了。"//

父亲说："对。这是我对你们的希望。"

我们谈到夜深才散。花生做的食品都吃完了，父亲的话却深深地印在我的心上。

——节选自许地山《落花生》

Zuòpǐn 54 Hào

Wǒmen jiā de hòuyuán yǒu bàn mǔ kòngdì, mǔ·qīn shuō："Ràng tā huāngzhe guài kěxī de, nǐmen nàme ài chī huāshēng, jiù kāipì chū·lái zhòng huāshēng ba." Wǒmen jiě — dì jǐ gè dōu hěn gāoxìng, mǎizhǒng, fāndì, bōzhòng, jiāoshuǐ, méi guò jǐ gè yuè, jūrán shōuhuò le.

Mǔ·qīn shuō："Jīnwǎn wǒmen guò yī gè shōuhuòjié, qǐng nǐmen fù·qīn yě lái chángchang wǒmen de xīn huāshēng, hǎo·bù hǎo?" Wǒmen dōu shuō hǎo. Mǔ·qīn bǎ huāshēng zuòchéngle hǎo jǐ yàng shípǐn, hái fēnfù jiù zài hòuyuán de máotíng·lǐ guò zhège jié.

Wǎnshang tiānsè bù tài hǎo, kěshì fù·qīn yě lái le, shízài hěn nándé.

Fù·qīn shuō："Nǐmen ài chī huāshēng ma?"

Wǒmen zhēngzhe dāying："Ài!"

"Shéi néng bǎ huāshēng de hǎo·chù shuō chū·lái?"

Jiějie shuō："Huāshēng de wèi měi."

Gēge shuō："Huāshēng kěyǐ zhàyóu."

Wǒ shuō："Huāshēng de jià·qián piányi, shéi dōu kěyǐ mǎi·lái chī, dōu xǐhuan chī. Zhè jiùshì tā de hǎo·chù."

Fù·qīn shuō："Huāshēng de hǎo·chù hěn duō, yǒu yī yàng zuì kěguì, Tā de guǒshí mái zài dì·lǐ, bù xiàng táozi, shíliu, píngguǒ nàyàng, bǎ xiānhóng nènlǜ de guǒshí gāogāo de guà zài zhītóu·shàng, shǐ rén yī jiàn jiù shēng àimù zhī xīn. Nǐmen kàn tā ǎi'ǎi de zhǎng zài dì·shàng, děngdào chéngshú le, yě bùnéng lìkè fēnbiàn chū·lái tā yǒu méi·yǒu guǒshí, bìxū wā chū·lái cái zhī·dào."

Wǒmen dōu shuō shì, mǔ·qīn yě diǎndiǎn tóu.

Fù·qīn jiē xià·qù shuō："Suǒyǐ nǐmen yào xiàng huāshēng，tā suīrán bù hǎokàn，kěshì hěn yǒuyòng，bù shì wàibiǎo hǎokàn ér méi·yǒu shíyòng de dōng·xi."

Wǒ shuō："Nàme，rén yào zuò yǒuyòng de rén，bùyào zuò zhǐ jiǎng tǐ·miàn，ér duì bié·rén méi·yǒu hǎo·chù de rén le." //

Fù·qīn shuō："Duì．Zhè shì wǒ duì nǐmen de xīwàng."

Wǒmen tándào yè shēn cái sàn．Huāshēng zuò de shípǐn dōu chīwán le，fù·qīn de huà què shēnshēn de yìn zài wǒ de xīn·shàng.

——Jiéxuǎn zì Xǔ Dìshān《Luòhuāshēng》

第二十八课 "啊"音变的训练

本课主要任务

1. 掌握"啊"音变的发音要领，通过"啊"音变的训练，提高发音质量和发音能力。
2. 熟练掌握所列含"啊"音变的一组词语的发音，达到字字精确。
3. 以《普通话水平测试实施纲要》55、56号作品（56号作品略）为主，进行一组练习，所列课后练习在一周内完成。

一、发音要点

1. "啊"音变的发音分类

"啊"单独使用或处于句首的时候读作"a"，而当"啊"一旦与前面的一个音节连读，就会读作另外的一个音。这个音随前一个音节末尾音素的不同而不同。"啊"音变是语流音变之一。

2. "啊"音变的发音方法

当"啊"在某一个词语后面时，我们只需要将前面的一个音节的末尾音和"啊"连起来作为一个整体来发音就可以，甚至可以理解为在前面音节的末尾附上"a"韵尾。我们可以将前一音节的末尾音和 a 相拼，拼合的音就是变化后的音。如果不能相拼，那就读作 ya. 如：

n＋a——读作 na

ng＋a——读作 nga

i＋a——读作 ya

−i（前）＋a——读作 za

−i（后）＋a——读作 ra

u＋a——读作 wa

其他元音结尾的音节包括 a、o、e、ê、ü 和 a 无法相拼，均读作 ya。这里的 o 结尾的音节不包括 ao、iao。ao、iao 这时候的尾音实际上不读 o，而读 u，所以这两个音节末尾音后跟着的 a 要读作 wa。

二、词语练习

词语按"啊"音变各种条件分组。也可自由混合进行声、韵、调对比练习。

a	喇叭啊 lǎ ba ya	涮啥啊 shuàn shá ya	
ai	关隘啊 guān ài ya	车胎啊 chē tāi ya	正楷啊 zhèng kǎi ya
	记载啊 jì zǎi ya	狗崽啊 gǒu zǎi ya	
an	欺瞒啊 qī mán na	炸弹啊 zhà dàn na	肝炎啊 gān yán na
	赴宴啊 fù yàn na	精湛啊 jīng zhàn na	挎篮啊 kuà lán na
ang	螳螂啊 táng láng nga	提纲啊 tí gāng nga	舀汤啊 yǎo tāng nga
	臭氧啊 chòu yǎng nga	榜样啊 bǎng yàng nga	衣裳啊 yī·shang nga
	坯墙啊 pī qiáng nga		
ao	骄傲啊 jiāo'ào wa	深奥啊 shēn'ào wa	同胞啊 tóng bāo wa
	叉腰啊 chā yāo wa	失着啊 shī zhāo wa	燎泡啊 liáo pào wa
	损耗啊 sǔn hào wa		
e	内阁啊 nèi gé ya	邀客啊 yāo kè ya	枫叶啊 fēng yè ya
	肘腋啊 zhǒu yè ya	好饿啊 hǎo è ya	
ei	数枚啊 shù méi ya	贵妃啊 guì fēi ya	纤维啊 xiān wéi ya
	刺猬啊 cì·wei ya		
en	轨枕啊 guǐ zhěn na	浸渗啊 jìn shèn na	
eng	宾朋啊 bīn péng nga	风筝啊 fēng·zheng nga	
i	努力啊 nǔ lì ya	便宜啊 pián·yi ya	摘译啊 zhāi yì ya
	检疫啊 jiǎn yì ya	后裔啊 hòu yì ya	形迹啊 xíng jì ya
	接济啊 jiē jì ya		
ian	闰年啊 rùn nián na	中间啊 zhōng jiān na	琴键啊 qín jiàn na
	拉纤啊 lā qiàn na	雪霰啊 xuě xiàn na	
iang	六辆啊 liù liàng nga	铜匠啊 tóng jiàng nga	
ia	可嘉啊 kě jiā ya	放假啊 fàng jià ya	
iao	网聊啊 wǎng liáo wa	芭蕉啊 bā jiāo wa	睡觉啊 shuì jiào wa
	畅销啊 chàng xiāo wa		
ie	妖孽啊 yāo niè ya	综结啊 zōng jié ya	腹泻啊 fù xiè ya
	劝诫啊 quàn jiè ya		

in	齿龈啊 chǐ yín na	笔芯啊 bǐ xīn na	钢筋啊 gāng jīn na
	连襟啊 lián jīn na	灰烬啊 huī jìn na	
ing	聆听啊 líng tīng nga	聪颖啊 cōng yǐng nga	反映啊 fǎn yìng nga
	黑熊啊 hēi xióng nga	未竟啊 wèi jìng nga	浮萍啊 fú píng nga
iu	你溜啊 nǐ liū wa	蒸馏啊 zhēng liú wa	拯救啊 zhěng jiù wa
ong	口供啊 kǒu gòng nga	再用啊 zài yòng nga	
	丙种啊 bǐng zhǒng nga	诉讼啊 sù sòng nga	
o	船舶啊 chuán bó ya	颠簸啊 diān bǒ ya	
ou	庇佑啊 bì yòu wa	步骤啊 bù zhòu wa	丑陋啊 chǒu lòu wa
	刨藕啊 páo ǒu wa		
u	匍匐啊 pú fú wa	山麓啊 shān lù wa	专注啊 zhuān zhù wa
	部署啊 bù shǔ wa		
ü	岛屿啊 dǎo yǔ ya	棕榈啊 zōng lǘ ya	危局啊 wēi jú ya
ua	狡猾啊 jiǎo huá ya		
uai	财会啊 cái kuài ya		
üe	音乐啊 yīn yuè ya	昏厥啊 hūn jué ya	
uan	旅馆啊 lǚ guǎn na	抱怨啊 bào yuàn na	补选啊 bǔ xuǎn na
	瘫痪啊 tān huàn na	债券啊 zhài quàn na	
uang	盈眶啊 yíng kuàng nga	心慌啊 xīn huāng nga	
ui	不对啊 bù duì ya	贤惠啊 xián huì ya	
un	矛盾啊 máo dùn na	涤纶啊 dí lún na	军训啊 jūn xùn na
uo	懒惰啊 lǎn duò ya	脉络啊 mài luò ya	显豁啊 xiǎn huò ya
—i(前)	瓜籽啊 guā zǐ za		
—i(后)	笃实啊 dǔ shí ra		
er	侄儿啊 zhír ra		
iong	敞胸啊 chǎng xiōng nga		

三、兴趣材料

读一读、练一练下面的绕口令。

张果老 Zhāo Guǒ lǎo

外面敲门谁啊? wài miàn qiāo mén shéi ya?

我是张果老啊! wǒ shì zhāng guǒ lǎo wa!

你进行不行啊? nǐ jìn xíng bù xíng nga?

我怕来得迟啊！ wǒ pà lái·de chí ra!

装的是什么啊？ zhuāng·de shì shén·me ya?

装的葵花子啊！ zhuāng·de kuí huā zǐ za!

那你怎不吃啊？ nà nǐ zěn bù chī ra?

我怕你生气啊！ wǒ pà nǐ shēng qì ya!

手臂夹的啥啊？ shǒu bì jiā·de shá ya?

一件破棉袄啊！ yī jiàn pò mián ǎo wa!

那你怎不穿啊？ nà nǐ zěn bù chuān na?

我怕虱子咬啊！ wǒ pà shī·zi yǎo wa!

叫你老伴拿啊？ jiào nǐ lǎo bàn ná ya?

老伴早死了啊！ lǎo bàn zǎo sǐ·le ya!

那你怎不哭啊？ nà nǐ zěn bù kū wa?

盆儿啊！罐儿啊！ pénr ra! guànr ra!

我的亲老伴儿啊！ wǒ·de qīn lǎo bànr ra!

四、短文朗读

朗读下面的短文，力求读对每一个字音。

Zuò pǐn wǔshíwǔ Hào
作品 55 号

Méi yǔ tán shǎnshǎn de lǜ sè zhāo yǐn zhe wǒ men，wǒ men kāi shǐ zhuī zhuō tā nà lí hé de
梅雨潭 闪 闪 的绿色 招引着我们，我们开始追捉 她那离合的

shén guāng le·Jiū zhe cǎo，pān zhe luàn shí，xiǎo·xīn tàn shēn xià·qù，yòu jū gōng guò le yī gè
神 光 了。揪着草，攀着乱石，小 心 探身 下 去，又 鞠 躬 过了 一 个

shí qióng mén，biàn dào le wāngwāng yī bì de tán biān le·
石 穹 门，便 到 了 汪 汪 一 碧 的 潭 边 了。

Pù bù zài jǐn xiù zhī jiān，dàn shì wǒ de xīn zhōng yǐ méi·yǒu pù bù le·Wǒ de xīn suí tán shuǐ de
瀑 布 在 襟袖 之 间，但 是 我 的 心 中 已 没 有 瀑 布 了。我 的 心 随 潭 水 的

lǜ ér yáo dàng·Nà zuì rén de lǜ ya! Fǎng fú yī zhāng jí dà jí dà de hé yè pū zhe，mǎn shì qí
绿 而 摇 荡。那 醉 人 的 绿 呀! 仿 佛 一 张 极 大 极 大 的 荷 叶 铺 着，满 是 奇

yì de lǜ ya·Wǒ xiǎng zhāng kāi liǎng bì bào zhù tā，dàn zhè shì zěn yàng yī gè wàng xiǎng a·
异 的 绿 呀。我 想 张 开 两 臂 抱 住 她，但 这 是 怎 样 一 个 妄 想 啊。

Zhàn zài shuǐ biān，wàng dào nà·miàn，jū rán jué zhe yǒu xiē yuǎn ne! Zhè píng pū zhe、hòu jī
站 在 水 边，望 到 那 面，居 然 觉 着 有 些 远 呢! 这 平 铺 着、厚 积

zhe de lǜ，zhuó shí kě·ài·Tā sōng sōng de zhòu xié zhe，xiàng shào fù tuō zhe de qún fú；tā huá
着 的 绿，着 实 可 爱。她 松 松 地 皱 缬 着，像 少 妇 拖 着 的 裙 幅；她 滑

huá de míng liàng zhe, xiàng tú le "míng yóu" yī bān, yǒu jī dàn qīng nà yàng ruǎn, nà yàng nèn;
滑 的 明 亮 着，像 涂 了 "明 油" 一 般，有 鸡 蛋 清 那 样 软，那 样 嫩；

tā yòu bù zá xiē chén zǐ, wǎn rán yī kuài wēn rùn de bì yù, zhǐ qīng qīng de yī sè —— dàn nǐ
她 又 不 杂 些 尘 滓，宛 然 一 块 温 润 的 碧 玉，只 清 清 的 一 色 —— 但 你

què kàn·bù tòu tā!
却 看 不 透 她！

Wǒ céng jiànguo Běijīng Shíchàhǎi fú dì de lù yáng, tuō·bù liǎo é huáng de dǐ zi, sì hū
我 曾 见过 北京 什刹海 拂地 的 绿杨，脱 不 了 鹅 黄 的 底子，似乎

tài dàn le·Wǒ yòu céng jiànguo Hángzhōu Hǔpáo Sì jìn páng gāo jùn ér shēn mì de "lù bì", chóng
太 淡 了。我 又 曾 见过 杭州 虎跑寺 近旁 高峻 而 深密 的 "绿壁"，重

dié zhe wú qióng de bì cǎo yǔ lù yè, nà yòu sì hū tài nóng le·Qí yú ne, Xī hú de bō tài míng
叠着 无穷 的 碧草 与 绿叶，那 又 似乎 太 浓 了。其余 呢，西湖 的 波 太 明

le, Qínhuái Hé de yě tài àn le·Kě'ài de, wǒ jiāng shénme lái bǐ nǐ nǐ ne? Wǒ zěnme bǐ nǐ
了，秦淮河 的 也 太 暗 了。可爱 的，我 将 什么 来 比拟 你 呢？我 怎么 比拟

de chū ne? Dàyuē tán shì hěn shēn de, gù néng yùn xù zhe zhè yàng qí yì de lù; fǎng fú wèilán
得 出 呢？大约 潭 是 很 深 的，故 能 蕴蓄着 这样 奇异 的 绿；仿佛 蔚蓝

de tiān róng le yī kuài zài lǐ·miàn shì de, zhè cái zhè bān de xiān rùn a·
的 天 融 了 一 块 在 里 面 似的，这 才 这般 的 鲜润 啊。

Nà zuì rén de lù ya! Wǒ ruò néng cái nǐ yǐ wéi dài, wǒ jiāng zèng gěi nà qīng yíng de // wǔ
那 醉人 的 绿呀！我 若 能 裁 你 以为 带，我 将 赠给 那 轻盈 的 // 舞

nǚ, tā bì néng lín fēng piāo jǔ le·Wǒ ruò néng yì nǐ yǐ wéi yǎn, wǒ jiāng zèng gěi nà shàn gē
女，她 必 能 临风 飘举 了。我 若 能 挹 你 以为 眼，我 将 赠给 那 善歌

de máng mèi, tā bì míng móu-shàn lài le·Wǒ shě·bu de nǐ; wǒ zěn shě·de nǐ ne? Wǒ yòng
的 盲妹，她 必 明眸 善睐 了。我 舍 不 得 你；我 怎 舍 得 你 呢？我 用

shǒu pāi zhe nǐ, fǔ mó zhe nǐ, rú tóng yī gè shí'èr-sān suì de xiǎo gū niang·Wǒ yòu jū nǐ rù
手 拍着 你，抚摩着 你，如同 一 个 十二三 岁 的 小 姑娘。我 又 掬 你 入

kǒu, biàn shì wěn zhe tā le·Wǒ sòng nǐ yī gè míng zi, wǒ cóng cǐ jiào nǐ "nǚ'ér lù", hǎo ma?
口，便 是 吻着 她 了。我 送 你 一 个 名字，我 从此 叫 你 "女儿绿"，好 吗？

Dì-èr cì dào Xiānyán de shíhou, wǒ bù jīn jīng chà yú Méiyǔ Tán de lù le·
第二次 到 仙岩 的 时候，我 不禁 惊诧 于 梅雨潭 的 绿 了。

—— Jiéxuǎn zì Zhū Zìqīng《Lù》
——节选 自 朱自清《绿》

五、课后练习

1. 按本来的读音给下面的词语注音，并附上 "啊" 尾音，读一读。

琴键（　　　）　　刺猬（　　　）　　接济（　　　）　　深奥（　　　）

颠簸（　　　）　　钢筋（　　　）　　可嘉（　　　）　　浸渗（　　　）

臭氧（　　　）　　关隘（　　　）　　涮啥（　　　）　　摘译（　　　）

上颌 （　　）	衣裳 （　　）	肝炎 （　　）	芭蕉 （　　）
坏墙 （　　）	螳螂 （　　）	记载 （　　）	部署 （　　）
聪颖 （　　）	铜匠 （　　）	便宜 （　　）	枫叶 （　　）
车胎 （　　）	喇叭 （　　）	匍匐 （　　）	你溜 （　　）
综结 （　　）	数枚 （　　）	炸弹 （　　）	后裔 （　　）
狗崽 （　　）	灰烬 （　　）	正楷 （　　）	诉讼 （　　）
欺瞒 （　　）	内阁 （　　）	赴宴 （　　）	雪霰 （　　）
精湛 （　　）	放假 （　　）	榜样 （　　）	畅销 （　　）
舀汤 （　　）	再用 （　　）	提纲 （　　）	骄傲 （　　）
丑陋 （　　）	叉腰 （　　）	闰年 （　　）	同胞 （　　）
轨枕 （　　）	失着 （　　）	耗损 （　　）	补选 （　　）
挎篮 （　　）	附和 （　　）	黑熊 （　　）	肘腋 （　　）
燎泡 （　　）	邀客 （　　）	妖孽 （　　）	好饿 （　　）
拯救 （　　）	纤维 （　　）	浮萍 （　　）	贵妃 （　　）
劝诫 （　　）	旅馆 （　　）	宾朋 （　　）	债券 （　　）
风筝 （　　）	齿龈 （　　）	检疫 （　　）	睡觉 （　　）
形迹 （　　）	丙种 （　　）	努力 （　　）	未竟 （　　）
拉纤 （　　）	专注 （　　）	中间 （　　）	笔芯 （　　）
六辆 （　　）	危局 （　　）	腹泻 （　　）	网聊 （　　）
心慌 （　　）	聆听 （　　）	棕榈 （　　）	连襟 （　　）
昏厥 （　　）	蒸馏 （　　）	瘫痪 （　　）	口供 （　　）
敞胸 （　　）	反映 （　　）	不对 （　　）	庇佑 （　　）
脉络 （　　）	狡猾 （　　）	矛盾 （　　）	刨藕 （　　）
军训 （　　）	步骤 （　　）	船舶 （　　）	财会 （　　）
涤纶 （　　）	音乐 （　　）	瓜籽 （　　）	显豁 （　　）
抱怨 （　　）	贤惠 （　　）	山麓 （　　）	盈眶 （　　）
笃实 （　　）	岛屿 （　　）	侄儿 （　　）	懒惰 （　　）

2. 读下面的这首诗并注音。

天街小雨润如酥，

草色遥看近却无。

最是一年春好处，

绝胜烟柳满皇都。

——韩愈《初春小雨》

3. 读下面的一段话，写出各字拼音，并标出"啊"的音变结果。

伴随着开场舞《文明之约》，揭晓奖项评选结果的金熊猫盛典在夜色中拉开了序幕。来自五大洲100多个国家和地区的7 000多部作品，角逐首届金熊猫奖奖项。

"熊猫"作为文化符号，早已突破语言、地域的限制，成为国际交流"密码"。金熊猫奖揭晓评选结果之前，来自不同国家的嘉宾们感受到了一场以熊猫为缘起的中国文化盛宴。在配套活动"我与熊猫面对面"中，嘉宾走进成都大熊猫繁育研究基地，近距离观赏憨态可掬的熊猫。

美国电影特效师道格拉斯·汉斯·史密斯表示，自己每年夏天都会带女儿来中国，让她了解中国文化。"我对大熊猫的喜爱，真的很难用语言来表达。"他说。伊朗动画导演马欣·贾瓦赫里安表示："成都很漂亮，很高兴来到这里。大熊猫太可爱了，它很适合做成动画。目前我还没做过关于熊猫的动画，或许今后可以尝试下。"

——节选自 2023 年 9 月 27 日《人民日报海外版》

作品 56 号（略）

第二十九课　吐字归音的训练

本课主要任务

1. 掌握吐字归音的发音要领，通过吐字归音训练，提高吐字发音的质量和发音能力。

2. 熟练掌握所列的一组词语的发音，达到字字精确。

3. 以《普通话水平测试实施纲要》57、58 号作品为主，进行一组练习，所列课后练习在一周内完成。

一、发音要点

1. 吐字归音的性质

吐字归音作为一种发音方法，它所强调的是吐字的动态控制，是对发音动作过程的控制，是一种经过加工的艺术化的发音方法，在发声吐字中极为重要。

吐字归音有"吐"有"归"，强调音节的头、腹、尾的发音质量。

2. 吐字归音的发音方法

字头有力：字头形成阻碍时阻塞部位要保持一定紧张度，阻气要有力，要有"叼住"的感觉，除阻时要轻捷有力、具有弹动感。

字腹饱满：音节中的主要元音发音要清晰有力，字音要立起来，因而又称"立字"，口腔适当扩大，使元音间保持有明显的对比。

字尾归音：字尾部分应发音完整，要把尾音归到位置上，i、u 舌位要到，n、ng 舌位应抵住上齿龈或软颚部位，o 收尾字的收音实际部位应是 u。

上述方法在词语练习中是十分必要的。

二、词语练习

　　本课词语要先读准声、韵、调，仔细体会吐字归音效果。也可以将韵母构成部分发音延长或拆分进行练习。在掌握吐字归音的基本方法后，本书每课的词语均是练习的好材料。本课词语按声韵调大体均衡设计。也可自由混合进行对比练习。

轧平 yà píng	烽烟 fēng yān	央珍 yāng zhēn	噎人 yē rén
蒋爷 Jiǎng yé	敝衣 bì yī	皈依 guī yī	神怡 shén yí
贻误 yí wù	遗憾 yí hàn	音符 yīn fú	应届 yīng jiè
英镑 yīng bàng	幽灵 yōu líng	尤其 yóu qí	迂拙 yū zhuō
赐予 cì yǔ	余辜 yú gū	名曰 míng yuē	缔约 dì yuē
深渊 shēn yuān	城垣 chéng yuán	毋宁 wú nìng	吾国 wú guó
剜肉 wān ròu	荒芜 huāng wú	刁顽 diāo wán	队伍 duì·wu
寡王 guǎ wáng	勤俭 qín jiǎn	威逼 wēi bī	倚偎 yǐ wēi
因为 yīn·wèi	罕闻 hǎn wén	泛滥 fàn làn	叹惋 tàn wǎn
斑斓 bān lán	赣江 gàn jiāng	阿娇 Ā Jiāo	哀戚 āi qī
尘埃 chén āi	安定 ān dìng	才干 cái gàn	谩骂 màn mà
但凡 dàn fán	氨基 ān jī	高昂 gāo áng	盎然 àng rán
凸凹 tū āo	山坳 shān ào	致歉 zhì qiàn	呈献 chéng xiàn
潜泳 qián yǒng	录优 lù yōu	店铺 diàn pù	肃穆 sù mù
褐服 hè fú	展翅 zhǎn chì	蝉蜕 chán tuì	修缮 xiū shàn
鲜蔬 xiān shū	瞩望 zhǔ wàng	触摸 chù mō	孰胜 shú shèng
庶务 shù wù	别墅 bié shù	舅父 jiù fù	妇联 fù lián
沪市 hù shì	糊弄 hù·nong	滑竿 huá gān	看书 kàn shū
按捺 àn nà	搬家 bān jiā	绽放 zhàn fàng	擅长 shàn cháng
闹钟 nào zhōng	黏糊 nián·hu		

三、兴趣材料

　　读一读、练一练下面的绕口令。

豆油灯 dòu yóu dēng

我家一盏豆油灯，wǒ jiā yī zhǎn dòu yóu dēng，

妹妹拿起就要扔。mèi·mei ná qǐ jiù yào rēng.

还说从今点电灯，hái shuō cóng jīn diǎn diàn dēng，

再也不用豆油灯。zài yě bù yòng dòu yóu dēng.

奶奶赶忙拉住她，nǎi·nai gǎn máng lā zhù ta,

油灯能把苦记清。yóu dēng néng bǎ kǔ jì qīng.

电灯油灯闪闪明，diàn dēng yóu dēng shǎn shǎn míng,

妹妹心里红彤彤。mèi·mei xīn·lǐ hóng tóng tóng.

四、短文朗读

请朗读下面的短文，力求读对每一个字音。

Zuò pǐn wǔshíqī Hào
作品 57 号

Zài Wānzǎi, Xiānggǎng zuì rè nao de dì fang, yǒu yī kē róng shù, tā shì zuì guì de yī kē
在 湾仔，香 港 最 热闹 的 地方，有 一 棵 榕树，它 是 最贵 的 一 棵

shù, bù guāng zài Xiānggǎng, zài quán shì jiè, dōu shì zuì guì de.
树，不 光 在 香 港，在 全 世界，都 是 最 贵 的。

Shù, huó de shù, yòu bù mài hé yán qí guì? Zhǐ yīn tā lǎo, tā cū, shì Xiānggǎng bǎi nián
树，活 的 树，又 不 卖 何 言 其 贵？只 因 它 老，它 粗，是 香 港 百 年

cāngsāng de huó jiàn zhèng, Xiānggǎng rén bù rěn kàn zhe tā bèi kǎn fá, huò zhě bèi yí zǒu, biàn gēn
沧 桑 的 活 见证，香 港 人 不 忍 看 着 它 被 砍 伐，或者 被 移走，便 跟

yào zhàn yòng zhè piàn shān pō de jiàn zhù zhě tán tiáo jiàn: Kě yǐ zài zhèr jiàn dà lóu gài shāng shà,
要 占 用 这 片 山坡 的 建筑者 谈 条件：可以 在 这儿 建 大楼 盖 商 厦，

dàn yī bù zhǔn kǎn shù, èr bù zhǔn nuó shù, bì xū bǎ tā yuán dì jīng xīn yǎng qǐ·lái, chéng wéi
但 一 不 准 砍 树，二 不 准 挪 树，必 须 把 它 原 地 精 心 养 起 来，成 为

Xiānggǎng nào shì zhōng de yī jǐng. Tài gǔ Dà shà de jiàn shè zhě zuì hòu qiān le hé tong, zhàn yòng
香 港 闹 市 中 的 一 景。太古 大厦 的 建设者 最后 签 了 合同，占 用

zhè ge dà shān pō jiàn háo huá shāng shà de xiān jué tiáo jiàn shì tóng yì bǎo hù zhè kē lǎo shù.
这个 大 山坡 建 豪华 商厦 的 先决 条件 是 同意 保护 这 棵 老树。

Shù zhǎng zài bàn shān pō·shàng, jì huà jiāng shù xià·miàn de chéng qiān·shàng wàn dūn shān
树 长 在 半山坡 上，计划 将 树 下 面 的 成 千 上 万 吨 山

shí quán bù tāo kōng qǔ zǒu, téng chū dì fang·lái gài lóu, bǎ shù jià zài dà lóu shàng·miàn, fǎng fú
石 全部 掏空 取走，腾出 地方 来 盖楼，把 树 架 在 大楼 上 面，仿佛

tā yuán běn shì zhǎng zài lóu dǐng·shàng shì·de. Jiàn shè zhě jiù dì zào le yī gè zhí jìng shí bā mǐ、
它 原本 是 长 在 楼顶 上 似的。建设者 就地 造了 一 个 直径 十八 米、

shēn shí mǐ de dà huā pén, xiān gù dìng hǎo zhè kē lǎo shù, zài zài dà huā pén dǐ·xià gài lóu.
深 十 米 的 大 花盆，先 固定 好 这 棵 老树，再 在 大 花盆 底 下 盖楼。

Guāng zhè yī xiàng jiù huā le liǎng qiān sān bǎi bā shí jiǔ wàn gǎng bì, kān chēng shì zuì áng guì de
光 这 一 项 就 花 了 两 千 三 百 八 十 九 万 港 币，堪 称 是 最 昂 贵 的

bǎo hù cuò shī le ·
保护 措施 了。

Tài gǔ Dà shà luò chéng zhī hòu，rén men kě yǐ chéng gǔn dòng fú tī yī cì dào wèi，lái dào Tài
太古 大厦 落成 之后，人们 可以 乘 滚动 扶梯 一 次 到位，来到 太

gǔ Dà shà de dǐng céng，chū hòu mén，nàr shì yī piàn zì rán jǐng sè·Yī kē dà shù chū xiàn zài rén
古 大厦 的 顶层，出 后门，那儿 是 一 片 自然 景色。一棵 大树 出现 在 人

men miàn qián，shù gàn yǒu yī mǐ bàn cū，shù guān zhí jìng zú yǒu èr shí duō mǐ，dú mù·chéng lín，
们 面 前，树干 有 一 米 半 粗，树冠 直径 足 有 二 十 多 米，独木 成 林，

fēi cháng zhuàng guān，xíng chéng yī zuò yǐ tā wéi zhōng xīn de xiǎo gōng yuán，qǔ míng jiào "róng
非 常 壮 观，形成 一 座 以 它 为 中心 的 小 公园，取 名 叫 "榕

pǔ"。Shù qián·miàn // chā zhe tóng pái，shuō míng yuán yóu·Cǐ qíng cǐ jǐng，rú bù kàn tóng pái de
圃"。树 前 面 插着 铜牌，说 明 原由。此情 此景，如 不 看 铜牌 的

shuō míng，jué duì xiǎng·bù dào jù shù gēn dǐ·xia hái yǒu yī zuò hóng wěi de xiàn dài dà lóu·
说 明，绝对 想 不 到 巨树 根底 下 还有 一 座 宏伟 的 现代 大楼。

—— Jié xuǎn zì Shū Yǐ《Xiāng gǎng：Zuì guì de Yī kē Shù》
——节 选 自 舒 乙《香 港：最 贵 的 一 棵 树》

五、课后练习

1. 按本来的读音给下面的词语注音，读一读。

轧平（　　）	烽烟（　　）	央珍（　　）	喳人（　　）
蒋爷（　　）	敝衣（　　）	皈依（　　）	神怡（　　）
贻误（　　）	遗憾（　　）	音符（　　）	应届（　　）
英镑（　　）	幽灵（　　）	尤其（　　）	迂拙（　　）
赐予（　　）	余辜（　　）	名曰（　　）	缔约（　　）
深渊（　　）	城垣（　　）	毋宁（　　）	吾国（　　）
剜肉（　　）	荒芜（　　）	刁顽（　　）	队伍（　　）
寡王（　　）	勤俭（　　）	威逼（　　）	倚偎（　　）
因为（　　）	罕闻（　　）	泛滥（　　）	叹惋（　　）
斑斓（　　）	赣江（　　）	阿娇（　　）	哀戚（　　）
尘埃（　　）	安定（　　）	才干（　　）	谩骂（　　）
但凡（　　）	氨基（　　）	高昂（　　）	盎然（　　）
凸凹（　　）	山坳（　　）	致歉（　　）	呈献（　　）
潜泳（　　）	录优（　　）	店铺（　　）	肃穆（　　）
褐服（　　）	展翅（　　）	蝉蜕（　　）	修缮（　　）
鲜蔬（　　）	瞩望（　　）	触摸（　　）	孰胜（　　）
庶务（　　）	别墅（　　）	舅父（　　）	妇联（　　）
沪市（　　）	糊弄（　　）	滑竿（　　）	看书（　　）

按捺（　　　）　搬家（　　　）　绽放（　　　）　擅长（　　　）
闹钟（　　　）　黏糊（　　　）

2. 读下面的这首诗并注音，做到字音饱满，精准到位。

黄河远上白云间，

一片孤城万仞山。

羌笛何须怨杨柳，

春风不度玉门关。

——王之涣《凉州词》

3. 按吐字归音的方法读下面的短文，写出每个字的拼音。

天地萌生万物，对包括人在内的动植物等有生命的东西，总是赋予一种极其惊人的求生存的力量和极其惊人的扩展蔓延的力量，这种力量大到无法抗御。只要你肯费力来观察一下，就必然会承认这一点。现在摆在我面前的就是我楼前池塘里的荷花。自从几个勇敢的叶片跃出水面以后，许多叶片接踵而至。一夜之间，就出来了几十枝，而且迅速地扩散、蔓延。不到十几天的工夫，荷叶已经蔓延得遮蔽了半个池塘。从我撒种的地方出发，向东西南北四面扩展。我无法知道，荷花是怎样在深水中淤泥里走动。反正从露出水面的荷叶来看，每天至少要走半尺的距离，才能形成眼前这个局面。

——节选自季羡林《清塘荷韵》

习近平指出，健全党统一领导、全面覆盖、权威高效的监督体系，是实现国家治理体系和治理能力现代化的重要标志。党委（党组）要发挥主导作用，统筹推进各类监督力量整合、程序契合、工作融合。要持续深化纪检监察体制改革，做实专责监督，搭建监督平台，织密监督网络，协助党委推动监督体系高效运转。要把巡视利剑磨得更光更亮，勇于亮剑，始终做到利剑高悬、震慑常在。习近平指出，纪检监察机关是推进全面从严治党的重要力量，使命光荣、责任重大，必须忠诚于党、勇挑重担，敢打硬仗、善于斗争，在攻坚战持久战中始终冲锋在最前面。要坚持以党性立身做事，弘扬伟大建党精神，勇于自我革命，在党风廉政建设和反腐败斗争一线砥砺品格操守，在围绕中心、服务大局中彰显担当作为，在各种风险挑战中筑牢坚强屏障。

要增强法治意识、程序意识、证据意识，不断提高纪检监察工作规范化、法治化、正规化水平。要完善内控机制，自觉接受各方面监督，对纪检监察干部从严管理，对系统内的腐败分子从严惩治，坚决防治"灯下黑"。要结合即将在全党开展的主题教育，把纯洁思想、纯洁组织作为突出问题来抓，切实加强政治教育、党性教育，严明法纪，坚决清除害群之马，以铁的纪律打造忠诚干净担当的铁军。

——节选自"学习强国"学习平台

4. 朗读下面的作品，可参考后面的拼音，尽量读准确，并给画线词语或你认为难读的词语注音。

作品 58 号

高兴，这是一种具体的被看得到摸得着的事物所唤起的<u>情绪</u>（　　　　　　　）。它是心理的，<u>更是</u>（　　　　　　）<u>生理</u>（　　　　　　）的。它容易来也容易去，谁也不应该对它<u>视而不见</u>（　　　　　）<u>失之交臂</u>（　　　　　　　），谁也不应该总是做那些使自己不高兴也使旁人不高兴的事。让我们说一件最容易做也最令人高兴的事吧，<u>尊重</u>（　　　　　　）你自己，也尊重别人，这是每一个人的权利，我还要说这是每一个人的义务。

快乐，它是一种富有概括性的<u>生存状态</u>（　　　　　　　）、工作状态。它几乎是先验的，它来自生命本身的活力，来自宇宙、地球和人间的吸引，它是世界的丰富、绚丽、阔大、悠久的体现。快乐还是一种力量，是埋在地下的根脉。消灭一个人的快乐比挖掘掉一棵大树的根要难得多。

欢欣，这是一种青春的、诗意的情感。它来自面向着未来伸开双臂奔跑的冲力，它来自一种轻松而又神秘、朦胧而又隐秘的激动，它是激情即将到来的<u>预兆</u>（　　　），它又是大雨过后的比下雨还要美妙得多也久远得多的回味……

喜悦，它是一种带有<u>形而上</u>（　　　　　）色彩的修养和境界。<u>与其说</u>（　　　）它是一种情绪，不如说它是一种<u>智慧</u>（　　　　　　）、一种超拔、一种悲天悯人的宽容和理解，一种<u>饱经沧桑</u>（　　　　　）的充实和自信，一种光明的理性，一种<u>坚定</u>//的成熟，一种战胜了烦恼和庸俗的清明澄澈。它是一潭清水，它是一抹朝霞，它是无边的平原，它是沉默的地平线。多一点儿、再多一点儿喜悦吧，它是翅膀，也是归巢。它是一杯美酒，也是一朵永远开不败的莲花。

——节选自王蒙《喜悦》

Zuòpǐn 58 Hào

Gāoxìng, zhè shì yī zhǒng jùtǐ de bèi kàndedào mōdezháo de shìwù suǒ huànqǐ de qíngxù. Tā shì xīnlǐ de, gèng shì shēnglǐ de. Tā róng·yì lái yě róng • yì qù, shéi yě bù yīnggāi duì tā shì'érbùjiàn shīzhījiāobì, shéi yě bù yīnggāi zǒngshì zuò nàxiē shǐ zìjǐ bù gāoxìng yě shǐ pángrén bù gāoxìng de shì. Ràng wǒmen shuō yī jiàn zuì róng • yì zuò yě zuì lìng rén gāoxìng de shì ba, zūnzhòng nǐ zìjǐ, yě zūnzhòng bié • rén, zhè shì měi yī gè rén de quánlì, wǒ háiyào shuō zhè shì měi yī gè rén de yìwù.

Kuàilè, tā shì yī zhǒng fùyǒu gàikuòxìng de shēngcún zhuàngtài、gōngzuò zhuàngtài. Tā jīhū shì xiānyàn de, tā láizì shēngmìng běnshēn de huólì, láizì yǔzhòu、dìqiú hé rénjiān de xīyǐn, tā shì shìjiè de fēngfù、xuànlì、kuòdà、yōujiǔ de tǐxiàn. Kuàilè háishì yī zhǒng lì • liàng, shì mái zài dìxià de gēnmài. Xiāomiè yī gè rén de kuàilè bǐ wājuédiào yī kē dàshù de gēn yào nán de duō.

Huānxīn, zhè shì yī zhǒng qīngchūn de、shīyì de qínggǎn. Tā láizì miànxiàngzhe wèilái shēnkāi shuāngbì bēnpǎo de chōnglì, tā láizì yī zhǒng qīngsōng ér yòu shénmì、ménglóng ér yòu yǐnmì de jīdòng, tā shì jīqíng jíjiāng dàolái de yùzhào, tā yòu shì dàyǔ guòhòu de bǐ xiàyǔ háiyào měimiào • de duō yě jiǔyuǎn • de duō de huíwèi……

Xǐyuè, tā shì yī zhǒng dàiyǒu xíng ér shàng sècǎi de xiūyǎng hé jìngjiè. Yǔqí shuō tā shì yī zhǒng qíngxù, bùrú shuō tā shì yī zhǒng zhìhuì、yī zhǒng chāobá、yī zhǒng bēitiān — mǐnrén de kuānróng hé lǐjiě, yī zhǒng bǎojīng — cāngsāng de chōngshí hé zìxìn, yī zhǒng guāngmíng de lǐxìng, yī zhǒng jiāndìng // de chéngshú, yī zhǒng zhànshèngle fánnǎo hé yōngsú de qīngmíng chéngchè. Tā shì yī tán qīngshuǐ, tā shì yī mǒ zhāoxiá, tā shì wúbiān de píngyuán, tā shì chénmò de dìpíngxiàn. Duō yīdiǎnr、zài duō yīdiǎnr xǐyuè ba, tā shì chìbǎng, yě shì guīcháo. Tā shì yī bēi měijiǔ, yě shì yī duǒ yǒngyuǎn kāi bù bài de liánhuā.

——Jiéxuǎn zì Wáng Měng 《Xǐyuè》

第三十课　朗读训练

本课主要任务

1. 掌握朗读的基本要领，通过朗读的训练，提高普通话朗读能力和发音质量。
2. 熟练掌握所列的一组词语的发音，达到字字精确。
3. 以《普通话水平测试实施纲要》59、60 号作品为主，进行一组练习，所列课后练习在一周内完成。

一、朗读要点

1. 朗读的基本要求

首先要理解作品的思想内容，把文章中的"味"正确地读出来，而不仅仅是一个个词语毫无生气的叠加。

其次是要掌握朗读所需的表达技巧：一是要使用普通话，做到标准，流利，不错不重不漏不破，顺利完整地将文章读出来；二是朗读语言是在生活语言基础上的加工，达到自然条件下的声情并茂。既不完全松散，也不装腔作势；三是正确使用停顿，声音要有快慢、轻重、高低的变化，使朗读吐字清晰、自然顺口、语调适合。

2. 朗读对语调的要求

说话或朗读时，必然会有句子的停顿、声音的轻重快慢和高低长短的变化，这就是语调。其中停顿、重音和句调又是关键。

句子不论长短，必须有正确的停顿，使读的人和听的人都觉得舒服，而不是紧张、气短，甚至倒胃口，句子的结构或人的生理都需要恰当的停顿。简单地说，我们可以把一个不管是长的还是短的句子，分成较小的单位来读，也可以将看上去小的句子连起来读，使语段出现长短不一的、符合说话人和听话人需要的也符合文章内容需要的连贯的句子。其最根本的要求就是停顿后不能改变语句的意思。只要不改变语意，各种处理方式间有所不同是可以的。停顿制约语句节奏和朗读的基本速度，在熟悉文章内容的基础上，使用合适的速度来读才行。

语句要有轻重感。语句的轻重感建立在词语的轻重格式正确的基础上。词语的轻重格式读错了就会让人觉得别扭，甚至出现歧义。只要不改变语意，可以将句子的成分读得轻重相间，疏密有致，富于生气。各成分的轻重都差不多，就会使语句失去活力，这是朗读干枯无味的根本原因。

如果把朗读的材料看作是各个段落，那么段落内、段落前后有高低起伏的变化，这就是句调，也就是句子的高低起伏的变化，句子有抑扬顿挫的感觉。句调和字调会相互影响。训练中需注意的是，一篇作品，我们注意把握整体上的起伏变化就可以，没什么统一的规定。这些起伏的节奏要做到自然和谐，除非是一些典型的作品如诗词等，一般做到平稳中略有起伏就行，不可忽高忽低，甚至大喊大叫。

朗读，就是在普通话准确的前提下，在熟悉内容的基础上，用心去读，完整、正确地把文章的内容表达出来。这是最根本的朗读训练要求，并没有什么特殊方法可循。当然，如果要使朗读优美、动人、有表演性，则要经过科学发声训练，掌握用声技巧，获得优秀的表达技能，使声音美化，从而赋予朗读以艺术性。艺术化的朗读不是常见的一般的朗读，需要进行长期科学的训练。

二、词语练习

词语按声、韵、调均衡分组，也可自由混合，达到对比练习的目的。

梦呓 mèng yì	遏抑 è yì	曼妙 màn miào	掸净 dǎn jìng
磕绊 kē bàn	慢腾 màn téng	邑陷 yì xiàn	造诣 zào yì
忏悔 chàn huǐ	栅极 shān jí	撼动 hàn dòng	驿站 yì zhàn
袭击 xí jī	验讫 yàn qì	洗碟 xǐ dié	摈弃 bìn qì
梆戏 bāng xì	寂寞 jì mò	惊悸 jīng jì	暨南 Jì nán
狼藉 láng jí	灿烂 càn làn	潺潺 chán chán	莽汉 mǎng hàn
咀嚼 jǔ jué	渠帅 qú shuài	畜牧 xù mù	沮丧 jǔ sàng
逗趣 dòu qù	翌日 yì rì	超逸 chāo yì	刚毅 gāng yì
熠熠 yì yì	臆测 yì cè	荆棘 jīng jí	旗帜 qí zhì
嬉戏 xī xì	桃李 táo lǐ	报告 bào gào	号啕 háo táo
落炕 lào kàng	吞咽 tūn yàn	孤雁 gū yàn	燕山 Yān shān
匾额 biǎn é	拗口 ào kǒu	保媒 bǎo méi	变频 biàn pín
碘剂 diǎn jì	好奇 hào qí	暴躁 bào zào	遵照 zūn zhào
绍兴 Shào xīng	狼狈 láng bèi	匹配 pǐ pèi	镁光 měi guāng

肥沃 féi wò	冒险 mào xiǎn	缄默 jiān mò	右舷 yòu xián
现钞 xiàn chāo	陶钵 táo bō	摇摆 yáo bǎi	虎豹 hǔ bào
刨床 bào chuáng	澳洲 Ào zhōu	煎煮 jiān zhǔ	衔冤 xián yuān
拾拣 shí jiǎn	艳羡 yàn xiàn	践踏 jiàn tà	忧患 yōu huàn
悼亡 dào wáng	黯淡 àn dàn	惨厉 cǎn lì	

三、兴趣材料

读一读、练一练下面的绕口令。

九九歌 jiǔ jiǔ gē

一九二九不出手，yī jiǔ èr jiǔ bù chū shǒu,

三九四九冰上走，sān jiǔ sì jiǔ bīng·shang zǒu,

五九六九，隔河看柳，wǔ jiǔ liù jiǔ, gé hé kàn liǔ,

七九河开，qī jiǔ hé kāi,

八九雁来，bā jiǔ yàn lái,

九九加一九，jiǔ jiǔ jiā yī jiǔ,

遍地耕牛走。biàn dì gēng niú zǒu.

四、短文朗读

朗读下面的短文，注意注解和提示，力求读对每一个字音。

Zuò pǐn wǔshíjiǔ Hào

作品 59 号

Yǒu zhèyàng yī gè gù shì·

有 这 样 一 个 故事。

Yǒu rén wèn: Shì jiè·shàng shén me dōng xi de qì lì zuì dà? Huí dá fēn yún de hěn, yǒu de

有 人 问：世界 上 什么 东 西 的 气力 最大？回答 纷纭 得 很，有的

shuō "xiàng", yǒu de shuō "shī", yǒu rén kāi wán xiào shì de shuō: shì "Jīn gāng", Jīn gāng yǒu duō·

说 "象"，有的 说 "狮"，有人 开 玩 笑 似的 说：是 "金 刚"，金 刚 有 多

shǎo qì lì, dāng rán dà jiā quán bù zhī·dào·

少 气力，当然 大 家 全 不 知 道。

Jié guǒ, zhè yī qiè dá'àn wán quán bù duì, shì jiè·shàng qì lì zuì dà de, shì zhí wù de

结果，这 一 切 答 案 完全 不 对，世界 上 气力 最 大 的，是 植物 的

zhǒng zi· Yī lì zhǒng zi suǒ kě yǐ xiǎn xiàn chū·lái de lì, jiǎn zhí shì chāo yuè yī qiè·

种 子。一 粒 种 子 所 可以 显现 出 来 的 力，简直 是 超 越 一 切。

Rén de tóu gài gǔ· jié hé de fēi cháng zhì mì yǔ jiān gù, shēng lǐ xué jiā hé jiě pōu xué zhě yòng

人 的 头盖骨，结合 得 非 常 致密 与 坚固，生理 学家 和 解剖 学者 用

jìn le yī qiè de fāng fǎ, yào bǎ tā wán zhěng de fēn chū·lái, dōu méi·yǒu zhè zhǒng lì qì.
尽了一切的方法，要把它完整地分出来，都没有这种力气。

Hòu lái hū rán yǒu rén fā míng le yī gè fāng fǎ, jiù shì bǎ yī xiē zhí wù de zhǒng zi fàng zài yào
后来忽然有人发明了一个方法,就是把一些植物的种子放在要

pōu xī de tóu gài gǔ·lǐ, gěi tā yǐ wēn dù yǔ shī dù, shǐ tā fā yá. Yī fā yá, zhè xiē zhǒng zi
剖析的头盖骨里,给它以温度与湿度,使它发芽。一发芽,这些种子

biàn yǐ kě pà de lì·liàng, jiāng yī qiè jī xiè lì suǒ bù néng fēn kāi de gǔ gé, wán zhěng de fēn kāi
便以可怕的力量,将一切机械力所不能分开的骨骼,完整地分开

le. Zhí wù zhǒng zi de lì liàng zhī dà, rú cǐ rú cǐ.
了。植物种子的力量之大,如此如此。

Zhè, yě xǔ tè shū le yī diǎnr, cháng rén bù róng·yì lǐ jiě. Nà me, nǐ kàn·jiàn guo sǔn de
这,也许特殊了一点儿,常人不容易理解。那么,你看见过笋的

chéng zhǎng ma? Nǐ kàn·jiàn guo bèi yā zài wǎ lì hé shí kuài xià·miàn de yī kē xiǎo cǎo de shēng
成长吗?你看见过被压在瓦砾和石块下面的一棵小草的生

zhǎng ma? Tā wèi zhe xiàng wǎng yáng guāng·wèi zhe dá chéng tā de shēng zhī yì zhì, bù guǎn shàng·
长吗?它为着向往阳光,为着达成它的生之意志,不管上

miàn de shí kuài rú hé zhòng, shí yǔ shí zhī jiān rú hé xiá, tā bì dìng yào qū qū·zhé zhé de dàn
面的石块如何重,石与石之间如何狭,它必定要曲曲折折地,但

shì wán qiáng·bù qū de tòu dào dì miàn shàng·lái. Tā de gēn wǎng tǔ rǎng zuān, tā de yá wǎng
是顽强不屈地透到地面上来。它的根往土壤钻,它的芽往

dì miàn tǐng, zhè shì yī zhǒng bù kě kàng jù de lì, zǔ zhǐ tā de shí kuài, jié guǒ yě bèi tā xiān
地面挺,这是一种不可抗拒的力,阻止它的石块,结果也被它掀

fān, yī lì zhǒng zǐ de lì·liàng zhī dà, // rú cǐ rú cǐ.
翻,一粒种子的力量之大, // 如此如此。

Méi·yǒu yī gè rén jiāng xiǎo cǎo jiào zuò "dà lì shì", dàn shì tā de lì·liàng zhī dà, dí què
没有一个人将小草叫做"大力士",但是它的力量之大,的确

shì shì jiè wú bǐ. Zhè zhǒng lì shì yī bān rén kàn·bù jiàn de shēng mìng lì. Zhǐ yào shēng mìng cún
是世界无比。这种力是一般人看不见的生命力。只要生命存

zài, zhè zhǒng lì jiù yào xiǎn xiàn. Shàng·miàn de shí kuài, sī háo bù zú yǐ zǔ dǎng. Yīn wèi tā
在,这种力就要显现。上面的石块,丝毫不足以阻挡。因为它

shì yī zhǒng "cháng qī kàng zhàn" de lì; yǒu tán xìng, néng qū·néng shēn de lì; yǒu rèn xìng, bù
是一种"长期抗战"的力;有弹性,能屈能伸的力;有韧性,不

dá mù dì bù zhǐ de lì.
达目的不止的力。

—— Jié xuǎn zì Xià Yǎn《Yě cǎo》
——节选自夏衍《野草》

五、课后练习

1. 按本来的读音给下面的词语注音，读一读。

艳羡（　　　）	落炕（　　　）	嬉戏（　　　）	驿站（　　　）
忏悔（　　　）	右舷（　　　）	荆棘（　　　）	衔冤（　　　）
磕绊（　　　）	熠熠（　　　）	刨床（　　　）	畜牧（　　　）
洗碟（　　　）	保媒（　　　）	燕山（　　　）	黯淡（　　　）
镁光（　　　）	潺潺（　　　）	曼妙（　　　）	梦呓（　　　）
遵照（　　　）	煎煮（　　　）	灿烂（　　　）	撼动（　　　）
逗趣（　　　）	刚毅（　　　）	陶钵（　　　）	验讫（　　　）
邑陷（　　　）	暨南（　　　）	寂寞（　　　）	好奇（　　　）
狼狈（　　　）	报告（　　　）	渠帅（　　　）	拗口（　　　）
冒险（　　　）	忧患（　　　）	吞咽（　　　）	莽汉（　　　）
掸净（　　　）	澳洲（　　　）	袭击（　　　）	遏抑（　　　）
虎豹（　　　）	旗帜（　　　）	超逸（　　　）	梆戏（　　　）
慢腾（　　　）	绍兴（　　　）	摈弃（　　　）	摇摆（　　　）
沮丧（　　　）	咀嚼（　　　）	匹配（　　　）	惊悸（　　　）
拾拣（　　　）	惨厉（　　　）	翌日（　　　）	栅极（　　　）
臆测（　　　）	造诣（　　　）	碘剂（　　　）	桃李（　　　）
践踏（　　　）	狼藉（　　　）	现钞（　　　）	孤雁（　　　）
变频（　　　）	缄默（　　　）	号啕（　　　）	匾额（　　　）
肥沃（　　　）	暴躁（　　　）	悼亡（　　　）	

2. 朗读下面的这首诗并注音。

花间一壶酒，独酌无相亲。

举杯邀明月，对影成三人。

月既不解饮，影徒随我身。

暂伴月将影，行乐须及春。

我歌月徘徊，我舞影零乱。

醒时同交欢，醉后各分散。

永结无情游，相期邈云汉。

——李白《月下独酌四首》之《花间一壶酒》

3. 请写出下列歌词和短新闻的拼音并作朗读练习。这篇歌词涵盖了包括零声母在内的所有声母，可作为经常练习的材料。

真情像草原广阔，层层浪波不能阻隔，总有云开日出时候，万丈阳光照耀你我。

真情像梅花开过，冷冷冰雪不能淹没，就在最冷枝头绽放，看见春天走向你我。

雪花飘飘北风萧萧，天地一片苍茫；一剪寒梅傲立雪中，只为伊人飘香。爱我所爱无怨无悔，此情长留心间。

——陈彼得《一剪梅》

2023 年德国国际汽车及智慧出行博览会日前在慕尼黑开幕。相比上一届博览会，今年中国参展商数量翻了一番，成为本届展会亮点。与会人士和业界专家认为，中国车企深耕欧洲市场既能满足当地需求，又将激发出创新火花，创造更多中欧车企共享共赢的合作新机遇。

为期 6 天的慕尼黑车展上，比亚迪、名爵、零跑、小鹏、阿维塔等众多中国品牌有备而来，推出的新款电动车欧洲首秀以及多款主打车型引发广泛关注。

"有这么多中国品牌来到慕尼黑车展，让参会者感到非常兴奋。我们能看到中国车企是如何实现产品数字化革命的。"凯捷科技研发公司技术与创新副总裁彼得·芬特尔说，"中国品牌同时也增强了慕尼黑车展的国际性。"

德国贝吉施-格拉德巴赫应用科学大学独立研究机构"汽车管理中心"创始人斯特凡·布拉策尔表示，本届慕尼黑车展上中国车企让人瞩目，中国汽车行业不仅具有成本优势，而且"在电动革命中走得更远，并且变得越来越创新"。

——节选自 2023 年 9 月 7 日新华网

4. 朗读下面的作品，可参考后面的拼音，尽量读准确，并给画线词语或你认为难读的词语注音。

作品 60 号

小学的时候，有一次我们去海边远足，妈妈没有做便饭，给了我十块钱买午餐。好像走了很久，很久，终于（　　　　　　）到海边了，大家坐下来便吃饭，荒凉的海边没有商店，我一个人跑到防风林外面去，级任老师要大家把吃剩（　　　　　　）的饭菜分给我一点儿。有两三个男生留下一点儿给我，还有一个女生，她的米饭拌了酱油，很香。我吃完的时候，她笑眯眯地看着我，短头发，脸圆圆的。

她的名字叫翁香玉。

每天放学的时候，她走的是经过我们家的一条小路，带着一位比她小的男孩儿，可能是她的弟弟。小路边是一条清澈（　　　　　　）见底的小溪，两旁竹荫（　　　　　　）覆盖，我总是远远地跟在她后面，夏日的午后特别炎热，走到半路她会停下来，拿手帕在溪水里浸湿（　　　　　　　），为小男孩儿擦脸。我也在后面停下来，把肮脏的手帕弄湿了擦脸，再一路远远跟着她回家。

后来我们家搬到镇上去了，过几年我也上了中学。有一天放学回家，在火车上，看见斜对面一位短头发、圆圆脸的女孩儿，一身素净（　　　　　　　）的白衣黑裙。我想她一定不认识我了。火车很快到站了，我随着人群挤向门口，她也走近了，叫我的名字。这是她第一次和我说话。

她笑眯眯（　　　　　　　）的，和我一起走过月台。以后就没有再见过//她了。

这篇文章收在我出版的《少年心事》这本书里。

书出版后半年，有一天我忽然收到出版社转来的一封信，信封上是陌生的字迹，但清楚地写着我的本名。

信里面说她看到了这篇文章心里非常激动，没想到在离开家乡，漂泊异地这么久之后，会看见自己仍然在一个人的记忆里，她自己也深深记得这其中的每一幕，只是没想到越过遥远的时空，竟然另一个人也深深记得。

——节选自苦伶《永远的记忆》

Zuòpǐn 60 Hào

Xiǎoxué de shíhou, yǒu yī cì wǒmen qù hǎibiān yuǎnzú, māma méi·yǒu zuò biànfàn, gěile wǒ shí kuài qián mǎi wǔcān. Hǎoxiàng zǒule hěn jiǔ, hěn jiǔ, zhōngyú dào hǎibiān le, dàjiā zuò xià·lái biàn chīfàn, huāngliáng de hǎibiān méi·yǒu shāngdiàn, wǒ yī gè rén pǎodào fángfēnglín wài·miàn qù, jírèn lǎoshī yào dàjiā bǎ chīshèng de fàncài fēngěi wǒ yīdiǎnr. Yǒu liǎng—sān gè nánshēng liú·xià yīdiǎnr gěi wǒ, hái yǒu yī gè nǚshēng, tā de mǐfàn bànle jiàngyóu, hěn xiāng. Wǒ chīwán de shíhou, tā xiàomīmī de kànzhe wǒ, duǎn tóufa, liǎn yuányuán de.

Tā de míngzi jiào Wēng Xiāngyù.

Měi tiān fàngxué de shíhou, tā zǒu de shì jīngguò wǒmen jiā de yī tiáo xiǎolù, dàizhe yī wèi bǐ tā xiǎo de nánháir, kěnéng shì tā de dìdi. Xiǎolù biān shì yī tiáo qīngchè jiàn dǐ de xiǎoxī, liǎngpáng zhúyīn fùgài, wǒ zǒngshì yuǎnyuǎn de gēn zài tā hòu·miàn. Xiàrì de wǔhòu tèbié yánrè, zǒudào bànlù tā huì tíng xià·lái, ná shǒupà zài xīshuǐ·lǐ jìnshī, wèi xiǎonánháir cā liǎn. Wǒ yě zài hòu·miàn tíng xià·lái, bǎ āngzāng de shǒupà nòngshīle cā liǎn, zài yīlù yuǎnyuǎn gēnzhe tā huíjiā.

Hòulái wǒmen jiā bāndào zhèn·shàng qù le, guò jǐ nián wǒ yě shàngle zhōngxué. Yǒu yī tiān fàngxué huíjiā, zài huǒchē·shàng, kàn·jiàn xiéduìmiàn yī wèi duǎn tóufa、yuányuán liǎn de nǚháir, yī shēn sùjìng de bái yī hēi qún. Wǒ xiǎng tā yīdìng bù rènshi wǒ le. Huǒchē hěn kuài dào zhàn le, wǒ suízhe rénqún jǐ xiàng ménkǒu, tā yě zǒujìnle, jiào wǒ de míngzi. Zhè shì tā dì—yī cì hé wǒ shuōhuà.

Tā xiàomīmī de，hé wǒ yīqǐ zǒuguò yuètái. Yǐhòu jiù méi · yǒu zài jiànguo// tā le.

Zhè piān wénzhāng shōu zài wǒ chūbǎn de《Shàonián Xīnshì》zhè běn shū · lǐ.

Shū chūbǎn hòu bàn nián，yǒu yī tiān wǒ hūrán shōudào chūbǎnshè zhuǎnlái de yī fēng xìn，xìnfēng · shàng shì mòshēng de zìjì，dàn qīngchu dì xiězhe wǒ de běnmíng.

Xìn lǐ · miàn shuō tā kàndàole zhè piān wénzhāng xīn · lǐ fēicháng jīdòng，méi xiǎngdào zài líkāi jiāxiāng，piāobó yìdì zhème jiǔ zhīhòu，huì kàn · jiàn zìjǐ réngrán zài yī gè rén de jìyì · lǐ，tā zìjǐ yě shēnshēn jì · dé zhè qízhōng de měi yī mù，zhǐshì méi xiǎngdào yuèguò yáoyuǎn de shíkōng，jìngrán lìng yī gè rén yě shēnshēn jì · de.

——Jiéxuǎn zì Kǔ Líng《Yǒngyuǎn de Jìyì》

附录1　普通话声调五度标记法

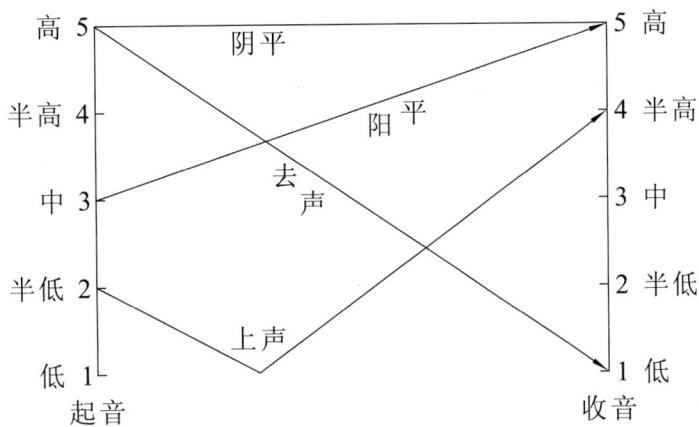

附录2　普通话水平测试样卷

一、读单音节字词（100个音节，共10分，限时3.5分钟）

败	猫	富	而	杂	岸	次	考	则	笔
来	朵	肥	呆	闹	敢	害	诗	涨	家
聊	前	奖	描	搭	喝	拆	矮	摔	超
日	夏	巧	甜	党	刮	货	摔	软	全
雄	女	跟	南	密	酸	存	油	热	抓
铁	举	乱	画	军	员	如	略	船	广
罢	配	抖	粉	扯	饶	邻	舟	坑	呈
翁	酿	聘	拽	税	攻	柄	蜂	锁	葱
寻	涌	厅	穴	蚕	形	评	蹦	胶	锈
硅	狂	量	笋	腔	亏	终	罪	耸	破

二、读多音节词语（100个音节，共20分，限时2.5分钟）

雄厚	课本	光荣	成长	裤子
发挥	墨水儿	散步	美丽	清楚
曾经	旅馆	活跃	方案	化合物
悲痛	坚持	暖气	耳朵	表演
互相	当然	采购	领导	工商业
激烈	热心	迫切	森林	能源
逮捕	造价	寻求	纳闷儿	快速
刹车	血压	阐明	趣味	瓜分

| 文凭 | 舆论 | 失踪 | 群体 | 磁铁 |
| 小孩儿 | 选用 | 夸奖 | 投掷 | 徘徊 |

三、**朗读短文**（400 个音节，共 30 分，限时 4 分钟）《"能吞能吐"的森林》

四、**命题说话**（下列话题任选一个，共 40 分，限时 3 分钟）

附录 3　普通话水平测试用话题

1. 我的一天	2. 老师
3. 珍贵的礼物	4. 假日生活
5. 我喜爱的植物	6. 我的理想（或愿望）
7. 过去的一年	8. 朋友
9. 童年生活	10. 我的兴趣爱好
11. 家乡（或熟悉的地方）	12. 我喜欢的季节（或天气）
13. 印象深刻的书籍（或报刊）	14. 难忘的旅行
15. 我喜欢的美食	16. 我所在的学校（或公司、团队、其他机构）
17. 尊敬的人	18. 我喜爱的动物
19. 我了解的地域文化（或风俗）	20. 体育运动的乐趣
21. 让我快乐的事情	22. 我喜欢的节日
23. 我欣赏的历史人物	24. 劳动的体会
25. 我喜欢的职业（或专业）	26. 向往的地方
27. 让我感动的事情	28. 我喜爱的艺术形式
29. 我了解的十二生肖	30. 学习普通话（或其他语言）的体会
31. 家庭对个人成长的影响	32. 生活中的诚信
33. 谈服饰	34. 自律与我
35. 对终身学习的看法	36. 谈谈卫生与健康
37. 对环境保护的认识	38. 谈社会公德（或职业道德）
39. 对团队精神的理解	40. 谈中国传统文化
41. 科技发展与社会生活	42. 谈个人修养
43. 对幸福的理解	44. 如何保持良好的心态
45. 对垃圾分类的认识	46. 网络时代的生活
47. 对美的看法	48. 谈传统美德
49. 对亲情（或友情、爱情）的理解	50. 小家、大家与国家

附录 4　普通话测试评分标准

一、**读单音节字词**（100 个音节，不含轻声、儿化音节），限时 3.5 分钟，共 10 分：

1. 语音错误，每个音节扣 0.1 分；

2. 语音缺陷，每个音节扣 0.05 分；

3. 超时 1 分钟以内，扣 0.5 分，超时 1 分钟以上（含 1 分钟）扣 1 分。

二、读多音节词语（100 个音节），限时 2.5 分钟，共 20 分：

1. 语音错误，每个音节扣 0.2 分；

2. 语音缺陷，每个音节扣 0.1 分；

3. 超时 1 分钟以内，扣 0.5 分，超时 1 分钟以上（含 1 分钟）扣 1 分。

三、朗读短文（1 篇，400 个音节），限时 4 分钟，共 30 分：

1. 每错 1 个音节，扣 0.1 分，漏读或增读 1 个音节，扣 0.1 分；

2. 声母或韵母的系统性语音缺陷，视程度扣 0.5 分、1 分；

3. 语调偏误，视程度扣 0.5 分、1 分、2 分；

4. 停连不当，视程度扣 0.5 分、1 分、2 分；

5. 朗读不流畅（包括回读），视程度扣 0.5 分、1 分、2 分；6. 超时扣 1 分。

四、命题说话，限时 3 分钟，共 40 分：

1. 语音标准程度（共 25 分）

一档扣 0 分、1 分、2 分，

二档扣 3 分、4 分，

三档扣 5 分、6 分，

四档扣 7 分、8 分，

五档扣 9 分、10 分、11 分，六档扣 12 分、13 分、14 分；

2. 词汇语法规范程度（共 10 分）

一档扣 0 分，

二档扣 1 分、2 分，

三档扣 3 分、4 分；

3. 自然流畅程度（共 5 分）

一档语言自然流畅扣 0 分，

二档语言基本流畅，口语化较差，有背稿子的表现，扣 0.5 分、1 分，

三档语言不连贯，语调生硬，扣 2 分、3 分；

4. 说话不足 3 分钟酌情扣分：缺时 1 分钟以内（含 1 分钟），扣 1 分、2 分、3 分，缺时 1 分钟以上，扣 4 分、5 分、6 分，说话不满 30 秒（含 30 秒），本测试项成绩计为 0 分。

附录 5　普通话水平等级划分

普通话水平划分为三个级别，每个级别内划分两个等次。其中：

97 分及其以上，为一级甲等

92 分及其以上但不足 97 分，为一级乙等

87 分及其以上但不足 92 分，为二级甲等

80 分及其以上但不足 87 分，为二级乙等

70 分及其以上但不足 80 分，为三级甲等

60 分及其以上但不足 70 分，为三级乙等